Andreas Urs Sommer

Eine Demokratie für das 21. Jahrhundert

Steh auf und geh!
(Apostelgeschichte 3,6)

Wenn die Leute fragen,
Lebt der Hecker noch?
Könnt ihr ihnen sagen:
Ja, er lebet noch.
Er hängt an keinem Baume,
Er hängt an keinem Strick.
Er hängt nur an dem Traume
Der freien Republik.
(Heckerlied, 1848/49)

Andreas Urs Sommer

Eine Demokratie für das 21. Jahrhundert

Warum die Volksvertretung überholt ist und die Zukunft der direkten Demokratie gehört

HERDER

FREIBURG · BASEL · WIEN

MIX
Papier aus verantwortungsvollen Quellen
FSC
www.fsc.org
FSC® C014496

www.herder.de

Satz: ZeroSoft, Timisoara
Herstellung: GGP Media GmbH, Pößneck

Printed in Germany

ISBN Print 978-3-451-39167-5
ISBN E-Book (EPUB) 978-3-451-82718-1
ISBN E-Book (E-Pdf) 978-3-451-82706-8

Inhalt

Aufriss

Der Erzählerschlendrian hat im Roman keinen Platz;
man erzählt nicht, sondern baut.
Alfred Döblin: *An Romanautoren und ihre Kritiker.*
Berliner Programm (1913)

Krise überall, schon längst vor Corona. Jedenfalls, wenn man dem Glauben schenken will, was traditionelle Medien von rechts bis links ihren verschreckten Nutzerinnen und Nutzern ebenso unentwegt einhämmern wie die neuen sozialmedialen Akteure, die „Influencer" und „Blogger". Seltene Einigkeit herrscht darüber, dass die Krise da sei, dass sie dränge, ja, dass es eigentlich bereits viel zu spät sei, um noch etwas dagegen auszurichten. Weitgehende Uneinigkeit zeigt sich hingegen bei der Bestimmung dessen, was die Krise ausmacht. Da gibt es beispielsweise sehr prominent jene, die sagen, die Krise sei ökologischer Art, es drohten Erderhitzung und Klimakollaps. Fast ebenso lautstark sind die, die die Krise als soziale identifizieren: Grund allen Übels sei die ungleiche Verteilung von Kapital, Ressourcen und Arbeit. Kaum verhaltener klingen die Stimmen jener, die die Krise in einem noch immer patriarchalisch dominierten Geschlechterverhältnis und dem Mangel an Frauengleichberechtigung begründet sehen, oder derjenigen, die die Krise in rassistischer Diskriminierung verwurzelt wähnen. Sehr schrill lassen sich schließlich diejenigen vernehmen, die zu wissen vorgeben, die Krise gründe einzig darin, dass unabsehbar viele Fremde zu uns kämen, auf nichts weiter sinnend, als das „Wesen unseres Volkes" zu untergraben. Mitunter schwingt sich das allgemeine Krisenbewusstsein zu höheren synthetischen Einsichten auf und versucht, mehrere als höchst kritisch empfundene Zeitphänomene zu bündeln und sie als Symptome eines um sich greifenden, allgemeinen Kulturverfalls auszugeben, der falsche Eindeutigkeit her-, alles weg-, ver- und zustelle.[1]

Die Krise ist im gehobenen, von allerlei Nichtigkeitsängsten heimgesuchten Bildungsbürgertum angekommen. Dieser Kulturnegativismus segelt unter der Flagge „Alles ist Krise" und fühlt sich im eisigen Gegenwind des angeblich anstehenden Untergangs offensichtlich pudelwohl.[2] Bekommt der Kulturnegativismus mit der Coronapandemie nicht schmerzlich recht: Geht nicht alles vor die Hunde, wenn nicht ein starker Arm einer starken Frau oder eines starken Mannes das Ruder noch im letzten Augenblick herumreißt und uns eine letzte Frist vor dem endgültigen Schiffbruch vergönnt?[3]

Ich muss die Untergangseuphoriker enttäuschen. Sowenig die Probleme des sozialen Unrechts oder des ökologischen Ungleichgewichts zu leugnen sind, dringt, wer sie zur Hauptsache erklärt, noch nicht zum Kern des gegenwärtigen Krisenempfindens vor. Will man es in der Sprache des Kulturnegativismus beschreiben, würde man sagen, es handle sich im Kern um eine Krise der Ohnmacht. Weil ich keinerlei kulturnegativistische Neigung verspüre, ziehe ich es vor, von einer *Krise der Nichtbeteiligung* zu sprechen. Diese Wortwahl scheint mir analytisch fruchtbarer als das lähmende Vokabular der Ohnmacht.

Was wir beobachten, ist eine seit mehreren Jahrhunderten anhaltende Herausbildung des selbstmächtigen Individuums, dessen Weltmacht, sprich: politisches Einflussvermögen, damit nicht Schritt gehalten hat.

Dieses Buch will etwas zeigen. Es wird nicht leugnen, dass all die genannten Probleme von Ökologie bis Migration, von Ausbeutung bis Unterdrückung gravierend sind und der Abhilfe bedürfen. Aber sie sind, zur Abwechslung einmal mit nüchternem Blick betrachtet, nicht Haupt-, sondern Nebensachen, wenn es darum geht, den Kern des politischen Krisenbewusstseins in der Jetztzeitkultur zu bestimmen. Dieses Buch will zeigen, dass im Kern dieses politischen Krisenbewusstseins eben eine Krise der Nichtbeteiligung liegt. Es handelt sich um eine hochgradig paradoxe Krise, denn Modernisierung bedeutet wesentlich Möglichkeitszugewinn. Die Jetztzeitkultur unterscheidet sich von anderen Kulturen dadurch, dass möglichst vielen Menschen möglichst viele Möglichkeiten eingeräumt werden. Zugleich aber bleibt den meisten eine wesentliche Möglichkeit verwehrt – nämlich die, ihre politische Welt selbst zu gestalten, alle politischen Entscheidungen selbst zu treffen, die für ihr Leben relevant sind.

Daran hindern sie kein böser Wille, keine Verschwörung, keine mediale Verblendungsmatrix, keine heimtückischen Kapitalisten oder bevormundenden Öko-Linken, geschweige denn ein finsteres diktatorisches Regime. Was uns alle hindert, die politischen Entscheidungen selbst zu treffen, die für unser Leben relevant sind, ist eine urtümliche Strukturierung des politischen Feldes, die der Emanzipation des Menschen, seiner Selbstermündigung nicht länger angemessen ist.

Das Zauberwort dieser urtümlichen Strukturierung des politischen Feldes heißt Repräsentation. Repräsentation bedeutet, dass andere für mich stehen. Andere, wird man einwenden, die ich immerhin in regelmäßigen, freien und geheimen Wahlen gewählt habe – sofern ich mich nicht sogar selbst zur Wahl habe aufstellen lassen. Andere, so erwidere ich, die ein freies Mandat haben, nicht an meine Wünsche, Präferenzen und Interessen gebunden sind und ein paar Jahre lang für mich, für all ihre Wähler und im Namen des gesamten Volkes Sachentscheidungen treffen werden, in die dieses gesamte Volk ansonsten nicht eingebunden ist. Die uns und mich unmittelbar betreffen, ohne dass ich an ihnen teilgehabt hätte.

Das allgegenwärtige politische Unbehagen gründet nicht darin, dass der Parlamentarismus schlechter funktionieren würde als früher (er tut es nicht), auch nicht darin, dass die Welt schlechter geworden wäre (sie ist es nicht), oder darin, dass Ungleichheit und Ungerechtigkeit zugenommen hätten (sie haben es nicht). Vielmehr ist es die zwangsläufige Folge einer Entwicklung, die Neuzeitlichkeit und Moderne überhaupt ausmacht, nämlich es dem Individuum zu erlauben, sich immer stärker aus einer Vielfalt von Möglichkeiten zu dem zu formen, was es sein will. Man kann dies Individualisierung nennen oder Eröffnung eines riesigen Möglichkeitsraumes.

Menschen werden immer unterschiedlicher. Diese Entwicklung ist aber nicht begleitet gewesen von der Erweiterung der individuell-politischen Weltmächtigkeit, der individuell-politischen Lebensweltmächtigkeit – also der Fähigkeit, die äußere Wirklichkeit zu gestalten. Daraus entsteht ein widersprüchlicher Gefühlszustand in der Selbst- und Weltwahrnehmung. Sie lässt uns das Nichtbeteiligtwerden als Krise empfinden. Wir dürfen zwar wählen, welchen Beruf wir ergreifen oder mit wem wir unser Leben verbringen wollen, aber wir dürfen nicht mitbestimmen, wie die Welt politisch gestaltet ist, in der wir dieses Leben führen. Wir dürfen allenfalls jemanden benennen, der für uns diese Welt politisch gestaltet. Das ist dem Stand der Selbstaufklärung des Menschen nicht angemessen.

Und dennoch hängt die politische Philosophie mit erstaunlicher Beharrlichkeit am vormodernen Konzept der Repräsentation. Offenbar fühlt sie sich im 18. Jahrhundert, als jene politischen Theorien erdacht wurden, auf die sie sich noch immer leidenschaftlich beruft – von John Locke bis Immanuel Kant, von Charles-Louis de Secondat, Baron de La Brède de Montesquieu bis Jean-Jacques Rousseau –, wohl, sicher und heimisch. Der Republikanismus und der Repräsentativismus gelten als heiliges Mantra der politisch-philosophischen Selbstbeweihräucherung. Vor diesem Hintergrund wurde demokratische Politik entweder so gedacht, dass es den Willen eines Volksganzen, eine *volonté générale* gebe, die sich in Mehrheitsbeschlüssen auf mehr oder weniger mystische Weise kundtun soll. Oder aber, dass die Menschen eines Gemeinwesens in diverse Gruppen zerfallen, die der Repräsentanten bedürfen, um ihre Anliegen durchzusetzen. Beiden Ansätzen gemeinsam ist, dass sie die aufklärerische Freistellung des Individuums prinzipiell zurückdrängen.

Wer hingegen das aufgeklärte oder sich zumindest aufklärende Individuum ernst und beim Wort nimmt, *wer dem Menschen etwas zutraut*, dem listigen, interessanten und wendigen Tier, muss diesen Menschen auch in seinem Entscheidungsvermögen und in seiner Weltwirksamkeit freisetzen – muss ihm die Möglichkeit einräumen, sich unentwegt in politischer Entscheidung zu üben.

Dieses Buch wird etwas zeigen. Es wird zeigen, dass im politischen Feld niemand uns nötigt, andere für uns stehen zu lassen. Dass wir auch und gerade im Politischen sehr wohl für uns selbst stehen können – ja stehen müssen, um im Übrigen auch jener Würde des Menschen, die Artikel 1 des deutschen Grundgesetzes festschreibt, gerecht zu werden. Aufklärung bedeutet wesentlich, dass es keine Stellvertretung mehr gibt – oder sie immer nur situativ und vorläufig sein soll. Politische Repräsentation, wie sie in der westlichen Welt praktiziert wird, verletzt dieses Gebot der Vorläufigkeit und Situativität. Bei Lebensentscheidungen – und politische Entscheidungen sind Lebensentscheidungen – ist bei Mündigen Stellvertretung fehl am Platz.

Das griechische Wort *krisis*, auf das die Rede von der Krise zurückgeht, bedeutet Scheidung, Unterscheidung, Streit, dann aber auch Urteil und Entscheidung, die einen Konflikt beenden. Die Krise besteht nicht darin, dass wir unserer Mitbestimmung müde geworden wären, sondern darin, dass wir zur Mitbestimmung noch nicht wirklich die Möglichkeit haben – noch nicht die Möglichkeit haben, gemeinsam mit unseresgleichen zu entscheiden. Krise als Entscheidung, die das Projekt der Aufklärung einen guten Schritt voranbringen kann – Entscheidung dafür, teilzuhaben an den Entscheidungen, die uns angehen.[4]

1913 meinte Alfred Döblin, der Erzählerschlendrian habe im Roman keinen Platz mehr. Sich mit den Antworten der Vormoderne begnügend, hat es sich der Philosophenschlendrian im politischen Feld zu lange bequem gemacht. Machen wir uns stattdessen ans Bauen.

Wer spricht? Wer darf sprechen? Und wie?[1]

Die allseits beklagte sprachliche Entfesselung ist ein Symptom. Aber kein Symptom einer überaus bedenklichen politischen Entwicklung oder gar eines allgemeinen kulturellen Verfalls. Vielmehr ist sie ein Symptom politischer Reifung: Jede und jeder darf heute sprechen, und zwar in eigenem Namen. Schrill und sprachlich brutal wird, wer sich nicht gehört fühlt, wer sich ohnmächtig wähnt. Will man dem abhelfen, muss jeder und jedem nicht nur Sprachmacht, sondern Weltwirkungsmacht zugebilligt werden.

Geht einmal euren Phrasen nach bis zu dem Punkt, wo sie verkörpert werden. – Blickt um euch, das alles habt ihr gesprochen; es ist eine mimische Übersetzung eurer Worte. Diese Elenden, ihre Henker und die Guillotine sind eure lebendig gewordnen Reden.

Georg Büchner: *Dantons Tod*, 3. Akt (1835)

Der Stoff, aus dem das Politische geformt wird, sei in falsche Hände geraten. Wenigstens zu einem beträchtlichen Teil und wenigstens nach Meinung derjenigen, die die auserwählten Hüter dieses Stoffes zu sein behaupten. Der Stoff, aus dem das Politische geformt wird, ist die Sprache. Und ihre Hüter, die Politiker mit staatstragendem Jobprofil (deutsche Bundespräsidenten beispielsweise) und die Dichter mit staatstragenden Preisen, können sich gar nicht beruhigen, wie angeblich alles vor die Hunde geht. Da liest man beispielsweise bei Durs Grünbein, Träger sowohl des Georg-Büchner- wie auch des Friedrich-Nietzsche-Preises, „die Brutalisierung der öffentlichen Rede“ habe „dramatische[.] Konsequenzen für die Demokratie“.[2]

Und doch reibt man sich die Augen: Der Dichter beginnt nicht etwa damit, dass er anprangert, wie rüpelhaft Menschen in der U-Bahn oder auf dem Pausenhof verbal miteinander umspringen, auch nicht damit, wie Hollywood-Blockbuster mit heroischem Gesülze die moralische Aufgeregtheit anheizen und uns damit politischen Manichäismus, das Denken in Schwarz-Weiß-Schablonen, aufnötigen wollen – ein Denken, ohne das man heutzutage weder an Montags- noch an Freitagsdemonstrationen *bella figura* machen kann. Nein, der Dichter beginnt mit George Orwells *1984*, mit „New-Speak", jenem sprachchemischgereinigten Idiom, mit dem das autoritäre Zukunftsregime durch radikale Vereinfachung auch die Gedanken zu kontrollieren hofft. Hat sich der Dichter da womöglich im Zettelkasten vertan? Denn so abscheulich man die sprachpolizeilichen Maßnahmen in Orwells Dystopie auch finden kann – einen Vorwurf kann man ihnen nicht machen, nämlich den einer Brutalisierung der Sprache. Vielmehr verschleiert „Newspeak" gerade systematisch alle faktische Brutalität der Herrschenden: Statt Menschen zu töten, werden sie „vaporisiert", statt „böse" muss man „ungut" sagen.

Soll man im Ernst glauben, dass gegenwärtig eine derartige realitätsvernichtende Einheitssprache um sich greife? Die von Grünbein gegebenen Beispiele legen Gegenteiliges nahe: Da ist vom mittlerweile abgewählten amerikanischen Präsidenten die Rede und vom russischen Amtsinhaber mit seinen persönlichen Trollen. Über das präsidiale Sprachverhalten lässt sich gewiss allerlei sagen, aber schwerlich, dass die Herren sich einer Ausdrucksweise bedienten, die Gegensätze abschleife. Mit Orwells „Newspeak" hat die präsidiale Sprachpraxis, die der Dichter brandmarken will, fast gar nichts zu tun – genauer gesagt nur so viel, als es in beiden Fällen darum geht, Herrschaft zu stabilisieren. Die eine, bei George Orwell geschilderte Praxis ist die, alle Gegensätze aufzuheben[3] und Einheit zu suggerieren, wo Vielheit ist; die andere, insbesondere von Donald Trump geübte Praxis ist die, überall Gegensätze aufzureißen – vor allem dort, wo es gar keine gibt.

Kann es sein, dass man bei der Betrachtung der Gegenwartssprache leicht jenen Manichäismen aufsitzt, die man bei der politischen

Konkurrenz aufs Schärfste verurteilt? Oder ist es ausgemacht, dass das moralisch-politisch Wahre, Schöne und Gute bei uns und unseresgleichen liegt, so dass für „die anderen" nur noch das Unwahre, Unschöne, Ungute übrigbleibt? Es herrscht ohnehin eine bemerkenswerte Diskrepanz in der kritischen Wahrnehmung der gegenwärtigen Sprachgebräuche: Ist es jetzt ein gewaltiger Vereinheitlichungsdruck, der auf diesen Sprachgebräuchen lastet, oder vielmehr ein gewaltiger Verluderungsdruck? Ist es das Problem, dass wir einer womöglich machtpolitisch, womöglich massenmedial eingeträufelten Sprachdiktatur unterworfen werden, oder vielmehr, dass eine Sprachanarchie um sich greift, wo dann jeder nur noch in seiner Partikularsprache spricht, die in seiner Gruppe, seinem Kiez gerade *en vogue* ist?

Für manche scheint klar, dass „eine Radikalisierung des öffentlichen Sprechens" zu beobachten sei, die mit „Diskriminierung" und einem „allgemeine[n] Verfall der ethischen Standards, eine[r] Versumpfung der Sprache in den Boulevardblättern wie in den sozialen Netzwerken" einhergehe.[4] Bundespräsident Frank-Walter Steinmeier gibt zu Protokoll: „Wo die Sprache verroht, ist die Straftat nicht weit."[5]

Aha. Da würde man doch gern einmal wissen, wo genau diese Entfesselung der Sprache stattfindet, die der Dichter und der Bundespräsident im Chor mit den Kultnegativisten jedweder Färbung meinen diagnostizieren zu können. Wo genau wird die Sprache brutalisiert? Zugegeben, die Leute flüstern hierzulande nicht wie in Tokyo, wenn sie sich in der U-Bahn partout unterhalten müssen, und sind auch der fernöstlichen Gepflogenheit abgeneigt, sich bei jeder Gelegenheit zu verbeugen, um sich für das eigene Vorhandensein zu entschuldigen. Aber aggressives Gebrüll ist selbst in Neukölln so wenig die Regel wie unentwegte Messerstechereien. Pöbeleien und Beleidigungen haben im physischen öffentlichen Raum quantitativ schwerlich signifikant zugenommen, Gewaltverbrechen gemäß Kriminalstatistik ohnehin nicht.[6] Und sollte jemand doch vor sich hinfluchen und selbst vor groben Unflätigkeiten nicht zurückschrecken, wird der aufgeklärte Zeitgenosse verständig nicken und dem

Mitmenschen mitleidig ein Tourettesyndrom bescheinigen. Schaut man sich da um, wo Menschen physisch und potenziell höchst konfliktuös miteinander interagieren, ist die Feststellung unausweichlich: Wir gehen jeder Konfrontation vorsichtig aus dem Weg. Wir Zivilisationsmenschen sind vorzüglich domestizierte Tiere. Der Mensch ist das sich im Zaum haltende Tier.

Indes findet die Brutalisierung, die unsere lyrischen und politischen Zivilisationsverfallsliteraten die Stirn in Falten legen lässt, durchaus statt – nämlich überall dort, wo kein Anwesender direkt und unmittelbar adressiert ist, auf Demos, bei denen man den Kanzler oder wahlweise die Dieselautolobby an den Galgen wünscht; auf Parteiversammlungen, wo man sich gegen „die da draußen" in Rage redet, oder selbst im Bundestag, wo es fast wieder so ruppig zugeht wie zu Zeiten von Herbert Wehner und Franz Joseph Strauß.[7] Abgesehen davon, dass dies natürlich ein untrügliches Zeichen für den Untergang des Abendlandes ist (ist es zu Strauß' und Wehners Zeiten auch schon einmal untergangen?),[8] fällt auf, dass die Adressaten der Attacken – beispielsweise die Ausländer, die Automobilkonzernbosse, die Altparteien – zwar unverblümt angegangen, oft auch namentlich genannt werden,[9] die direkte Konfrontation von Mensch zu Mensch aber doch oft sorgfältig vermieden wird. Selten tickt einer wirklich einmal aus, greift zum Messer und lässt den aufpeitschenden Worten Bluttaten folgen. Eine solche Korrelation von Worten und Taten ist zum Glück in Sachen Gewalt keineswegs der Normalfall; mancher Beobachter des politischen Feldes wird sogar anmerken, eine solche Korrelation zwischen Worten und Taten sei extrem unwahrscheinlich. Ausnahmen bestätigen leider die Regel.

Der Hauptaustragungsort verbaler Brutalität sind dennoch nicht Protestcamps und Parlamente, sondern das World Wide Web. Es bietet einige Vorteile für Rabauken und Hassprediger. Erstens werden sie gesehen, gehört und gelesen, ohne dass sie sich für dieses Privileg hätten qualifizieren müssen. Schlechterdings jede und jeder kann und darf sich zu Wort melden. Zweitens muss niemand für das, was sie oder er sagt, Gründe oder Argumente beibringen. Man kann seiner Meinung freien Lauf lassen, ohne diese Meinung auf irgendeine

Evidenz zu stützen. Drittens haben nicht nur die kundgetanen Meinungen einen stark persönlichen Index und zeugen für das Subjekt, das sie ausspricht, sondern diese Meinungen verbleiben oft nicht im Allgemeinen, sind gegen andere Subjekte, sehr konkrete, namentlich genannte Personen gerichtet. Der oder die Sprechende profiliert sich, indem er oder sie andere verunglimpft. Entscheidend ist, diesen anderen Personen nicht von Angesicht zu Angesicht gegenübertreten zu müssen. In diesem Fall würde man kaum wagen, ihnen die Unflätigkeiten auf den Kopf zuzusagen. Viertens bleibt also das sich durch Polemik so scharf profilierende Subjekt meist hinter dem Schleier der Anonymität; es verbirgt sich hinter Avataren und keiner weiß, ob es mit einem echten, raumzeitlichen Subjekt identisch ist. Fünftens ist der verbal-digitale Brutalisierer juristisch für das, was er online tut, mitunter nicht belangbar; manche Gerichte halten selbst übelste Beschimpfungen wie „Stück Scheiße“, „Schlampe“, „Drecksau“ für gedeckt durch das Recht auf Meinungsäußerungsfreiheit.[10]

Nun sind manche Zivilisationsverfallsliteraten versucht, den Untergang des Abendlandes wenigstens im Netz auszurufen. Aber ihnen entgeht eine Kleinigkeit: Das Netz ist nicht mit der Wirklichkeit deckungsgleich. Was sich dort abspielt, ist weder Spiegel noch Abziehbild dessen, was in der analogen Welt geschieht. Verbale Brutalisierung im Netz – einmal vorausgesetzt, sie sei ein flächendeckend gesicherter Befund – ist kein Beleg dafür, dass sie auch anderswo stattfindet, im täglichen Leben, jenseits von Protestcamps und Parlamenten.

Im Gegenteil könnte sich eine andere Mutmaßung einschleichen: Gerade weil es uns, den so vorzüglich domestizierten Tieren im täglichen Leben mit all seinen neuen Empfindlichkeitsbarrieren mehr und mehr verwehrt werde, Affekte sprachlich unmittelbar abzureagieren, die anderen als Sauhunde, Schlampen oder Schlimmeres zu beschimpfen, wenn uns jemand die Vorfahrt nimmt oder anrempelt, würden wir gezwungen, wenigstens in Avatarsgestalt ins digitale Schimpfasyl auszuweichen. Das Internet macht vermutlich kaum jemanden zum realweltlichen Ausfälligkeitsmonster, auch nur selten zum Massenmörder.

Wesentlich hat das Netz hingegen eine Ventilfunktion. Es hilft, emotionalen Überdruck abzubauen, wenn man im Namen seines anonymen Alter Ego Gemeinheiten auf Tastatur oder Touchscreen tippt und der digitalen Echogemeinde kundtut. Man kann sich im Anschein der Kommunikationsmacht sonnen: Es gibt da draußen im Digitalen Leute, die auf all das, was dieses anonyme Alter Ego absondert, auch reagieren, sei es pikiert mit Gegenkommentaren, sei es applaudierend mit Likes und Herzchen. Aber über den bloßen Anschein von Kommunikationsmacht gelangen nur wenige „Blogger“ und „Influencer“ ernstlich hinaus.

Dass es bei diesem bloßen Anschein bleibt, hängt wesentlich daran, dass die Kommunikationsadressaten vage, fluid, blass bleiben, selbst dann, wenn sie direkt beim Namen genannt werden. Während eine direkte Beschimpfung im wirklichen Leben eine direkte Erwiderung verlangt, wird, wer sich einer gewissen Aufmerksamkeit erfreut, achselzuckend über all das hinweggehen, was ihr oder ihm in den Kommentarspalten an gegen sie oder ihn gerichteten Zumutungen entgegenschlägt. Und wer nicht direkt attackiert wird, kann ohnehin gelassen entscheiden, ob sie oder er sich gemeint und betroffen fühlen will.

Das unterscheidet die digitale Kommunikationsexplosion grundlegend von Orwells „Newspeak“-Indoktrinationsvision: Sie ist weder unilateral noch unidirektional; es gibt keine autoritative Verlaufsrichtung der Kommunikation mehr. Mag sich der ehemalige POTUS auf Twitter noch so in Rage geredet haben:[11] Niemand wurde von seinen Tweets niedergeknüppelt. Jede und jeder konnte so damit umgehen, wie sie oder er wollte. Das Internet ist kein Nötigungsmedium. Es ist ein Wegklick-, ein Wegwischmedium.[12]

Die Brutalisierung ist augenscheinlich nur die eine Seite des gegenwärtigen öffentlichen Sprachgebrauchs. Die andere ist die sprachliche Betulichkeit, die allgegenwärtige Angst, irgendjemanden zu verletzen. Daher wird die Bibel in (gender-)gerechter Sprache verabreicht, die Zeitung, die Bügeleisenbedienungsanleitung. Man darf mich in Deutschland öffentlich nicht mehr „Schweizer“ nennen oder „Türke“, sondern nur noch „Mensch (m/w/d) mit schweizerischem/türkischem Migrationshintergrund". Dabei ist die Empörung die Währung, mit der die Brutalisierer ebenso bezahlen wie ihre staatstragenden Kritiker. Empörung ist zu einem höchsten moralischen Gut avanciert[13] – sehr anschaulich zu bestaunen bei der Greta-Thunbergisierung der Klimadebatte. Wer mit Empörung bezahlt, läuft freilich Gefahr, einen hohen Preis zu entrichten. Namentlich den der Lächerlichkeit – wenn die zunächst von der Empörungslust Mitgerissenen ausgeschlafen sind, sich die Augen reiben und sich die Dinge wieder zurechtrücken.

Womit wir erneut bei den bedenkenschweren Dichtern wären, die die allseitige Ausweitung der sprachlichen Kampfzone betrauern. Ausgerechnet Dichter! Habe ich da in der elften Klasse etwas nicht richtig verstanden, als mir der Deutschlehrer zu vermitteln versuchte, dass poetische Modernität gerade in einer gewaltigen Sphärenausweitung bestehe? Hat er uns damals nicht beibringen wollen, moderne Poesie habe den geschützten Raum und den regelpoetischen Rahmen verlassen, habe fortan darauf gepfiffen, sich einhegen zu lassen, und die Grenzen zur außerpoetischen Normalwelt problematisiert, überschritten, eingerissen? Hat diesen Deutschlehrer, sonst die leibhaftige intellektuelle Trägheit, an jenem denkwürdigen Vormittag ein heiliger Schauer ergriffen, als er darlegte, dass das einzig sichere Kriterium für poetische Modernität die Entfesselung der Sprache sei? Sagte er nicht, wahre Herkulesse der Dichtkunst hätten statt Prometheus den Sprachgebrauch von seinen Ketten befreit? Und nannte der enthusiasmierte Pauker uns nicht Namen, die wir bis dahin noch nie gehört hatten, auch nicht in seinem Unterricht: von Klopstock bis Baudelaire, von Byron bis Dada, von Marinetti über Benn bis Enzensberger? (Dass Marinetti ein böser Faschist, Benn womöglich noch böser gewesen sei, weswegen man sie alle beide nicht lesen dürfe, erfuhr ich erst im Studium von einem politisch bewegten Assistenten.)

Will also der Büchner- und Nietzsche-Preisträger jene Enthemmung und Entfesselung zurücknehmen und die Sprache wieder in den Kaninchenstall zurückbeordern, in dem sie jahrhundertelang hatte ausharren müssen? Haben sich denn in der sprachlichen „Radikalisierung“ und „Brutalisierung der öffentlichen Rede“ nicht genau jene Träume von der Macht der Sprache verwirklicht, die den Glutkern moderner Poesie ausmachen (gesetzt den Fall, ich hätte den Deutschlehrer damals richtig verstanden)? Diese Träume von der Macht der Sprache feiern auch in Trumps Brutalismen fröhliche Urständ. Da derlei Brutalismen den Zivilisationsverfallsliteraten missfallen, muss dagegen wahlweise der große moralische Holzhammer oder die politisch korrekte Kettensäge hervorgekramt werden.

Aus kühler Distanz betrachtet ist das Problem, das die intellektuellen und poetisch-politischen Unkenrufer umtreibt, nicht der Umstand, dass die Sprache selbstmächtig geworden ist. Sondern, dass sich Menschen Sprachmacht, Sprachgewalt anmaßen, die aus der Sicht der berufenen Unkenrufer dazu nicht autorisiert sind. Das Problem ist der Kontrollverlust der Poeten, Pädagogen und Präsidenten – der Verlust der Kontrolle über das, was gesagt werden darf und was nicht.[14] In Zeiten der Vollbeschäftigung dämmern die poetisch-pädagogischen Sprachkontrolleure der Arbeitslosigkeit entgegen. Psychologisch ist nur allzu verständlich, dass sie darüber lamentieren und ihre eigene Bedeutungseinbuße, nicht mehr die Herren über Sagbares und Unsagbares zu sein, mit dem Untergang des Abendlandes gleichsetzen. Das tun regelmäßig auch die Lokführer, wenn wieder einmal ein Bahnvorstand es wagt, über automatisierte, führerlose Triebwagen zu sprechen. (Bloß zeitigt der Streik der Lokführer regelmäßig gravierendere Folgen als der Streik von Poeten, Pädagogen und Präsidenten.)

Aber noch ein pastorales Wort zur Beruhigung: Vielleicht fallen ja nur jene in die Depression der Bedeutungslosigkeit, die ihre Rolle als Sitten- und Sprachwächter missverstanden haben. Während andere Dichter und Denker nicht nur erkennen, dass sie es waren, die der Entfesselung der Sprache den Weg geebnet haben. Sondern vor allem, dass ihnen die sprachlich und gedanklich so polymorphe Gegenwart unendlich viel Stoff zum Dichten und Denken bietet.

Das Offensichtliche wird leicht übersehen: dass die digitale Entfesselung mit dem Abschied vom Trägermedium Papier und der verlegerisch-redaktionellen Kontrolle über das Gedruckte nicht nur die Fiktion einer universellen Wissensordnung vernichtet,[15] sondern eine Ermächtigung, eine *Ermündigung* des sich selbst aufklärenden Individuums ist. Sprachlich-politische Entfesselung ist übrigens keineswegs neu und keineswegs prinzipiell „rechts". Wie hieß es doch gleich im Hecker-Lied, dem Bekenntnissong der 1848er-Revolutionäre: „Blut muß fließen / Knüppeldick, / Nieder mit den Feinden / Von der Republik. [...] Reißt die Konkubine / Aus des Fürsten Bett! / Schmiert die Guillotine / Mit der Pfaffen Fett!"[16] Sprachliche Brutalisierung ist ein Akt der Selbstermächtigung, gerade auch der Ohnmächtigen – und, siehe den abgehalfterten POTUS, derjenigen, die an der Macht bleiben wollen.

Per se ist diese Entfesselung weder gut noch böse. Sie ist – vorausgesetzt, sie sei wenigstens in gewissen Feldern gegeben – ein Symptom. Ein Symptom dafür, dass die Menschen nicht die Weltwirksamkeit haben, die ihnen als freien und mündigen Individuen eigentlich zukommen müsste.

Dass das Internet dabei als Druck- und Lautverstärker dient, ist ebenfalls deutlich. Es begünstigt einerseits „die ideologische Selbstversiegelung", andererseits vermag es „eine neue Beweglichkeit" zu stiften.[17] Es kann gleichermaßen dogmatisieren und dynamisieren, macht aber *à la longue* Selbstabkapselung in geschlossenen Echoräumen schwierig.[18] Denn das Internet ist nicht nur ein Wegwisch-, es ist auch ein Wegführmedium. Überall lauert, hätten Beichtväter früherer Jahrhunderte gesagt, die Versuchung. Auf Schritt und Tritt winkt mir eine Information entgegen, die mein dogmatisches Weltbild erschüttern könnte – es sei denn, ich bewege mich tatsächlich nur auf den vier oder fünf Seiten, die dieses Weltbild bestätigen und bestärken wollen.

Gegen die Unkenrufer ist der eigentliche Befund für das Netz und für die Wirklichkeit außerhalb des Netzes der einer ungeheuren Zunahme der Stimmenvielfalt: Jede und jeder lernt, mit der eigenen Stimme zu sprechen. Zwangsläufig gibt es unendlich viel zu vernehmen, was nicht nur dem Unkenrufer wider den Geschmack und wider den Strich geht. Die Vielfalt der Stimmen ist keineswegs harmonisch, sondern dissonant, schrill, oft töricht.

Nicht alle versuchen diesem Gewirr mit Abwehrzauber abzuhelfen. So berichtet Warren Breckman von den *Occupy*-Generalversammlungen, dass dort jede und jeder jederzeit reden durfte, eine auf Permanenz gestellte Diskussion: „Da in ihr jede Form von elektrischer Verstärkung verboten war, griff die Versammlung zum Mittel des menschlichen Mikrophons. Dabei werden die Worte des oder der Sprechenden durch die Gruppe getreu wiederholt. […] Das menschliche Mikrophon zwang die Sprecher, ihre Sprache anzupassen, in kurzen Sätzen sowie klar und direkt zu sprechen.“[19] Hier büßt nicht nur das Sprechercharisma seine Wirkmächtigkeit ein, da die Rede ja erst durch die laute Wiedergabe mit tausend Stimmen überhaupt vernehmbar wird, vielmehr ist in Syntax, Grammatik und Semantik eine radikale Reduktion erforderlich, um das Gesagte massenhaft reproduzierbar zu halten. Idealerweise stößt der Sprecher zu einer Reihung atomarer Aussagen, politischer Elementarsätze vor, die das Herz jedes Anhängers des Wiener Kreises hätte höher schlagen lassen. Ist das jetzt eine Verarmung des Politischen? Oder seine Läuterung und Klärung?

Jede und jeder muss jedenfalls die eigene Stimme neu erfinden, im Resonanzraum des menschlichen Mikrofons ebenso wie im Resonanzraum des Internets. Voraussetzung dieser permanenten Neuerfindung ist die große politische Errungenschaft wiederholter Aufklärungen: dass nämlich jede und jeder sprechen darf. Im Internet lässt sich die Utopie, dass jede und jeder nicht nur sprechen darf, sondern potenziell jeden und jede erreichen kann, auch tatsächlich realisieren. Wenn viele ihre Stimme erheben, bleibt freilich ein Drunter und Drüber nicht aus. Diese Kakofonie beleidigt das unter Unkenrufern offenbar vorherrschende Bedürfnis nach Vornehmheit. Und vor allem den unter Studienräten und Feuilletonredakteurinnen, *poetae laureati*[20] und politischen Sprachverwalterinnen verbreiteten Wunsch, sich die Kontrolle über das Sagbare und das Nichtsagbare vorzubehalten.

Schauen wir unbefangen hin: Die „Radikalisierung“ und „Brutalisierung“, die angebliche Sprachohnmacht ist wenig mehr als ein

Anzeichen für den Machtverlust etablierter Spracheliten. Deshalb nimmt das weinerliche Wundenlecken unter Wort-Arbeitern kein Ende. Das zu Zeiten von Pierre Bayle unter Aufklärern noch verbreitete „Bewusstsein für die vielen Urteilskräfte“[21] ist längst selbst in Rechthaberei umgeschlagen: Dort die bösen „Populisten“, hier die guten „Linksliberalen“.

Folgerichtig will man manches *partout* nicht wahrhaben. Beispielsweise handelt es sich keineswegs um ein moralisch empörendes Gegenwartsphänomen, dass Sprache Gewalt wird, wie Durs Grünbein titelt. Vielmehr ist diese Gewaltwerdung der Sprache vermutlich nicht erst seit den Propheten des Alten Testaments ein Herzenswunsch der Sprachmächtigen. Sprachmacht soll Weltwirkungsmacht werden. Der Unterschied besteht nur darin, dass die Sprachmacht sich heute demokratisiert hat.

Man könnte nun ein bisschen weniger Zimperlichkeit fordern. Hätten gegenwärtige Formzwänge, etwa die 140 oder 280 Zeichen für einen Tweet, nicht einen Lichtenberg oder einen La Rochefoucauld zu Höchstleistungen herausgefordert? Und sollte man sich nicht an den einen oder anderen unbequemen Gedanken gewöhnen? Falls die bejammerte Radikalisierung nicht nur eine Reaktion auf allgegenwärtige Sprachverbote ist, quasi ein instinktiver Versuch, die eingeschränkten Freiheitsräume durch Überkompensation zu durchbrechen,[22] drückt sie womöglich Ohnmacht aus, handelnd nichts ändern zu können, so dass wir redend immer schriller werden müssen. Und reden können wir im Netz jetzt alle – bloß nichts tun. Die Kommunikationsmacht des digitalen Kommentators und Schimpfboldes ist keine reale Handlungsmacht. Sich mit dem bloßen Anschein von Kommunikationsmacht zu begnügen, wird auf Dauer niemandem reichen. Das Netz ist nicht die Wirklichkeit. Auch die Sprache ist nicht die Wirklichkeit.

Dass alle reden, wild durcheinander, beweist einen *allgemeinen Partizipationswillen.* Gerade verbale Brutalität ist der Versuch einer Selbstermächtigung. Wen das stört, der oder die kann, statt zu lamentieren, eigentlich nur eines tun: nämlich denen Macht, Lebensmitbestimmungsmacht einräumen, die nicht bloß reden wollen.

Wer tatsächlich Gehör findet, muss weniger schrill sprechen. Kein Liberaler und Anhänger der freien Republik singt heute mehr als die ersten, noch gar nicht blutrünstigen Zeilen des Hecker-Liedes.[23]

Wer darf sprechen? Es sollen alle sprechen dürfen, und alle schicken sich an, es zu tun. Das gefällt manchen nicht. Es ist dies aber eine Modernisierungsfolge, ein Möglichkeitszugewinn. Nicht andere sollen für mich sprechen, sondern ich für mich selbst. Jede und jeder kann jetzt sprechen. Aber noch nicht jede und jeder kann für sich handeln, für sich entscheiden. Was sich in der angeblichen Radikalisierung der Sprache kundtut, ist ein Partizipationswille, ein Wille, mitzubestimmen, obwohl man bisher nicht mitbestimmen durfte. Es ist ein Indiz dafür, dass die Menschen gern weltmächtig wären, dass sie gern im Streit mit anderen ihr Eigenes durchsetzen möchten. Demokratie ist, zumindest auch, ein agonales Geschehen: In ihr regieren Wettstreit und Widerstreit. Das flößt denjenigen Angst ein, die bisher über das Rederecht verfügt und damit den Stoff, aus dem das Politische gefertigt ist, nämlich die Sprache für sich gepachtet haben. Jedoch stehen dieser Stoff und die Möglichkeiten, die er bietet, allen zu.

Was heißt Repräsentation?

Entspricht das althergebrachte System der Repräsentation jener politischen Reifung des Individuums, die seit der Aufklärung sich ankündigt? Reicht es, wenn jede und jeder für sich sprechen darf? Sollte nicht jede und jeder auch für sich und für alle handeln können, ohne an die Streckbank der Repräsentation gefesselt zu sein?

> *... was hat das Volk, in dessen Namen regiert wird, für Möglichkeiten der Mitsprache, der Einmischung in seine eignen Angelegenheiten?*
>
> Max Frisch: *Aus dem Berliner Journal* (1973/74)

Wir müssen reden. Wir dürfen reden. Und wir können reden. Viele Jahrhunderte hat es gebraucht, bis alle reden durften und konnten. Wären wir nicht kleinmütig und verdruckst, würden wir darin eine große Errungenschaft sehen.

Aber mit dem Reden-Können und dem Reden-Dürfen ist es so eine Sache. Vor einigen Jahren nahm ich – nicht mehr ganz neu in Deutschland, doch bis dahin mangels Staatszugehörigkeit nie am politischen Geschehen beteiligt, nun aber frisch ausgestattet mit einem deutschen Pass – in unserem idyllischen Wohnort am Fuße des Schwarzwaldes an einer Gemeindeversammlung teil. Oder an dem, wovon ich in meiner Neubürgernaivität glaubte, es müsse eine Gemeindeversammlung sein. Kurzum: Ich bin in der Erwartung hingegangen, ich dürfe da gemeinsam mit sämtlichen Mitbürgerinnen und Mitbürgern über all das diskutieren, befinden und abstimmen, was die Gemeinde bewegt: die Anschaffung eines neuen Feuerwehrautos, die Ausweisung einer neuen Bauzone, die Erweiterung des Spielplatzes und das Gemeindebudget für das kommende Jahr.

Und da saß ich nun und durfte – zuhören. Wie die Damen und Herren des Gemeinderates, unsere für fünf Jahre gewählten „Repräsentanten“ über das Feuerwehrauto und die Bauzone, den Spielplatz und das Budget diskutierten, befanden und abstimmten. Das Amtsblatt hatte gar nicht, wie ich fälschlich gelesen hatte, zur öffentlichen Gemeindeversammlung, sondern zur öffentlichen Gemeinde*rats*versammlung eingeladen. Immerhin, nach zweieinhalb Stunden und nachdem alles entschieden war, war es auch den anwesenden, vielleicht 30 Nichtgewählten gestattet, ihre Stimme zu erheben: Der letzte Tagesordnungspunkt nach den Varia sah eine „Bürgerfragestunde“ vor. Sie war innerhalb von viereinhalb Minuten erledigt – nur ein Anwohner wollte besorgt in Erfahrung bringen, wann es denn endlich mit der Wanderwegbeschilderung weitergehe. Der Duft des für alle Ausharrenden vorgesehenen Imbisses hat die Redseligkeit selbst dorfbekannter Querulanten im Keime erstickt.

Schnell lerne ich, dass hierzulande zwar alle Staatsgewalt vom Volke ausgeht, dies jedoch nicht bedeutet, dass sie so bald wieder zu ihm zurückkehrt.[1] Für die Verwaltung dieser Staatsgewalt seien die „Repräsentanten“ da.[2] Diese „Repräsentanten“ handeln politisch an meiner Statt: „In den Ländern, Kreisen und Gemeinden muß das Volk eine Vertretung haben, die aus allgemeinen, unmittelbaren, freien, gleichen und geheimen Wahlen hervorgegangen ist.“[3] An sich sähe derselbe Grundgesetzartikel auch eine andere Möglichkeit vor: „In Gemeinden kann an die Stelle einer gewählten Körperschaft die Gemeindeversammlung treten.“[4] Aber zumindest in unserem idyllischen Ort am Fuße des Schwarzwaldes macht man von dieser Möglichkeit lieber keinen Gebrauch.

Soll ich mich darüber grämen? Ich habe ja meine Repräsentanten. Oder sie haben mich, als ihren Wähler, ihren politischen Auftraggeber. Will ich freilich wissen, was der Begriff Repräsentation bedeutet, gibt sich das Grundgesetz zugeknöpft. Das einzige Mal, wo dort überhaupt ein Wort aus dem Feld von Repräsentation auftaucht, geht es um die Hauptstadt – darum, dass „die Repräsentation des Gesamtstaates in der Hauptstadt“ „Aufgabe des Bundes“ sei.[5] Nicht gerade erhellend für die Frage, inwiefern die Gemeinderätinnen mich und meine Mitbürger repräsentieren – oder die Parlamentarierinnen, gar die Regierungen auf Länder- und Bundesebene.

Also frage ich meine Gemeinderäte. Sie sagen mir, sie repräsentierten mich und all die andern Dörfler, indem sie uns eine Stimme gäben, indem sie für uns sprächen. Ich erwidere, das könne ich ja ganz gut selbst und bräuchte niemanden, der für mich spreche. Nach einem Augenblick des Innehaltens meint mein Repräsentant, es sei ja zwar so, dass jeder sprechen, sich so jedoch noch keineswegs Gehör verschaffen könne. Die Repräsentanten seien dazu da, den Stimmen, die in der Vielzahl der Stimmen leicht untergingen, also allen Stimmen der Bürger Gehör zu verschaffen. Und sie sprächen nicht nur für mich und all die anderen Dörfler. Sondern sie handelten auch. Sie entschieden in Abwägung aller Stimmen und Interessen, was nottue. Beschlössen die Anschaffung des Feuerwehrautos und die Ausweisung der Bauzone, die Errichtung des Spielplatzes und das Budget.

Wir alle könnten zwar sprechen, aber meist nicht vernehmlich genug, weshalb wir der Repräsentanten als Sprechverstärker bedürften. Und da nicht jeder für sich oder gar für andere zu entscheiden und zu handeln vermöge, seien die Repräsentanten nicht nur unsere Entscheidungshandlanger, sondern unsere Entscheidungsträger. Anstelle all der Bürgerinnen und Bürger entscheiden sie, was Sache sein soll – wie das Gemeinwesen zu gestalten ist. Weil wir sie gewählt haben.

Repräsentation heißt, für etwas zu stehen. Das tun wir alltäglich unentwegt, ohne zwingend dafür gewählt oder dazu mandatiert zu sein. Als Leserin oder Leser dieses Buches repräsentieren Sie jetzt gerade die Gruppe der Bildungsbürger; wenn Sie nachher Tennis spielen, dann werden Sie die Gruppe der Sportler repräsentieren; heute Abend an der Schule Ihrer Tochter die Gruppe der Eltern. In den ersten beiden Fällen bedeutet Repräsentation nicht mehr als Zugehörigkeit: Sie werden wegen des bloßen Bücherlesens kaum von Artenschützern als Repräsentant des aussterbenden Bildungsbürgertums in Gewahrsam genommen, und auch Reporterinnen werden sich kaum einstellen und sich um ein Interview mit Ihnen reißen, weil Sie im Tenniscourt eine ordentliche Leistung abliefern – es sei denn, Sie belegen einen der vorderen Plätze auf der Weltrangliste. Um die Gruppe der Sportler oder der Bildungsbürger über die einfache Gruppenzugehörigkeit hinaus zu repräsentieren, müssen besondere Leistungen oder eine besondere Mandatierung hinzukommen. Sie müssen, um öffentlich als „Repräsentant des Sportes" zu gelten, nicht zwingend selbst sportlich aktiv sein. Es reicht, wenn Sie sich zum DFB-Präsidenten wählen lassen. Oder als „Repräsentant der Elternschaft" zum Elternsprecher.

Gleitend sind die Übergänge zwischen bloßer Gruppenzugehörigkeit und einer allseits zugeschriebenen Repräsentativität für etwas. So sind Eltern zwar immer Eltern, Repräsentanten kinderhabender Lebewesen, aber sehr viel weniger intensiv und sichtbar, während sie Bücher lesen und die Kinder in der Schule weilen, als beim Elternabend, wo die Lehrer sie nicht als Geschäftsfrauen oder Hausmänner, sondern eben als Eltern ansprechen.

Weil wir vielem zugehören, repräsentieren wir vieles – in unterschiedlichem Grad. Und wir sind darauf angewiesen, dass andere etwas repräsentieren und von uns nicht oder nicht nur als unverwechselbare, einmalige Individuen wahrgenommen werden wollen. Die Ärztin, von der ich Genesung erhoffe, soll die Heilkunde repräsentieren, der Verkäufer, von dem ich meine Teigwaren kaufe, den Einzelhandel. Das soziale Gefüge ist ein Repräsentationsgeflecht. In ihm spielen wir selbst zahlreiche Rollen, repräsentieren auf unterschiedlichste Weise.

Dabei haben sich die Rollen im Prozess der Modernisierung offensichtlich vermehrt: Während vor 300 Jahren ein Fischer an der Nordsee gerade einmal Fischer, Ehegatte, Vater, Bruder, Kirchgänger und Untertan gewesen sein mag, übernimmt er heute unzählige weitere Rollen, zum Beispiel als Gewerkschafter, als Krankenkassenmitglied, als Fernsehzuschauer, als Rettungsschwimmer, als Lottospieler, als Staatsbürger. Moderne bedeutet Rollenvervielfältigung, weil Moderne Möglichkeitsvervielfältigung ist.

Das Wort Rolle legt womöglich nahe, dass es dahinter ein wahres Selbst gebe – das, was den Menschen eigentlich ausmache, der sich als Fischer, Ehegatte, Vater, Kirchgänger, Krankenkassenmitglied, Lottospieler oder Staatsbürger bloß eine Maske vor das Gesicht halte, um sein authentisches Sein vor neugierigen Blicken zu verbergen. Dem ist nicht so. Die Idee des wahren Selbst ist nichts weiter als eine Illusion, die zwar im Prozess der Modernisierung gern gegen Modernisierung in Anschlag gebracht wurde (etwa im 18. Jahrhundert bei Jean-Jacques Rousseau), aber der Realität des Beziehungswesens Mensch nicht gerecht wird. Was ich bin, bin ich im Austausch mit all dem, was mir entgegentritt – in Reaktion darauf, in Auseinandersetzung damit, in Aneignung dessen. Was selbst ist, bildet sich heraus in der Ausübung all der Rollen, die mir zuwachsen oder die ich mir zulege. Der Illusion des wahren Selbst kann ich getrost den Abschied geben.

Freilich zeigt nicht jede Rolle, die ich im Leben spiele, ein Repräsentationsverhältnis an. Ich kann in die Rolle des verschmähten Liebhabers oder des Wetterfühligen schlüpfen, ohne dadurch für andere oder anderes in die Pflicht genommen zu werden oder werden zu wollen. Von Repräsentation im engeren Sinne sprechen wir, wenn etwas oder jemand für eine Institution, eine Gruppe oder eine bestimmte Auffassung, eine Idee, einen „Wert" steht. Repräsentation kann dann heißen, dass etwas Besonderes für etwas Allgemeines steht (ein Buch repräsentiert eine Idee), etwas Konkretes für etwas Abstraktes (eine Handlung repräsentiert einen „Wert"), etwas Kleineres für etwas Größeres (eine Kompanie repräsentiert die wehrhafte Nation). Oder ein Einzelner steht für eine Vielzahl von Personen.

Wer repräsentiert, soll das Wahre, Eigentliche des Repräsentierten wenn schon nicht vollständig abbilden, so doch nach Kräften verkörpern und darstellen. Das, worauf es ankommt. Doch worauf kommt es an? Im Falle des Verkäufers oder der Ärztin ist mir das klar: Er repräsentiert das Unternehmen, von dem ich etwas kaufen will, sie die Wissenschaft, von der ich meine Heilung erwarte. Wenn er mir das Produkt seines Unternehmens verkauft und sie mich nach den Regeln der Medizin behandelt, tun sie das, worauf es mir ankommt, auch wenn sie, als Einzelne, die für das Allgemeine stehen, nie alles verkörpern können, was das Unternehmen oder die Medizin ausmacht.

Repräsentation als das Stehen für etwas ist stets defizitär, wenn das Kleinere für das Größere eintritt, die Einzelne für eine Vielzahl.

Worauf aber kommt es im Politischen an? Die politische Repräsentantin ist weder Verkäuferin noch Ärztin. Wofür steht sie, wenn ich ihr meine Stimme gebe, wenn sie an meiner Stelle im Parlament eine Rede hält? Die Politikwissenschaftlerin Hanna Fenichel Pitkin hat Repräsentation in einem allgemeinen Sinn verstanden wissen wollen als Präsent-Machen von etwas, was nicht buchstäblich oder tatsächlich präsent ist.[6] Sie unterscheidet politisch dann zwischen der „Standing-For"-Repräsentation und der „Acting-For"-Repräsentation. Im ersten Fall soll der, die oder das Repräsentierende „deskriptiv" oder „symbolisch" das Repräsentierte vergegenwärtigen – dann wäre beispielsweise das Parlament ein Miniaturabbild sämtlicher Bürgerinnen und Bürger oder des „Volkes". Im zweiten Fall würde hingegen von solchen mimetischen Beziehungen abgesehen. Der, die oder das Repräsentierende ist dann nicht eine verkleinerte Kopie des oder der Repräsentierten, sondern steht vielmehr handelnd für sie ein, ficht also etwa im Parlament die Anliegen durch, von denen der Repräsentierende glaubt, sie müssten diejenigen der Repräsentierten sein. Politische Repräsentation sollte in diesem Fall die Stimmen und Interessen derjenigen in die politischen Prozesse einbringen, deren Stimmen und Interessen nicht ohnehin schon präsent sind.

Bringt man die zwei unterschiedlichen Formen der Repräsentation auf die Formel „Mikrokosmos-Modell", nämlich „maßstabgetreues Abbild der Gesellschaft im Kleinen", und „Anwalts-Modell", nämlich Beauftragung der Parlamentarier durch die Stimmbürger, ihre Interessen wahrzunehmen,[7] werden die Schwierigkeiten unmittelbar augenfällig: Das Parlament als Abbild des Volkes ist eine Fiktion, und der Parlamentarier als Beauftragter der Wähler erfüllt keineswegs deren Mandat so wie eine Anwältin das tut, die keinen anderen Auftrag hat, als im gesetzlichen Rahmen das Interesse ihres Mandanten durchzusetzen. Man darf bezweifeln, dass die Anwaltsanalogie so funktionieren kann, wie die Politikwissenschaftlerin Nadia Urbinati es andeutet, indem sie politische Repräsentation zwar als „advocacy" definiert – als Anwaltschaft, Fürsprache, Eintreten –, aber neben einer starken Bindung an die Wähleranliegen dem Repräsentanten ein autonomes Urteil zubilligt.[8] Anwaltschaft müsste doch wohl heißen, alles Erdenkliche zu tun, um diejenigen zu befriedigen, denen man sein Mandat verdankt. Das liefe auf das imperative Mandat eines Delegierten hinaus, der die Vorgaben der ihn Entsendenden erfüllen muss. Sein Urteilsvermögen kann er dazu einsetzen – wie jede gute Anwältin auch –, die besten Wege und heimlichsten Schliche zu finden, diese Vorgaben einzulösen.

Fundamentaleinwände gegen das „Anwalts-Modell" hat eigentlich schon Edmund Burke am 3. November 1774 mit einer Rede an seine Wähler in Bristol zu Protokoll gegeben: „Parliament is not a *congress* of ambassadors from different and hostile interests; which interests each must maintain, as an agent and advocate, against other agents and advocates; but parliament is a *deliberative* assembly of *one* nation, with *one* interest, that of the whole; where, not local purposes, not local prejudices, ought to guide, but the general good."[9] Entsprechend verwahrt sich der Abgeordnete Burke dagegen, nun im Parlament für die Partikularinteressen Bristols einzutreten; er sieht sich nur dem allgemeinen Guten verpflichtet – wobei er es sich selbst vorbehält, darüber zu entscheiden, worin dieses allgemeine Gute denn besteht. Das scheint auf einer Linie zu liegen mit der einschlägigen Bestimmung im Grundgesetz zu den „in allgemeiner, unmittelbarer, freier, gleicher und geheimer Wahl" zu wählenden Abgeordneten des Bundestages: „Sie sind Vertreter des ganzen Volkes, an Aufträge und Weisungen nicht gebunden und nur ihrem Gewissen unterworfen."[10]

Der hier aufgerufene Begriff der Vertretung hat für den Nichtjuristen allerdings eine beinahe mystische Dimension: Nicht das gesamte Parlament in seiner Vielköpfigkeit vertritt das ganze Volk, sondern „die Abgeordneten" tun es – jede und jeder Einzelne ganz oder doch nur ein bisschen und erst alle gemeinsam ganz? Inwiefern vertritt die einzelne Parlamentarierin das ganze Volk?[11] Wer den *sensus mysticus* der Verfassung hier nicht ergründen will, hebt vielmehr auf die Freiheit des Mandats ab, die Artikel 38 festschreibt. Die Volksvertreter können, sind sie einmal im Amt, so handeln, wie es ihnen beliebt, gleichgültig, wie die Wähler wünschen, dass sie handeln. Ob sie sich in ihrem Handeln nun an dem orientieren, von dem sie glauben, es sei das Wohl und Interesse des gesamten „Volkes", oder ob ihnen das näherliegt, was sie als Partikularwohl und Partikularinteresse ihrer Wählerschaft meinen erkannt zu haben, und ob sie schließlich glauben, dass Partikularinteresse und Gesamtinteresse auf wundersame Weise übereinstimmen, mag die empirische Politikerseelenkunde ergründen.

Wer soll repräsentieren?

Statt zu fragen, was Repräsentation ist, könnte man mit Michael Saward fragen, was Repräsentation macht, nämlich als „a dynamic process of claim-making and the reception of claims".[12] Dann wäre Repräsentation etwas durch und durch Bewegliches; etwas, was sich in Beziehungen erst und neu formt. Das freilich hat viel mehr mit dem auf- und abschwellenden Repräsentationspegel moderner Protestbewegungen im Stile der *Fridays for Future* zu tun als mit dem Repräsentationskonzept traditioneller parlamentarischer Demokratien, das von der Stabilität statt von der Dynamik der Ansprüche ausgeht, auch wenn bekanntlich manche Parlamentarier ihr Fähnchen nach dem Wind zu hängen und neu erhobene Ansprüche – beispielsweise Atomausstieg oder Homoehe – rasch in ihr Repertoire aufzunehmen pflegen. An sich aber sind sie mit ihrem freien Mandat nicht gebunden an das, was diejenigen wollen, die sie wählen. Ist die Idee der Anwaltschaft dann mehr als eine Schutzbehauptung, eine Hoffnung? Ein Trost bliebe auch in diesem Fall: Gewöhnlich wollen Mandatsträger wiedergewählt werden und werden daher nicht ganz gegen die Interessen ihrer Wähler agieren. Man verspricht im Wahlkampf, die Wählerinteressen wahrzunehmen – auf die Gefahr hin, diese dann geflissentlich zu vergessen, bis kurz vor der nächsten Wahl.

Repräsentanten in der repräsentativen Demokratie sind nicht bloße Spiegelbilder der Repräsentierten, sondern sie machen ihr eigenes Ding. Und zwar unabhängig davon, ob sie Repräsentanten alten Typs sind – das heißt, gewählte politische Mandatsträger im Rahmen etablierter Institutionen, Parlamentarier etwa oder Regierungsmitglieder – oder Repräsentanten neuen Typs. Dazu gehören all diejenigen, die in der Öffentlichkeit Protest- und Interessengruppen medienwirksam zur Darstellung bringen, ohne doch als Sprecherinnen gewählt oder eigens formell damit beauftragt worden zu sein. Die schwedische Umweltaktivistin Greta Thunberg ist dafür das naheliegende Beispiel.[13]

Repräsentanten kann man sich aussuchen, gerade weil man als Aussuchender erwartet, dass sie ihr Ding machen. Man erwartet von ihnen dann Selbsttreue, Konsequenz, Verbindlichkeit. Dann suche ich sie nicht aus, weil ich davon überzeugt bin, dass sie *meine* Interessen, sondern, dass sie *ihre* Interessen am ehesten und besten vertreten. Bin ich dazu aufgefordert, meinen Abgeordneten zu wählen, dann verfalle ich gewöhnlich auf denjenigen, dessen Interessen und Präferenzen meinen eigenen am nächsten zu kommen scheinen. In der repräsentativ-parlamentaristischen Realität wird nicht danach gefragt, welche Interessen oder Präferenzen bestehen und nach Repräsentation verlangen, sondern Kandidatinnen und Kandidaten stellen sich als Repräsentanten bereits gegebener Interessen und Präferenzen zur Wahl. Sollte ich als Wählender darunter niemanden finden, dessen Interessen und Präferenzen meinen entsprechen, kann ich mich nur der Wahl enthalten oder mich selbst zur Wahl stellen. Ist einmal jemand gewählt, kann ich nur hoffen, dass sie oder er sich meines Vertrauens würdig erweist und wenigstens ihre oder seine Interessen nachdrücklich vertritt.

Man kann, wie der Rechtsphilosoph Horst Dreier es tut, dem Kommunikationsabbruch zwischen Wählern und Gewählten nach erfolgter Wahl pragmatisch dadurch zu begegnen trachten, dass man einen lebhaften Austausch zwischen Repräsentanten und Repräsentierten fordert, sei doch eine „dauerhafte Kommunikation zwischen Regierenden und Regierten [...] so wichtig wie der Wahlakt selbst. Zur Repräsentation tritt ‚Responsivität'".[14] Kann das aber mehr sein als ein Feigenblatt, das ein paar grundsätzliche Defizite der rein repräsentativen Demokratie kaum tilgt? Bräuchte man nicht eine viel engere Taktung – also einen engen Abgleich mit den sich immer wieder neu justierenden Interessenlagen der Wählenden und der Gewählten, der im Zeitalter der Digitalisierung leicht möglich scheint?

Eine Rückversicherung für eine gewisse Konstanz der Interessen und Präferenzen gewähren die politischen Parteien, denn obwohl Personen in den Parlamenten Einsitz nehmen, die teilweise Direktmandate haben, sind es doch vor allem die Parteien, die für Interessen und Präferenzen stehen. Gemeinhin wird weniger die Person gewählt, von der man glaubt, ihre Präferenzen und Interessen kongruierten am ehesten mit den eigenen, sondern die Partei mit den nächsten Präferenzen und Interessen. Angesichts der lange Jahre unbestrittenen Funktionalität der repräsentativen Parteiendemokratie mit ihrem fein austarierten Gleichgewicht zwischen Personen als Mandatsträgern (und Wählern) und Parteien als massierten Interessen- und Weltanschauungsgruppen könnte man zu argumentieren geneigt sein, dass es da eine Rückversicherung gebe: Personen, die als Repräsentanten Karriere machen wollten, seien auf Parteien angewiesen, was garantiere, dass sie nicht völlig ausscheren aus dem Erwartungshorizont, in den die Wähler sie stellen. Denn zwar hat der Abgeordnete ein freies Mandat, angeblich nur seinem Gewissen verpflichtet, ist jedoch gebunden an die Beschlüsse von Parteitagen und Parteiführungen. Bei Zuwiderhandeln hat er zumindest die Sanktion zu befürchten, innerhalb der Partei isoliert und bei der nächsten Kandidatenkür nicht mehr nominiert zu werden. Das verbürgt eine gewisse Disziplinierung der an sich freien Abgeordneten.

Der Fraktionsgehorsam deutscher Parlamentarier bei gleichzeitigem Gewissensvorbehalt etwa in ethischen Fundamentalfragen mag in der Betriebslogik von Parlamenten durchaus seinen Sinn haben, weil sie dadurch reibungsloser funktioniert. Parlamentarier sind Spezialisten, die nur in ihrem Feld wirklich Bescheid wissen und ansonsten den Experten der jeweiligen Fraktion in ihrem Stimmverhalten ziemlich konsequent folgen. Die Finanzexpertin der Fraktion sagt ihren Kollegen, wie bei der Steuervorlage im Plenum in Übereinstimmung mit der Parteidoktrin zu stimmen ist; der Umweltexperte tut dasselbe, wenn eine ökologische Thematik zur Abstimmung steht. Das ist rational und arbeitsteilig, weil sich alle Abgeordneten darauf verlassen können, jeweils kurz informiert zu werden und in Übereinstimmung mit der Fraktionsmeinung ihre Stimme abzugeben.[15]

Wenn es freilich so ist, dass Parlamentarier außer in ihren jeweiligen Spezialgebieten über nicht mehr Fachwissen verfügen als der durchschnittlich informierte Bürger auch, der Parlamentarier dem Bürger also gerade keinen allgemeinen Erleuchtungsvorsprung vorausghat, ist freilich nicht recht einzusehen, warum man diese Parlamentarier überhaupt braucht. Dann könnte man gleich die durchschnittlich informierten Bürger über die Gesetzesvorlagen abstimmen lassen – die sich Rat holen können bei den Parteien und den Expertinnen, ganz so, wie die Parlamentarier es auch tun. Vielleicht wären Parlamente dann als Volksabstimmungsvorbereitungsanstalten wirkungsmächtigere Institutionen. Doch dazu später.

Das oft vorgebrachte Gegenargument, dass sich die Bürger für ihre Entscheidungen nicht rechtfertigen müssten, die Politiker aber schon – denn sie wollten wiedergewählt werden – und deshalb verantwortungsvoller agierten, scheint hingegen abwegig. Die Bürger, die selbst entscheiden, sind unmittelbar und direkt die Freud- und Leidtragenden ihrer Entscheidungen: Wenn es mit dem Brexit schiefgeht – oder mit Stuttgart21 – stehen sie selbst in der politischen Bring- und ökonomischen Zahlschuld. Und das kann erheblich schwerer wiegen als sein Mandat zu verlieren. Auch dazu später mehr.

Und selbst wenn die Parlamentarier als Profis professioneller entscheiden sollten als die durchschnittlich informierten Bürger, trägt dies nicht unbedingt zu ihrem Reputationsgewinn bei. Die Klage über die entseelte Art dieser professionalisierten Politik ist jedenfalls lautstark: „Zu dieser inneren Schwächung der Demokratie kommt es insbesondere dann, wenn deren oberste Repräsentanten die Politik zur Abwicklung von Geschäften und zur Bewältigung von Sachzwängen verkommen lassen. Dann wirken Bürger, die sich begeistert für die Verteidigung oder Verbesserung der Demokratie einsetzen, wie Fremdkörper.“[16] Der Philosoph Dieter Thomä suggeriert hier, dass gewählte Repräsentanten ihre Bürger zu repräsentieren aufhören könnten: „Wenn politische Repräsentanten sich in Bürokraten verwandeln, versuchen sie dem Volk weiszumachen, es sei von der Steuerung komplexer Prozesse überfordert, habe sowieso nicht den Durchblick und müsse sich auf Experten verlassen.“[17]

Nur eben sind Parlamentarier meist nur gerade Experten in parlamentarischer Betriebslogik. Wenn sie schon nicht die mitreißenden Persönlichkeiten sind, von denen repräsentiert zu werden ein Vergnügen oder sogar eine Ehre wäre, wird man die Frage der persönlichen Repräsentation hier am besten einmal beiseiteschieben, verstellt sie doch oft genug den Blick. Denn ganz abgesehen von den Personen sollten es doch die Parteien sein, die Bürger repräsentieren. Dann suche ich nicht Kandidaten aus, die mich repräsentieren könnten, sondern Parteien, deren Weltsicht und Ideen sich mit den meinen am ehesten decken. Sie müssten dann für mich und in meinem Sinne handeln.

Nur leider gibt es da ein Problem (nicht nur dasjenige, dass unklar ist, inwiefern die Repräsentanten für mich oder an meiner Stelle handeln): Es existieren zu wenige Parteien mit Durchsetzungsgewicht für zu viele differenzierte Interessen. Da könnte man mutmaßen, dass das Ende der zwei oder drei „Volksparteien“ als solche und die Aufsplitterung des Parteienspektrums die Wahrscheinlichkeit erhöhen, dass da auch eine Partei darunter ist, die individuelle Präferenzen tatsächlich einigermaßen abspiegelt. Aber ist die Parteienvervielfältigung eine Lösung des Repräsentationsproblems? Oder ist Repräsentation das Problem?

Gruppenrepräsentation

Im 10. Artikel der *Federalist Papers* erklärt James Madison 1787 den Unterschied zwischen „Republic“ und „Pure Democracy“: Die Republik zeichne das Konzept der Repräsentation aus und unterscheide sich von der direkten Demokratie wesentlich dadurch, dass in ihr kraft Repräsentation die „öffentlichen Ansichten“ „verfeinert und erweitert“ würden, nämlich durch eine „gewählte Körperschaft von Bürgern“, deren „Weisheit“ am besten „das wahre Interesse ihres Landes“ erkennen könne und deren „Patriotismus und Gerechtigkeitsliebe“ es nicht wahrscheinlich machten, dass sie es „zeitlichen oder parteilichen Erwägungen opferten“.[18] Die Messlatte für die Repräsentanten ist hoch und legt fest, was es zu repräsentieren gelte, nämlich letztlich das, was das allgemeine Wohl befördert. Im Repräsentationsdenken der US-amerikanischen Gründerväter geht es also nicht darum, möglichst alle Anliegen und Ansichten, die irgendwo im Schwange sind, zur Sprache und zur Darstellung zu bringen, geschweige denn darum, alle empirisch vorhandenen Bevölkerungsgruppen abzubilden, sondern nur die ausgezeichneten, verfeinerten, veredelten, verallgemeinerten Anliegen und Ansichten.

Aus Madisons Sicht wäre es ein Missverständnis, wollte man Repräsentation so verstehen, dass in einer Republik bestimmte empirisch vorhandene Bevölkerungsgruppen womöglich nach ihrer tatsächlichen Anzahl „repräsentiert“ werden sollten. Aber heute scheint ja vor allem diese Idee von Interesse zu sein. Denn der triviale soziologische Befund, dass die Bevölkerung eines Staates nicht homogen, sondern vielfältig ist, scheint die Folgerung geradezu zu erzwingen, dass bei der Gestaltung der politischen Wirklichkeit möglichst alle Gruppen aktiv zum Zuge kommen sollten. Und deshalb müssten, heißt es, die einzelnen Gruppen repräsentiert werden. Das sei eine elementare Forderung der Gerechtigkeit.

Das klingt zunächst ja sehr plausibel. Vor diesem Hintergrund werden, soweit die Verfassungsgerichte nicht widersprechen (was sie regelmäßig tun), Paritätsgesetze erlassen, die von den Parteien verlangen, auf den Kandidatenlisten jeweils abwechselnd eine weibliche Kandidatin und einen männlichen Kandidaten zu platzieren, um so die bestehenden Nachteile von Frauen auszugleichen. Ersichtlich steht das Mikrokosmosmodell im Hintergrund: Das Parlament soll als Repräsentation der Gesamtbevölkerung deren tatsächliche Zusammensetzung abbilden. Inwiefern aber und in welchen

Fällen darf und soll man das durch Kontingentierung erzwingen und dadurch zugleich die Wahlfreiheit der Einzelnen und die Nominierungsfreiheit der Parteien einschränken, die ansonsten in der repräsentativen Demokratie gelten? Darf oder muss man gar die Repräsentation bestimmter Gruppen verordnen? Und welche Gruppen sollen repräsentiert werden?

Was macht eine repräsentationswürdige Gruppe überhaupt aus? Die Biologie – dass es Angehörige dieser Gruppe „von Natur aus" gibt – wie im Falle von Männern und Frauen, mögen dies manche Vertreter*innen angeblich avancierter Gendertheorien auch bestreiten? Biologische Unterschiede bestehen zwischen den Angehörigen unserer Spezies zwar zweifellos, aber das bloße Vorhandensein solcher Unterschiede reicht schwerlich aus, um eine repräsentationswürdige Gruppe zu bilden. Die biologisch distinkte Gruppe der Blauäugigen oder die biologisch distinkte Gruppe der Großwüchsigen werden sich kaum als Gruppe fühlen und als Gruppe politische Forderungen stellen, während die biologisch distinkte Gruppe der Menschen über 65 sich durchaus als Gruppe verstehen und beispielsweise als Graue Panther ordentlich auf den Putz hauen kann – aber keineswegs alle Ü65 werden sich über diese Gruppenzugehörigkeit definieren. Auch das Herkommen kann für repräsentationswürdige Gruppen sorgen, muss es aber ebenso wenig wie die Biologie. Die Gruppe der in Herbolzheim Lebenden will natürlich im Kreistag ordentlich repräsentiert sein, während die Gruppe der aus Berlin nach Herbolzheim Zugezogenen ihrerseits keine eigene Herbolzheimer Stadträtin stellen will. Ebenso kann Geschichte, kann die lebensgeschichtliche Prägung, kann Religion, kann Ideologie repräsentationsbedürftige Gruppen hervorbringen, muss es aber nicht. Die Gruppe der Kriegsverfolgten oder die der Protestanten wollen repräsentiert sein, während die Gruppe der ehemaligen SS-Angehörigen lieber gar nicht als solche wahrgenommen werden will.

Was also macht eine repräsentationswürdige Gruppe aus? Nichts anderes, als dass sie sich selbst als eine derartige Gruppe versteht und ein Gruppeninteresse benennt, das gemeinsam verfolgt werden soll. Blauäugige und Großwüchsige haben kein solches Gruppeninteresse formuliert, Frauen, wenn sie gegen Männerseilschaften ankämpfen müssen, hingegen sehr wohl. Gruppenbildung mit gemeinsamem Gruppeninteresse findet gerade dann statt, wenn Nachteile der Gruppenangehörigen gegenüber Nichtangehörigen empfunden und erlebt werden.

Das allerdings löst das Problem noch nicht, welche Gruppen in welcher Weise repräsentiert werden sollen. Denn zunächst stehen da höchst unterschiedliche Gruppen mit höchst unterschiedlichen Interessen einander gegenüber, die zwar Ansprüche erheben, repräsentiert zu werden, aber ob diejenigen, die nicht der Gruppe angehören, diese Repräsentationsansprüche billigen, steht auf einem anderen Blatt. Mit anderen Worten: Gesellschaften mit freien Gruppenbildungs- und Gruppeninteressenbildungsprozessen sind Gesellschaften, in denen eine unablässige Konkurrenz um Interessen- und Repräsentationsanspruchsdurchsetzung herrscht. Es gibt in solchen Gesellschaften, in der Möglichkeitskultur der Moderne keine festen und definitiven Gruppenrepräsentationsansprüche, die auf jeden Fall berücksichtigt werden müssten. Ein Gruppeninteresse steht immer gegen andere Gruppeninteressen; ein Repräsentationsanspruch gegen andere Repräsentationsansprüche. Und wenn die Zahl der Repräsentationsämter beschränkt ist – also etwa die Zahl der Abgeordneten –, ist es unvermeidlich, dass immer gewisse Gruppeninteressen und Repräsentationsansprüche außen vor bleiben. Politische Repräsentation von Gruppen ist so notorisch unvollkommen.

Und selbst wenn ein bestimmtes Gruppeninteresse und ein bestimmter Gruppenrepräsentationsanspruch zu einem gegebenen Zeitpunkt von der bestimmenden Mehrheit unbestritten sind, hören damit die Schwierigkeiten nicht auf. In gewisser Hinsicht fangen sie sogar erst an. Denn die jeweiligen Gruppen repräsentieren sich nicht selbst, sondern werden repräsentiert von mehr oder weniger lautstarken Vertretern, die dann beispielsweise vor die Kamera treten oder sich in Parlamente wählen lassen. Inwiefern aber ist garantiert, dass die in Erscheinung tretenden Gruppenangehörigen tatsächlich die Gruppeninteressen repräsentieren? Sollen sie es überhaupt oder sind sie dann vielmehr dazu verpflichtet, wie einst Burke sein Mandat verstand, nicht mehr für die Gruppe – seine Wähler in Bristol – zu stehen, sondern für das Ganze? Müssen die in den brandenburgischen Landtag gewählten Frauen zwingend „Frauenanliegen“ vertreten, während den Männern zwingend „Männeranliegen“ oblägen?

Sollte sich eine handlungsfähige Gruppe von ihren Sprecherinnen und Sprechern nicht mehr repräsentiert fühlen, kann sie sich ihrer bei nächster Gelegenheit zwar wieder entledigen. Wie sieht es jedoch mit Gruppen aus, die selbst nicht handlungsfähig sind – Kleinkinder, Wachkomapatienten, Demente – und von denen Dritte, die nicht selbst Gruppenmitglieder sind, behaupten, sie würden treuhänderisch-anwaltlich die Gruppeninteressen wahrnehmen? Wer kann sich ihrer entledigen, wenn die Gruppe selbst es nicht tun kann? Ist, um überhaupt gehört zu werden, der Zwang zur Repräsentation so stark, dass man sich lieber von unfähigen oder ungeeigneten Vertretern repräsentieren lässt als gar nicht?

Keine Personengruppe verdient es in einem pluralen politischen Gesamtgefüge per se, politisch repräsentiert zu werden, sondern jede Personengruppe muss um ihr Gehörtwerden kämpfen. Sollte ich der Meinung sein, die in Deutschland lebenden Menschen mit schweizerischem Migrationshintergrund seien eine politisch eigenständig repräsentationsbedürftige, womöglich marginalisierte Gruppe, müsste ich Gleichgesinnte suchen und lautstark auf deren Repräsentationsbedürftigkeit aufmerksam machen: 2020 lebten in Deutschland 94 555 Auslandschweizer;[19] mehr als ein Promille der Wohnbevölkerung hierzulande besaß also einen Schweizer Pass. Müssten dann nicht bei mehreren Tausend Abgeordneten im Bund und in den Bundesländern wenigstens ein paar davon spezifisch helvetische Anliegen vertreten? Oder fehlen den Auslandschweizern spezifische Gruppeninteressen, die sie durch ihresgleichen in Deutschland vertreten sehen wollen?

Die Politikwissenschaftlerin Iris Marion Young verteidigt vehement die Anerkennung und Repräsentation von sozialen Gruppen, weil nur auf diese Weise Ungleichheiten ausgeglichen werden könnten, die an der Gruppenzugehörigkeit haften. Zugleich nimmt sie

Abschied von der Vorstellung, es gebe eine irgendwie zwingende Identität von Repräsentanten und Repräsentierten, und votiert mithilfe von Jacques Derridas *différance* für eine „differentiated relationship among plural actors".[20] Indessen steht ihr klar vor Augen, dass das vermehrte Zur-Geltung-Bringen von Gruppeninteressen andere Stimmen unterdrücken kann, und zwar gerade innerhalb einer sozialen Gruppe. „If Latinos were to be specially represented in American politics, for example, a heterosexual perspective would be likely to dominant their discourse and policy preferences, thus marginalizing gay and lesbian Latinos."[21]

Die Heilslehre des Gremialismus

Bekanntlich hat Doktor Baralt die berühmte Lehre des Gremialismus entwickelt, der zufolge „das Menschengeschlecht" „aus einer endlichen Reihe geheimer Gesellschaften" bestehe:[22] „Einige überdauern länger als andere; so zum Beispiel die Gesellschaft jener Individuen, die sich durch einen katalanischen oder einen mit G beginnenden Namen auszeichnen. Andere vergehen sehr schnell, *verbi gratia* die all jener, die in diesem Augenblick in Brasilien oder in Afrika den Duft von Jasmin atmen"; „wir selbst, die wir uns nach Kräften um eine neutrale Distanz zu allem bemühen, waren heute Nachmittag Mitglieder der Bruderschaft jener, die einen Aufzug aufwärts benutzen, und, Minuten später, jener, die in den Keller hinabfahren oder mit einem Anfall von Klaustrophobie zwischen Miedern steckenbleiben".[23] Jorge Luis Borges und Adolfo Bioy Casares, denen wir die tiefen Einblicke in Doktor Baralts welterschließende Erkenntnisse verdanken, deuteten zwar an, dass „der Gremialismus der Fels sein" werde, der sich „der Lava der Anarchie in den Weg stellt",[24] konnten aber nicht ahnen, dass im 21. Jahrhundert der Gremialismus die bestimmende politische Doktrin werden würde – dass die hauptsächliche politische Besorgnis darum kreisen würde, welcher Gruppe man angehört und wie man deren Anliegen Geltung verschafft. Bedauerlich nur, dass die unbewussten Jünger des Doktor

Baralt ein vermeintlich unscheinbares Detail seiner Weisheit außer Acht lassen: „Die kleinste Geste, die Zündung oder Löschung eines Streichholzes, verstößt uns aus einer Gruppe und nimmt uns in eine andere auf."[25] Gruppenzugehörigkeit ist hochgradig instabil.

Die Weisheit des Doktor Baralt führt ein erstes grundlegendes Problem der Gruppenrepräsentation vor Augen: Niemand ist nur Mitglied einer Gruppe; wir gehören ganz vielen Gruppen an und wechseln unsere Gruppenzugehörigkeiten unentwegt. Modernisierung bedeutet eben Rollenvervielfältigung. Und ich kann mich in verschiedenen Gruppen einbringen, kann mich sowohl für Auslandschweizeranliegen, für Seniorenanliegen, für Männeranliegen als auch für Frauenanliegen und für Radfahreranliegen engagieren. Wer jedoch soll für mich stehen, wenn ich meine Abgeordnete wählen soll? Diejenige, die sich für die Auslandschweizer einsetzt oder für die Radfahrerinnen oder für die Männer? Weshalb darf ich nicht für mich selbst sprechen und muss mich vertreten lassen?

Das zweite grundlegende Problem der Gruppenrepräsentation besteht darin, dass Gruppen ihre Gruppeninteressen haben und von ihren Repräsentanten zu Recht verlangen, dass sie diese Gruppeninteressen möglichst durchsetzen, und zwar sehr oft gegen die Interessen anderer Gruppen: Die Radfahrer wollen sich durchsetzen gegen die Automobilisten und die Fußgänger. Die Suggestion des parlamentaristischen Repräsentativismus ist die, dass es auf wundersame Weise zu einem Ausgleich der Gruppeninteressen komme und am Ende nicht bloß alle Gruppen einigermaßen in ihren Ansprüchen befriedigt seien, sondern zugleich auch das allgemein Beste, das Gemeinwohl erreicht sei – die schwarze Null der Staatsfinanzen und die grüne Null beim CO2-Ausstoß bei gleichzeitiger Vollbeschäftigung und sozialer Absicherung aller. Man könnte diese Suggestion als säkularen Wunderglauben abzutun geneigt sein, auch wenn die pragmatischen Vorteile von Gruppeninteressenausgleichen und -kompromissen nicht zu leugnen sind.

Für Wunderglaubensskeptiker bleibt das prinzipielle Dilemma der Repräsentation bestehen: Wie ein gemeinsames Gut zustande kommen soll, wenn alle nur das Eigene wollen, nämlich die eigenen

Gruppeninteressen durchsetzen? Entweder repräsentiert der Repräsentant Partikularinteressen von Gruppen oder Einzelpersonen. Dann ist er Lobbyist, Interessenvertreter. Oder aber er repräsentiert das Ganze, das Volk. Dann steht er gegen die Partikularinteressen von Gruppen oder Einzelpersonen, die ihn mandatiert haben. Das theoretisch unlösbare Problem besteht darin, Partikularinteressen und behauptetes „Gemeinwohl" dauerhaft und schlüssig zur Deckung zu bringen. Nur bei einer wundersamen Kongruenz von Partikularinteressen und Gemeinwohl wäre das möglich. In der Praxis befindet sich der Repräsentant auf einer dauernden Gratwanderung zwischen der Förderung dessen, was er für „Gemeinwohl" hält, und dem, was seine Wähler von ihm erwarten (oder was er glaubt, dass sie von ihm erwarten).

Ideenrepräsentation

Die politische Idee, dass Repräsentation vor allem oder sogar ausschließlich darin bestehen sollte, einzelne soziale Gruppen und ihre Gruppeninteressen zur Geltung zu bringen, ist keine besonders kluge. Die Gruppenrepräsentationsidee taugt nicht als Regel, sondern nur als Ausnahme, nämlich für den Fall, dass eine bestimmte Gruppe nicht nur eklatant benachteiligt ist, sondern auch den Nichtgruppenangehörigen ihre Benachteiligung so plausibel zu machen versteht, dass diese bereit sind, den fraglichen Gruppeninteressen allgemeinen Raum zu gewähren. Daher findet in pluralen Gesellschaften ein Buhlen um Gruppeninteressenanerkennung statt, bei dem manche Gruppen erfolgreicher agieren als andere. Es wäre aber eine fatale Verkürzung des Politischen, wollte man es bloß als Austragungsfeld von Gruppeninteressenkonflikten verstehen. Im Politischen geht es wesentlich darum, wie wir als Menschen zusammenleben wollen, über alle Gruppengrenzen und Gruppeninteressen hinaus.

Sollte man also zu Madison und zu seinem Vorschlag zurückkehren, es müsse in einer repräsentativen Körperschaft darum gehen, die „public views" zu verfeinern und zu erweitern? Sollten mit anderen Worten nicht einzelne Gruppen repräsentiert werden, sondern Ideen? Ideen nicht als metaphysische Wesenheiten verstanden, die es irgendwo an sich gibt, sondern als mentales Menschenwerk, als etwas von uns Erdachtes.

Nun haben sich die Menschen im Laufe ihrer Gattungsgeschichte sehr vieles ausgedacht. In einem ersten Anlauf wird man sich für eine plurale repräsentative Demokratie wünschen, es kämen in ihr doch am besten sämtliche je ausgedachten Ideen zum Tragen. Zum Tragen wovon, wird man bei einem Innehalten gleich fragen. Sind die Ideen allesamt als Bausteine eines Gemeinwesens tauglich?

Da wären zum einen die Ideen, die nichts weiter sind als abstrahierte Gruppeninteressen, beispielsweise die Idee, dass den Angehörigen einer bestimmten Ethnie natürliche Vorrechte zukämen, oder die Idee, dass Politik zuallererst darauf ausgerichtet sein müsste, den Bauern- oder den Bankerstand zu unterstützen. Solche Ideen sind zwar auch „public views“ in Madisons Sinn, aber doch nicht solche, die verfeinerungs- und veredelungsfähig wären – und vor allem nicht verallgemeinerungsfähig. Man kann alle möglichen Ideen haben, aber es sind Gruppen- und Einzelideen, die zwar vorgebracht werden mögen und werden dürfen, solange sie keine Gesetze verletzen. Aber sie sind als Gruppen- und Einzelideen stets partikular und haben daher keinen inneren Anspruch darauf, repräsentiert zu werden, also auf der großen Bühne der Gestaltung des Gemeinwesens eine Rolle zu spielen. Man wird sie auf dieser Bühne wohl besonders dann zulassen, wenn ihr Gehörtwerden Nachteile bestimmter sozialer Gruppen auszugleichen vermag. Die Idee, dass homosexuelle Orientierung nichts Verwerfliches oder Widernatürliches hat, erhält, weil sie der Zurücksetzung einer sozialen Gruppe Einhalt gebietet, Repräsentationskraft. Demgegenüber verspricht die Idee, dass Menschen auf keinen Fall Hülsenfrüchte essen dürften, weil in ihnen die Seelen von Verstorbenen vor ihrer Wiedergeburt geparkt seien, keine solche diskriminierungsverhindernde Wirkung. Denn die Pythagoreer, die diese Idee hegen, sind keine sozial benachteiligte Gruppe. Also werden die meisten Nichtpythagoreer die Idee nicht für repräsentationsrelevant halten.

Nun wären da zum andern die Ideen, die angeblich die Partikularität hinter sich lassen und aufs Allgemeine abzielen – Ideen also, die nicht Gruppeninteressen bedienen wollen oder ganz individuell sind, sondern eine Vision des allgemeinen Guten haben. Nun könnte man wiederum auf den ersten Zuruf geneigt sein, wenigstens all diesen Ideen Repräsentationsräume zuzumessen. Aber schon ein kurzes Innehalten wird dieser vorauseilenden Großzügigkeit gleich in die Parade fahren: Denn es gibt sehr viele ernstgemeinte, ja inbrünstig geglaubte Ideen von einem allgemeinen Guten, die man für immer im Giftschrank der Ideengeschichte weggesperrt wissen möchte. Beispielsweise die Idee, dass unser Gemeinwesen nur gesunden könne, wenn man all die Hexen verbrenne, die nachts ihr Unwesen trieben. Oder die Idee, dass man alle Juden töten müsse, um diesen Zweck zu erreichen.

Ich sagte: „Man" möchte derlei Ideen gebannt wissen. Aber wer ist dieses „Man"? Dass Madisons gewählte Repräsentanten zwingend über die „Weisheit" verfügen, um derlei Ideen von vornherein auszuschließen, darf bezweifelt werden. Aber ebenso, dass die Bevölkerungsmehrheit zwingend über diese Weisheit verfügt. Jahrhundertelang hegte sie wie selbstverständlich die feste Überzeugung, dass Hexen ihr Unwesen trieben, und noch gar nicht so lange ist es her, dass hierzulande eine Bevölkerungsmehrheit sich sicher war, dass die Juden unser Unglück seien.

So schmerzlich die Einsicht auch ist: Keine Idee hat an sich, kraft Naturrecht oder göttlicher Offenbarung, Anspruch darauf, politisch repräsentiert zu werden. Welche Ideen zur Geltung kommen, als relevant empfunden werden, ist historisch kontingent. Es steht uns keine überzeitliche Richterin zu Gebote, die über die Gültigkeit und Relevanz bestimmter Ideen urteilt. Wir können stets nur in einer gegebenen Situation über deren Gültigkeit und Relevanz befinden – wobei „wir" nicht gewählte Repräsentanten, sondern alle in einem Gemeinwesen lebenden Personen sind. Dabei kristallisiert sich die Relevanz von Ideen in einem fortwährenden Kommunikationsprozess heraus – und verflüssigt sich auch immer wieder. Jemand trägt seine Idee zu Markte und hofft, dass andere sie repräsentationswürdig finden.

Darin liegt ein eigentlicher Fluch der Ideenrepräsentation. Es wird nur repräsentiert, was ohnehin schon gängige Münze ist – was schon eine zahlenmäßig relevante Gruppe für wahr und richtig hält. Neue, ungehörte Ideen brauchen deshalb unsäglich lange, um sich repräsentativ Gehör zu verschaffen. Zunächst hat eine Idee noch keine Lobby; vielleicht ist gar niemand da, der sie auf Anhieb teilt. Es mag Jahrhunderte dauern, bis eine Idee von einer größeren Gruppe angenommen wird, die sie für verallgemeinerungsfähig hält und bereit ist, sich für sie einzusetzen. Bis beispielsweise die meisten wahlberechtigten Männer sich von der Idee überzeugen ließen, dass Frauen das Wahlrecht ebenso gebühre wie den Männern, ja, dass sie den Männern gleichberechtigt sein sollen, bedurfte es vieler Anläufe. Und erst allmählich setzt sich die Idee durch, dass ökologische Nachhaltigkeit des Wirtschaftens eine unerlässliche Grundlage künftigen menschlichen Lebens auf diesem Planeten sein wird.[26] Auf dem Markt der Ideen findet ein unausgesetztes Werben um Ideenanerkennung und Ideenrelevanz statt.[27]

In einer Gesellschaft, wo jeder seine Stimme hat, bedeutet das nicht, dass jede und jeder von denselben Ideen überzeugt wird; Dissidenz bleibt möglich, ja sie ist nötig, um immer wieder neue Ideen aufs Tapet zu bringen und ältere Ideen zu modifizieren. In veränderten Situationen treten bisher dominante Ideen in den Hintergrund – unter dem Menetekel der Coronapandemie verschwindet die Idee der Klimaneutralität oder die Idee einer von staatlichen Interventionen freien Marktwirtschaft eine Weile von der Bildfläche, um danach dann aber womöglich umso sichtbarer in Erscheinung zu treten. Es gibt keinen Erleuchtungsstatus, der über die richtigen Ideen aufklärt. Personen präferieren Ideen, geben sich ihnen hin, setzen sie womöglich durch. Das ist aber keine sichere Bank – keine Gewähr dafür, dass die „richtige" Idee obsiegt. Mit John Stuart Mill ist nicht oft genug daran zu erinnern, dass die Menschheit nicht unfehlbar sei, ihre Wahrheiten meist nur Halbwahrheiten seien,[28] eine „unity of opinion" nicht wünschbar und „diversity not an evil, but a good" sei.[29] Es könnte immerhin sein, dass selbst aus der exzentrischsten Idee etwas Gutes erwächst.[30]

Ein letzter Punkt zu Ideenrepräsentation: Man kann Ideen nicht in Repräsentativorgane hineinwählen, stets müssen Personen sie vertreten – und die tun das auf höchst individuelle Weise. Ludwig Erhard hat die Idee der Sozialen Marktwirtschaft auf ganz andere Weise verkörpert als Walter Eucken. Als politisch tätige Ideenrepräsentanten kommen – da Bücher oder Computerprogramme weder regieren noch Gesetze erlassen können – (bisher zumindest) nur Menschen in Betracht. Auch im Fall der Ideenrepräsentation stehen wiederum einige für alle. Und das Wohl und Wehe von Ideen hängt wesentlich an ihren physisch-personalen Repräsentanten.

Die Fiktion der Repräsentation und die Fiktion des Gemeinwillens

Wer repräsentiert, steht nicht für sich, sondern für etwas anderes oder für andere. Es ist eine Vorstellung, die tief zurückreicht in den Brunnen der Vergangenheit. Der Begriff der Repräsentation ist eine mittelalterliche Prägung. So ist in der *Summa theologiae* des Thomas von Aquin nicht nur zu erfahren, dass die weltliche Herrschaft die Weltherrschaft Gottes repräsentiere, sondern auch, dass im Vergleich zu anderen Herrschaftsformen der Monarchie der Vorrang gebühre, „quia huiusmodi regimen maxime repraesentat divinum regimen“, „da diese Herrschaft die göttliche Herrschaft am meisten repräsentiert“.[31] Die mittelalterliche Denk- und Empfindungswelt ist ein fein gewobenes Repräsentationsgeflecht: Nichts kann für sich stehen, alles steht für anderes, und am Ende steht Gott für alles. Der Prozess der Verneuzeitlichung macht alles anders: Neuzeitlichkeit bedeutet schließlich, dass nach und nach alles und jeder *für sich* stehen muss – und dass Gott am Ende für nichts mehr steht. Oder um es mit Gottfried Keller zu sagen, der Ludwig Feuerbach paraphrasiert: „Die Welt ist eine Republik […] und erträgt weder einen absoluten noch einen konstitutionellen Gott.“[32]

Die Idee einer notwendigen Repräsentation bricht sich vom 13. bis 15. Jahrhundert juristisch und politisch Bahn: Eine ständisch organisierte Gesellschaft braucht ihre Sprecher – und im Begriff der Repräsentation fließen sakramentstheologische Fragen (inwiefern ist Christus repräsentiert im Abendmahl?), kirchenpolitische und kanonistische Fragen (sollen alle Bischöfe oder der Papst die Kirche repräsentieren?) und profanpolitische Fragen (wer steht für das Gemeinwesen?) zusammen. Repräsentative Gremien wie ökumenische Konzilien kommen auf, die aus der Sicht mancher Ideenhistoriker eine allmähliche Demokratisierung ankündigen. Immerhin zeichnet sich in England mit der Zurückdrängung monarchischer Macht schon früh eine Tendenz zu parlamentarischer Repräsentation nicht nur des Hochadels und des Klerus ab; das Parlament beginnt sich als Vertretung des gesamten Volkes zu verstehen, auch wenn die Ständeordnung noch weitgehend intakt bleibt.

Bekanntlich war diese Tendenz aber nie unbestritten; ihr steht das besonders frühneuzeittypische Bemühen gegenüber, den Staat absolutistisch zu organisieren, so dass dann nur einer – der kraft eines Unterwerfungsvertrages der Untertanen unumschränkte Alleinherrscher – für das gesamte Volk zu stehen beansprucht. Im 18. Jahrhundert kommt zwar zum einen die Idee der Volkssouveränität zum Durchbruch, wird aber zum andern gleich wieder eingehegt durch die alte Idee der Repräsentation – dass andere für das angeblich souveräne Volk denkend, sprechend, geschäftsführend tätig sein müssten. Das mittelalterliche Schema der Repräsentation feiert in den nun erlassenen Verfassungen der neugeschaffenen Vereinigten Staaten von Amerika sowie der revolutionären Französischen Republik seine Auferstehung. Und 1797 – nach den als staatsbedrohlich empfundenen revolutionären Wirren – konnte Immanuel Kant schreiben: „Alle wahre Republik aber ist und kann nichts anders sein, als ein repräsentatives System des Volks, um im Namen desselben, durch alle Staatsbürger vereinigt, vermittelst ihrer Abgeordneten (deputirten) ihre Rechte zu besorgen. Sobald aber ein Staatsoberhaupt der Person nach (es mag sein König, Adelstand, oder die ganze Volkszahl, der demokratische Verein) sich auch repräsentiren läßt, so repräsentirt das vereinigte Volk nicht bloß den Souverän, sondern es ist dieser selbst; denn in ihm (dem Volk) befindet sich ursprünglich die oberste Gewalt, von der alle Rechte der Einzelnen, als bloßer Unterthanen (allenfalls als Staatsbeamten), abgeleitet werden müssen."[33] Das mag einigermaßen mystisch anmuten: Einerseits liegt die „oberste Gewalt" im Volk selbst, andererseits kann es die angeblich nur auf vermittelte Weise ausüben, indem es sich der Abgeordneten bedient. „Die Idee einer Repräsentation des Volkswillens ist das späte Relikt feudalistischen Gottesgnadentums."[34] Die jahrtausendealte, normative Vorstrukturierung des politischen Feldes war offensichtlich noch so stark, und das Misstrauen gegenüber den großen Volksmassen, dem bildungsfernen Pöbel, war auch und gerade unter Aufklärern offenbar noch so groß, dass nur wenige sich dazu durchringen mochten, auf direktdemokratische Entscheidungswege zu setzen. Wir haben die Fiktion[35] einer angeblich notwendigen Repräsentation vor uns, beglaubigt durch die Autorität großer Männer und großer Geschichte.[36] So werden in parlamentarisch-repräsentativen Systemen Gesetze im Namen oder unter Inanspruchnahme des Volkes erlassen: Die bestimmende Parlamentsmehrheit geht von der Annahme aus, dass das, was sie in Gesetzesform gießt, für das Volk gut sei. Ein pädagogisch-paternalistisches Verständnis von Repräsentation scheint dabei noch heute vorzuherrschen: Die Abgeordneten repräsentieren das Volk, weil sie wissen, was für das Volk gut ist.

Dabei stehen Alternativen durchaus schon seit einigen Jahrhunderten im Raum: 1762 erschien in Amsterdam ein Werk, dessen Autor sich auf dem Titelblatt stolz als „citoyen de Genève", als Bürger von Genf auswies. Gleich zu Beginn seines *Contrat social* stellt Jean-Jacques Rousseau klar, dass er nicht nur aus einem freien Staat stamme, sondern als Bürger Mitglied des Souveräns sei.[37] Der Punkt für Rousseau ist nun, dass die Souveränität des Volkes nicht repräsentiert werden könne; sie bestehe wesentlich im Gemeinwillen, der als Wille nicht repräsentiert werden könne.[38] Für Rousseau sind Abgeordnete keine Repräsentanten des Volkes, sondern nur seine Beauftragten, die nichts endgültig entscheiden könnten. „Jedes Gesetz, das das Volk nicht selbst ratifiziert hat, ist nichtig, es ist gar kein Gesetz."[39] Und gegen das unter Aufklärern sonst so gefeierte System der parlamentarischen Repräsentation ätzt der Genfer Bürger, „in dem Augenblick, in dem ein Volk sich Repräsentanten gibt, ist es nicht mehr frei, ist es gar nicht mehr".[40] Die Volksversammlung sei vielmehr der Ort, wo sich alle Bürger aktiv beteiligen müssen – dort sei der Souverän nämlich als Volk präsent und komme ganz ohne Repräsentation aus.

Die Fiktion der politischen Repräsentation hätte mit Rousseau erledigt sein können – oder mit dem starken Echo, das Rousseau im 19. und 20. Jahrhundert fand.[41] Sie war es nicht, vielleicht auch deswegen nicht, weil ihre Erledigung mit einer anderen Fiktion erkauft wurde, nämlich derjenigen der „volonté générale", des ebenfalls mystisch anmutenden Gemeinwillens, der alle zum selben Gemeinwohl führen würde. Denn nach Rousseau gehe es, wenn man in der Volksversammlung eine Gesetzesvorlage einbringe, nicht darum, ob die Bürger sie ablehnten oder annähmen, sondern darum, ob sie dem Gemeinwillen entspräche. Aus der Stimmenauszählung ergäbe sich dann die Kundgabe des Gemeinwillens, so dass, wenn meine Meinung anders war als die der Mehrheit, ich mich ganz einfach getäuscht haben müsse. Das, was ich für den Gemeinwillen gehalten habe, sei dann gar nicht der Gemeinwille gewesen.[42] Nun wurde aus solchen Überlegungen abgeleitet, dass Rousseau einer rabiaten Diktatur der Mehrheit das Wort geredet habe. Diese Lesart verzeichnet Rousseaus Ansinnen insofern, als für ihn der Gemeinwille eher den Charakter einer regulativen Idee als einer beobachtbaren Tatsache hatte, er ihn von der „volonté de tous", dem empirischen Willen aller, unterschied und durchaus die Möglichkeit bedachte, dass beide Willen nicht übereinstimmen. Aber ungeachtet solcher Feinheiten der Rousseau-Exegese blieb die Fiktion des Gemeinwillens im Raum, die Fiktion nämlich, dass wir alle, nur hinreichend erleuchtet, eigentlich für das Gemeinwesen dasselbe wollen. Vor den terroristischen Nebeneffekten einer solchen Fiktion suchten die Verteidiger des parlamentaristischen Repräsentativismus die Menschen zu verschonen.

Gegen die Fiktion des Gemeinwillens spricht, dass jeder Mensch sein Eigenes will – und zwar nicht aus Bosheit, nicht aus Egoismus, sondern weil er für sich steht, seine eigene Wirklichkeitssicht hat. Damit ist nicht nur gemeint, dass jeder Mensch für sich sein eigenes Glück definieren, seinen eigenen Lebensweg gehen und seine eigenen Interessen verfolgen darf. Vielmehr ist auch seine Vorstellung vom Ganzen, vom Gemeinwesen sein Eigenes – nicht rückführbar auf einen uniformen Gemeinwillen, sei er real, sei er fiktiv. Rousseaus Gemeinwille kann tatsächlich nicht repräsentiert werden, aber nicht, weil er sich damit selbst verneint, sondern weil es ihn gar nicht gibt – und auch nicht als regulative Fiktion zu geben braucht. Das Politische benötigt keine Annahme eines gemeinsam geteilten Willens.

Verneuzeitlichung heißt, dass jeder Mensch sein Eigenes ausbilden darf, auch seine eigene Vorstellung vom Ganzen. Wir wollen nicht alle dasselbe, sondern alle etwas Eigenes. Und irgendwie müsste all dieses Eigene im tatsächlichen Ganzen, im Gemeinwesen seinen Platz finden. Und da das Eigene etwas ist, was immer schon in Austausch und Abgleich mit dem Eigenen der anderen steht – nie existiert ein individueller Wille für sich, stets formiert er sich in Beziehung auf die Willen der anderen und auf die Welt, die ihm Widerstand entgegensetzt –, gibt es einige Aussicht, dass sich das vielfältige, kumulierte Eigene, all die individuellen Willen zu einem Gemeinwesen, einem Gesamten zusammenfinden, das allerdings nicht statisch, sondern dynamisch ist. Darin drückt sich kein Gemeinwillen, sondern die kollektivierte Willensbeweglichkeit aus.

Den beiden Fiktionen der Repräsentation und des Gemeinwillens lässt sich eine dritte Fiktion zur Seite stellen, die sich als heilsam erweisen dürfte. Es ist die regulative Fiktion[43] einer Partizipation aller: Wenn jeder Mensch sein Eigenes will, muss er das, was er will, auch ins Gemeinsame einbringen.[44] Aus dem Eigen-Sein und dem Das-Eigene-Wollen entsteht eine Art normativer Zwang zur Teilnahme, denn niemand kann unser Eigenes vertreten. Das Gebot, unter dem die Partizipation damit steht, lautet: Ich kann, weil ich muss.

Man mag hinzufügen, dass die regulative Fiktion einer Partizipation aller noch von Prämissen oder Hintergrundfiktionen begleitet sein dürfte, etwa von derjenigen einer prinzipiellen Vernunftfähigkeit des Menschen, seiner Bildbarkeit, seines Weltmächtigkeitswillens. Und seines Selbstmächtigkeitswillens.[45]

Warum soll repräsentiert werden?

Dass sich die Idee politischer Repräsentation als Leitvorstellung über vormoderne ständische Gesellschaft und die Aufklärung bis in die Gegenwart hinein gerettet hat, liegt wesentlich daran, dass intellektuelle Eliten von einem grundlegenden Misstrauen dem ungebildeten Pöbel gegenüber beseelt sind und die Zähmung der Bestie Volk als eine wesentliche volkspädagogische Aufgabe ansehen. Repräsentation wird so als Filter verstanden, um eine Tyrannei der Mehrheit zu verhindern – oder noch Schlimmeres, Ungefiltertes. Allerdings ist nicht recht einzusehen, wie der demonstrativ-demokratische Repräsentativismus dauerhaft über die Runden kommen soll, wenn die Mehrheit, die es zu repräsentieren gilt, plötzlich demokratiefeindliche Ideen hat oder die allgemeinen Menschenrechte abschaffen will oder eine Minderheit diskriminiert. Man kann sich zwar vorstellen, dass ein Parlament sich eine Weile dagegen stemmt, laviert und auf bessere Zeiten hofft, aber eines Tages muss es sich doch wieder zur Wahl stellen und würde bei entsprechender Mehrheitslage nicht verhindern können, dass nun demokratiefeindliche Kräfte ans Ruder kommen, weil es ja „das Volk" oder die in diesem vorherrschenden Ideen repräsentieren müsste. Es sei denn, es würde den Wählerwillen dauerhaft ignorieren, sich selbst reproduzieren und darauf verzichten, die faktischen Verhältnisse repräsentieren zu wollen. Man darf bei dieser Gelegenheit daran erinnern, dass die Nationalsozialisten nicht durch angeblich so gefährliche Volksabstimmungen, sondern durch Parlamentswahlen, ganz im Rahmen des demonstrativ-demokratischen Repräsentativismus an die Macht gekommen sind.

Die Angst vor dem Pöbel und seiner Herrschaft ist also ein denkbar schlechtes Argument, das Warum der Repräsentation zu erklären. Sollte diese Angst wirklich stark sein, gibt es nur eine einzige Abhilfe, nämlich den Pöbel – das heißt: uns alle, die wir womöglich anders denken und anders fühlen als der Sich-Ängstigende – des Wahlrechtes zu entkleiden, also die Demokratie abzuschaffen.

Ein anderes Argument hingegen sticht – und es sticht selbst dann, wenn man den bis hierher angehäuften Zweifeln an der Repräsentation stattgibt: Repräsentation ist nötig, weil häufig *Abkürzung* nötig ist. Entscheidungen müssen gefällt werden, und pragmatisch ist es so, dass das umso einfacher geht, je weniger daran beteiligt sind. Ist Not am Mann oder an der Frau, dann sind rasche Beschlüsse erforderlich, für die man nicht alle und jeden immerzu befragen kann. In der Coronakrise beispielsweise wurde diese Notwendigkeit überdeutlich: Man kann keine Volksabstimmung anberaumen, erst recht keine Volksversammlung, wo sich alle gegenseitig anstecken könnten, um darüber zu befinden, ob jetzt ein mehr oder weniger vollständiger Lockdown des gesamten öffentlichen Lebens notwendig ist.

Daher haben selbst Anhänger direktdemokratischer Staatsformen nie bestritten, dass ein direktdemokratisch organisierter Staat eine Regierung haben müsse, die schnell Entscheidungen zu treffen imstande ist – möglichst solche Entscheidungen, die mit dem Weg übereinstimmen, den die Gesamtheit eines Volkes davor mehrheitlich eingeschlagen wissen wollte.[46] Nach einer getroffenen Entscheidung muss sich die Regierung dafür vor ihren Wählern verantworten.

Die Ausweglosigkeiten der Repräsentation – was und wer soll wie und wozu von wem vertreten werden? – sind damit nicht ausgeräumt, aber der pragmatische Sinn von Repräsentation, eben Abkürzung, liegt auf der Hand. Es ist mühselig, oft sogar unmöglich, alle Stimmen und Interessen und Sichtweisen einzubeziehen und in Rechnung zu stellen. Repräsentation als Abkürzung heißt wesentlich auch: Stimmen, Anliegen, Interessen *nicht* zu Gehör zu bringen. Das klingt hart, erweist sich jedoch als unvermeidlich, sollen unter Zeitdruck überhaupt Entscheidungen getroffen werden. Repräsentation heißt wesentlich auch, die Stimmen auszublenden, die sich verzögernd zu Wort melden könnten.

Das mindert die Nützlichkeit von Repräsentation nicht, sondern stärkt sie. Diese Nützlichkeit ist wie jede Nützlichkeit immer eine Nützlichkeit von etwas für jemanden; Nützlichkeit an sich gibt es nicht. Repräsentation ist beispielsweise nützlich für diejenigen, die sie zu Gehör bringt; sie ist aber auch nützlich, um in einer bestimmten Situation eine Handlung mit möglichst geringen Reibungsverlusten ins Werk zu setzen. Durch äußere Umstände aufgezwungene Krisen – wie eine Pandemie – wären Beispiele dafür, wann eine repräsentative Exekutive auch weitreichende Maßnahmen eigenständig ergreifen kann und muss, um sie dann später von den Repräsentierten absegnen zu lassen oder selbst von den Repräsentierten abgesetzt zu werden.

Repräsentation ist also durchaus nützlich, aber stets nur situativ. Und zwar vor allem auch deshalb, weil das Repräsentierte oder die Repräsentierten in der diversifizierten Moderne nicht mehr stabil sind. Es gibt keine ein für alle Mal feststehenden Meinungen, die jederzeit repräsentiert werden müssten, und es gibt auch keine ein für alle Mal feststehenden sozialen Gruppen, die jederzeit repräsentiert werden müssten. In ganz vielen Bereichen und in ganz vielen Hinsichten will und muss jede und jeder sich in ganz vielem vertreten lassen, einfach, weil wir aus objektivem Zeitmangel nicht jederzeit, in allen uns betreffenden Bereichen und in jeder uns angehenden Hinsicht selbständig handelnde Personen sein können. Wir wollen uns vertreten lassen, von den Elternsprechern, vom DFB-Präsidenten, vom Chefvirologen, sogar und erst recht von der Bundesregierung. Aber wir wollen die Sachkontrolle haben, die Leitlinienkompetenz – und uns von Repräsentanten verabschieden können, wenn die Kluft zwischen dem Eigenen und der Repräsentation zu breit wird.

Jede politische Entscheidung von einiger Tragweite muss neu Repräsentation herstellen, vorweg oder danach. Die Abkürzung – das eigentliche Warum der Repräsentation – muss immer wieder in Frage und zur Diskussion gestellt werden. Vielleicht aber wäre, so nützlich Repräsentation im Elternbeirat und beim DFB auch ist, im großen politischen Ganzen vor allem *Repräsentationsabbau* erforderlich. Denn wie soll ein parlamentarisch-repräsentatives System Gewähr dafür bieten, dass ich genau das repräsentiert bekomme, was ich als Bürgerin selber repräsentiert wissen will? Meine Je-Eigenheit kann der beste Repräsentant nicht abbilden. Warum lässt man die Menschen nicht direkt politisch handeln?

Das Trugbild der Identität und der Zwang zur Vielfalt

Wie ein Echo auf Rousseau und Carl Schmitt klingt es, wenn Charles Taylor kundgibt: „Demokratische Staaten sind auf eine gemeinsame Identität angewiesen."[47] Das achtunggebietende Alter dieser Auffassung beglaubigt freilich noch nicht ihre Wahrheit. Ist es, abgesehen von der biologischen Zugehörigkeit zur Gattung Mensch, bestimmten vorherrschenden sprachlichen und historischen Prägungen in einem gegebenen Raum, noch etwas anderes, was diese Identität ausmacht? Worin unterscheidet sich die Identität der Bürger Frankreichs von jener der Deutschen außer dadurch, dass sie mehrheitlich eine andere Sprache sprechen, eine andere Gegend Europas bevölkern und eine andere Geschichte haben? Wenn diese Differenzen das sind, was die jeweilige „Identität" ausmacht, dann ist das Postulat, demokratische Staaten bräuchten eine Identität, als normativ-politische Forderung schlicht leer: Identität wäre immer schon durch kontingente Gemeinsamkeiten eines historischen, geografischen und sprachlichen Raumes gegeben. Demgegenüber zu fordern – und darauf eine Demokratie gründen zu wollen –, dass es darüber hinaus eine Art innere Identität geben müsse, läuft auf nichts anderes hinaus als darauf, eine innere Homogenität, eine Stromlinienförmigkeit der Bürger zu verlangen. Dann wiederum wäre eine französische Bäuerin oder ein französischer Elektriker einer französischen Künstlerin oder einer französischen

Intellektuellen viel ähnlicher als einer deutschen Bäuerin oder einem deutschen Elektriker, ganz einfach, weil man sie einer ideologischen Gleichschaltung unterworfen hat, die alle Bürgerinnen und Bürger auf eine Weltsicht einschwört. Das Mittel dazu ist zwar seit 1792 in seiner vielfältigen Anwendbarkeit gut erprobt – es hört auf den Namen *la terreur* –, scheint aber für eine menschenfreundliche Zukunft nicht recht anschlussfähig. Man zögert, ob es wirklich nötig sei, wie der Abgeordnete Antoine-Joseph Lanot es als glühender Rousseauist am 22. Februar 1794 gegenüber dem Wohlfahrtsausschuss äußerte, ein „einheitliches System der Überzeugung und des Terrors" zu errichten, „um den Naturmenschen wieder zu erschaffen und den alten Bildungsmenschen zu vernichten".[48] Die Naturmenschen mögen, wer weiß, alle miteinander identisch sein – aber die modernen Menschen sind es nicht, sondern sie sind, wiewohl allesamt einigermaßen domestiziert, gerade in der Domestikation unterschiedlich, vielfältig geworden, jede und jeder mit eigener Färbung, eigenem Profil, eigenem Wollen.

Identitätspolitik[49] in diesem Sinne läuft auf ein Ziel hinaus: Individualität auszulöschen.[50] Sie zehrt von einer grundlegenden Verwechslung, der schon Sunzi im dritten Kapitel seiner *Kunst des Krieges* entgegengetreten war, als er darauf aufmerksam machte, dass ein General einem verderblichen Irrtum unterliege, wenn er glaube, er könne eine Armee führen wie ein Minister einen Staat lenke. Denn eine Armee müsse von zuoberst bis zuunterst vom selben Geist durchdrungen sein[51] – ein Staat hingegen nicht, nicht einmal im Alten China, geschweige denn in der europäischen Moderne. Die grundlegende Verwechslung der Demokratieidentitären ist also die von Armee und Staat.

Wenn heute viel von „Identitätspolitik" die Rede ist, hat das mit einem ambitionierten Begriff von Identität nichts zu tun.[52] Es meint, nüchtern gesprochen, Gruppeninteressenpolitik, die an sich völlig legitim ist: Menschen finden sich in Gruppen zusammen, die einen bestimmten Aspekt ihrer Persönlichkeit teilen, etwa den einer bestimmten ethnischen Herkunft, und diese Menschen wollen mit diesen Gruppen diesen bestimmten Aspekt zur Geltung bringen, also etwa den, dass „people of colour" keiner Diskriminierung ausgesetzt werden sollen. Das bedeutet mitnichten, dass diese Menschen mit ihrer Gruppe „identisch" wären oder sich mit ihrer Gruppe „identifizieren", sondern nur, dass ein Aspekt ihrer Persönlichkeit von dieser Gruppe abgedeckt wird, alle anderen Aspekte aber womöglich in anderen Gruppen – der Gruppe der Hochschulprofessorinnen, der Transgender, der Vielsprachigen – oder in gar keiner Gruppe zur Geltung kommen. Kein Individuum ist mit einer Gruppe identisch. Jedoch bietet es sich an, sich gruppenförmig zu organisieren, um seine Interessen mit den Interessen der andern, seinen Willen mit den Willen der andern zu verbinden.

Warum aber fällt es so schwer, sich mit Hannah Arendts Einsicht anzufreunden: „Politik beruht auf der Tatsache der Pluralität der Menschen", weswegen „Politik [...] von dem Zusammen- und Miteinander-Sein der *Verschiedenen*" handelt?[53] Wäre es – gegen die Identitätstheoretiker von Rousseau über Schmitt bis Taylor – nicht klüger, die Nichtidentität der Menschen als Kern des Demokratischen auszumachen – nämlich immerzu mit der Möglichkeit zu rechnen, dass die anderen ganz anders sind, und zu ergründen, wie ich unter diesen Bedingungen mit ihnen zu einem beidseits gedeihlichen Zusammenleben komme? Und wenn Nichtidentität der Kern einer nichthomogenisierenden, die Individualität der Menschen erhaltenden Demokratie ist, steigt die Wahrscheinlichkeit der Nichtrepräsentierbarkeit. Die Wahrscheinlichkeit, dass man sich immer wieder neu zusammenraufen muss, um irgendetwas gemeinsam zu erzeugen.

Repräsentation ist zeit- und ortsabhängig. Sie ist nichts Festes, weil das Repräsentierte nicht eigentlich fest ist. Repräsentation ist situativ, entsteht in menschlicher Interaktion, hängt von den Beteiligten ab. Menschen sind keine festen Substanzen und haben keine feste Substanz, die sich stabil repräsentieren lässt.

Könnte es sein, dass es für modernes Menschsein gerade charakteristisch ist, dass es keine stabile Stellvertretung mehr gibt – oder doch nur, insofern wir sie wollen, zulassen? Wir setzen Stellvertretung immer neu, situativ ein. Ist womöglich die Zeit einer ganzen

Legislaturperiode viel zu lang, wenn es doch im Politischen um die Belange geht, die uns zuinnerst und eigentlich betreffen – nämlich das gemeinsame Ganze, über das wir daher auch immer wieder neu sollten befinden können?

Allerdings sollte man sich hüten, vor lauter Dynamik und Instabilität das Bedürfnis nach Stabilität zu verkennen, welches menschlichen Wesen nicht unbekannt ist und für welches eher statische Interessenvertretungsinstitutionen von Kirchen über Parteien bis Vereinen Anschlussangebote machen. Es mag ja sein, dass ich meinen Willen jäh und mitunter täglich ändere, aber ganz offensichtlich helfen Interessenvertretungsinstitutionen bei der Willensstabilisierung. Man könnte argumentieren, dass die parlamentarische Repräsentation durch Abgeordnete einer partiellen kollektiven Willensstabilisierung dient, die freilich durch direktdemokratische Eingriffe auch immer wieder aufgebrochen werden könnte.

Machtausübung unter Inanspruchnahme von Repräsentation nährt zumindest den Verdacht, dass die Repräsentanten den angeblich Repräsentierten bestenfalls zutrauen, für sich selbst zu sprechen und zu reden – so viel sie wollen, wie sie wollen, solange sie nur spuren. Wäre es nicht an der Zeit, dass die Bürger nicht nur reden, sondern auch entscheiden, handeln dürfen, wenn es um das Gemeinsame geht?

Was heißt Partizipation?

Anteil zu haben und teilzunehmen gehört zu den Grundbedingungen menschlichen Seins. Wir sind, insofern wir in Beziehung zu anderen und anderem stehen. Lebewesen streben nicht primär nach Macht, sondern nach Partizipation. Da wir aber an Unzähligem beteiligt sind und sein wollen: Sollten wir uns da nicht von politischer Partizipation durch Experten und Berufspolitikerinnen entlasten lassen? Oder untergräbt gerade eine solche vermeintliche Entlastung unser Partizipationsvermögen überhaupt?

Mußt mir meine Erde
Doch lassen steh'n,
Und meine Hütte,
Die du nicht gebaut,
Und meinen Herd,
Um dessen Glut
Du mich beneidest.

Johann Wolfgang von Goethe: *Prometheus* (1785)

Wir müssen handeln. Sagen viele von denen, die jetzt und zum Glück allesamt reden dürfen. Während es um das Handelndürfen nicht so gut bestellt sei, denn uns, so meinen viele, sei der Maulkorb der Repräsentation umgeschnallt. Nun wird mancher nach dem im letzten Kapitel Gesagten die politische Repräsentation vielleicht nicht als Maulkorb empfinden, sondern als eine Art Flohhalsband, das lästige Störenfriede von der politischen Bühne fernhalten soll. Aber auch dann bleibt der fatale Eindruck, dass Repräsentation – jenes politische Instrument der Vormoderne, als die Welt in Oben und Unten und die Menschen in Stände eingeordnet waren – allzu oft dazu benutzt wird, Partizipation zu unterbinden.

Repräsentation als Weg zur situativen Abkürzung von Entscheidungsprozessen unter akutem oder auch chronischem Problemdruck wird man vielleicht billigend in Kauf nehmen oder sogar freudig gutheißen. Repräsentation als Weg, die Teilhabe aller an politischen Entscheidungen zu verhindern, dürfte hingegen ein ziemlich sicheres Mittel sein, die Grundlagen eines demokratischen Gemeinwesens langfristig zu zerstören. Denn es lebt davon, dass möglichst alle partizipieren. Ein demokratisches Gemeinwesen lebt davon, dass wir bereit sind, auf Stellvertretung zu verzichten. Um mitzubestimmen, reicht es nicht, alle paar Jahre „unsere Repräsentanten" per Wahl zu bestellen und dann wieder im langen Schatten des Redendürfens und Nicht-entscheiden-Könnens zu verdämmern. Was jedoch heißt Partizipation?

Partizipation gestern: Das Gespenst des teilhabegewährenden Oberlichts

Der Begriff der Partizipation ist philosophisch ehrwürdig. Der lateinische Ausdruck *participatio* steht für die griechische μέθεξις, und die wiederum ist der Ausdruck, den Platon verwendet, um das Verhältnis von Ding und Idee zu beschreiben. Das zugehörige griechische Verb μετέχειν heißt wortwörtlich „mit-haben" oder eben „teilhaben". Das von Platon gedankenexperimentell erprobte, von Platonikern dogmatisierte Konzept stellt sich eine Welt vor, in der allgemeine Begriffe, eben die Ideen, das tatsächlich Wirkliche sind, während die Einzeldinge überhaupt nur sind, insofern sie am Allgemeinen teilhaben. Die Ideen sind nach platonischem Verständnis also keineswegs etwas nur Ausgedachtes, sondern das, was eigentlich die Welt ausmacht. Das bedeutet aber nicht, dass die einzelnen Dinge nun völlig außer Betracht blieben. Im Gegenteil: Um sie zu verstehen, muss der Platoniker ihr Verhältnis zu den Ideen verstehen. Ein einzelnes Ding – und das kann ein physischer Gegenstand ebenso sein wie ein Geschehen oder eine Person – zeichnet sich durch verschiedene Eigenschaften aus. Ein Ball ist beispielsweise rund, groß und rot. Diese Eigenschaften hat er nur, weil er teilhat an Ideen: an der Idee der Rundheit, an der Idee der Größe und der Idee der Röte. Ein Ding partizipiert also gleichzeitig an einer Vielzahl von Ideen, um überhaupt sein zu können. Dabei ist entscheidend, dass durch die Teilhabe die Ideen weder aufgeteilt noch gemindert werden: Egal, wie viele rote Bälle es gibt – weder die Idee der Rundheit noch die Idee der Größe oder die Idee der Röte nehmen dadurch Schaden. Das, woran die Dinge des Platonikers teilhaben, bleibt makellos intakt und unberührt, gleichgültig, wer oder was an ihm teilhat. Die Teilhabenden, die gewöhnlichen Dinge, von einzelnem Stein bis einzelner Seele, sind demgegenüber nur, insofern sie teilhaben.

Dass eine solche Vorstellung von Teilhabe womöglich mehr Probleme aufwirft, als sie löst, hat Platon selbst in seinem Dialog *Parmenides* zur Sprache gebracht; und sein Meisterschüler Aristoteles, der es nicht mit an sich bestehenden Ideen hatte, stellte Platons Rede von der Teilhabe unter Sinnlosigkeitsverdacht. Zugleich räumte er ein, dass sich beim Versuch, die Welt verstehend zu organisieren, durchaus sinnvoll sagen lässt, das Besondere habe am Allgemeineren Anteil. Das menschliche Einzelindividuum hat an der Gattung Mensch Anteil, aber nicht umgekehrt: „Das Höhere hat an keinem Niederen Anteil.“[1] In diesem Sinne kann der spätrömische Philosoph Boethius noch sagen, alles was ist, habe am Sein teil, um überhaupt zu sein.[2]

Aber Boethius ist Neuplatoniker wie viele gebildete Christen seiner Zeit, die über das Sein und den Urgrund nachdachten und diesen Urgrund dann als einen persönlichen Gott verstanden wissen wollten. Tut man das, muss man über Teilhabe und Anteilnehmen anders sprechen als Platon bei seinen Ideen. Denn dieser christliche Gott ist weder wie der Unbewegte Beweger bei Aristoteles, der in seiner Vollkommenheit die Menschen und ihre Nöte gar nicht wahrnehmen kann, noch wie die Götter Epikurs, die fern vom

Weltgetriebe ein glückseliges Dasein fristen.[3] Dieser christliche Gott ist ein sich einmischender Gott – ein Gott, der sich um die von ihm geschaffene Welt und besonders um die von ihm geschaffenen Menschen kümmert. Sein Partizipationswille geht nach christlicher Lehre so weit, dass er selbst Mensch und Teil der von ihm geschaffenen Welt wird. Er nimmt größtmöglichen Anteil an seinen Geschöpfen – noch weit über die Bereitschaft zur Anteilnahme hinaus, die Göttern und vorbildlichen Herrschern auch in der vorchristlichen Welt zugesprochen worden ist. Seine Anteilnahme ist die eines Sichkümmerns, wobei die Gläubigen gehalten sind, sich ihrerseits um ihren Gott zu kümmern, an ihn zu glauben, ihn zu verehren. Partizipation, Anteilnahme bekommt im Verhältnis der Menschen zu Gott und im Verhältnis Gottes zu den Menschen also einen ganz neuen Sinn.

Und in der Religion ist, schon lange vor dem Christentum, auch jene Komponente der Partizipation greifbar, die von Politikwissenschaftlern des 20. Jahrhunderts schließlich zum eigentlichen Wesensmerkmal von politischer Partizipation erklärt wird, nämlich die *Einflussnahme*. Dass Götter auf die Welt Einfluss nehmen können, gehört seit jeher zum Inbegriff von Göttlichkeit. Aber auch das Umgekehrte wird, mögen Philosophen diese Vorstellung für noch so unangemessen halten, in kultisch ausgeprägter Religion stets mitgedacht: dass nämlich die Menschen durch ihr gottgefälliges Wohlverhalten, beispielsweise durch Gebete und Opfer, die Gottheit beeinflussen können. Mit der platonischen Teilhabe hat das nur insofern zu tun, als die in Frage stehende Beziehung immer noch eine horizontale ist – oben die Götter, unten die Menschen. Insofern allerdings die Beziehung sich als gegenseitiges Nehmen und Geben ausformt, droht eine Verschiebung in die Vertikale. Kommt es so weit, dass Menschen sich als freie Vertragspartner fühlen und den Eindruck bekommen, die Partizipationsbereitschaft Gottes sei nicht hinreichend, schaffen sie ihn ab. Das geschieht dann in der Neuzeit. Teilhabegewährung von oben erledigt sich.

Partizipation heute: Das Gespenst der Beeinflussung

Oder sie erledigt sich doch nicht ganz, insofern die hierarchische Strukturierung der Gesellschaft bis weit ins 20. Jahrhundert hinein ja sehr wohl erhalten bleibt? Wenn Karl Marx in der *Kritik der Hegelschen Rechtsphilosophie* mit und gegen Hegel notiert: „Hier ist also die *Partizipation an der gesetzgebenden Gewalt* ein *angebornes* Menschenrecht", dann tut er dies, um gegen diejenigen, namentlich die „Majoratsherrn", zu polemisieren, die „einer besondern Menschenrasse das Recht der höchsten Würde der gesetzgebenden Gewalt anvertraut"[4] wissen wollen. Wenn also die Ideen oder Gott entfallen und mit ihnen die Frage, wie man an ihnen partizipieren kann oder wie sie an uns partizipieren, heißt das nicht, dass nun alle an allem partizipieren könnten. Eine emanzipatorisch bereinigte Ideengeschichte mag vielleicht dem Wunschtraum nachgeben, das Volk trete nun einfach selbst an die Stelle des anteilnehmenden Gottes oder des anteilnehmenden absolutistischen Herrschers – und es habe auch nicht einfach an der Regierungsmacht Anteil wie die Einzeldinge an Platons Ideen, sondern die Partizipation bestehe darin, die Sache in der Hand des Volkes zu behalten, wie der alte Gott der Christen seine Geschöpfe in der Hand behalten hatte. Eine solche Souveränität des Volkes steht zwar auf dem Papier zahlreicher demokratischer Verfassungen. Aber Repräsentation könnte – ganz abgesehen vom fiktionalen Charakter eines Volksganzen und seines Gemeinwillens – bisher der Realisierung des ideengeschichtlichen Wunschtraums der partizipatorischen Volkssouveränität entgegengestanden haben.

Dass dem so ist, scheinen die gegenwärtig landläufigen Definitionen politischer Partizipation nahezulegen. Bei den Politikwissenschaftlern Samuel P. Huntington und Joan M. Nelson wird diese Partizipation bestimmt als „activity by private citizens designed to influence government decision-making"[5] und beim Politik- und Sozialwissenschaftler Max Kaase „als diejenigen Handlungen […], die

Bürger freiwillig mit dem Ziel vornehmen, Entscheidungen auf den verschiedenen Ebenen des politischen Systems zu beeinflussen".[6] Diesen Definitionen ist gemeinsam, dass sie auf die *Aktivität* und die *Freiwilligkeit* der Partizipanten setzen, dass diese Partizipanten die einzelnen Bürgerinnen und Bürger sind und schließlich, dass der eigentliche Akt der Partizipation eine Einflussnahme ist.

Dass politische Partizipation als etwas Aktives und etwas Freiwilliges gedacht werden soll, wird den philosophisch Nachdenkenden nicht weiter irritieren. Sollte er Rousseauist oder Marxist sein, wird ihm freilich die Akteursbeschreibung sauer aufstoßen: Nicht um die Teilhabe des Volkes oder der Arbeiterklasse geht es, sondern darum, wie Individuen und Individuengruppen teilhaben können. Man wird, um den Rousseauisten zu beruhigen, vielleicht sagen, politische Herrschaft sei ja insgesamt schon die Herrschaft des Volkes, und die Frage nach Partizipation sei nur die Frage, wie einzelne Menschen sich in diese Volksherrschaft einbringen könnten. Will man dem Rousseauisten, seiner Idee von Volk und Gemeinwillen ebenso wenig wie dem Marxisten Zugeständnisse machen, wird man vielleicht sagen, „Volk" sei wie „Klasse" nichts weiter als eine Fiktion, vielleicht eine regulative Fiktion – und Fiktionen könnten nun einmal weder herrschen noch partizipieren.

Wie dem auch sei – das eigentliche philosophische Problem bei den politikwissenschaftlichen Definitionsversuchen liegt darin, dass sie das Beeinflussen zum inhaltlichen Kern der Partizipation machen. Wer beeinflussen muss, ist gerade nicht in der Position, selbst die relevanten politischen Entscheidungen zu fällen; sie oder er ist nicht *in charge*, verantwortet nicht, was geschieht. Stattdessen nutzt sie oder er die Mittel, die ihr oder ihm zur Verfügung stehen, um die von anderen – Regierungen, Parlamenten, kommunalen Obrigkeiten – zu fällenden Entscheidungen in die eigene Richtung zu lenken. Die politikwissenschaftliche Partizipationsdefinition hat einen Pferdefuß, weil sie verneint, was der Begriff doch eigentlich suggeriert, nämlich *direkte* Teilhabe an allen relevanten politischen Entscheidungen. Nimmt man Beeinflussung als das, was Partizipation wesentlich ausmacht, bleibt man im alten obrigkeitsstaatlichen

Schema gefangen, in der Vorstellung, der Staat und seine entscheidungsmächtigen Repräsentanten – Regierungsmitglieder, Parlamentarier, Behörden – seien etwas Gegebenes, etwas Vorgängiges. Und dann gebe es da noch die (mitunter lästigen) Bürgerinnen und Bürger, denen man huldvoll das Recht einräumt, wenigstens zu versuchen, auf die perfekt eingespielte Apparatur des Entscheidens und Umsetzens mit ihren eigenen Ideen einzuwirken.

Man tut gut daran, sich mit einem alternativen Verständnis von Partizipation anzufreunden: Der Staat, das Gemeinwesen *ist* nichts anderes als die Partizipation seiner Bürgerinnen und Bürger.

Partizipation in sechs Aspekten

„Das Seiende wird auf vielfache Weise ausgesagt", heißt es bei Aristoteles.[7] Partizipation womöglich auf noch mehr Weisen. Wer an was in welcher Weise teilhat, gibt wirklichkeitsanalytische, ethische, politische und ökonomische Fragen in reicher Fülle auf. Um die Partizipation, um die es geht, begrifflich in den Griff zu bekommen, verkürze ich hier radikal auf sechs Aspekte:

Erstens: teilnehmen, teilhaben, Anteil nehmen. Will man das Wort „Partizipation" ins Deutsche übersetzen, steht eine beträchtliche Wiedergabenbandbreite zur Verfügung. Das Wort verquickt das lateinische Substantiv „pars" für Teil oder Anteil mit dem Verb „capere" für greifen, ergreifen, fangen und nehmen und drängt so milde, abschwächende Deutungen an den Rand dieser Bandbreite: Bloße Mitsprache oder Mitwirkung, ein freundlich-herablassend gewährtes Einbezogenwerden reichen für einen politisch-philosophisch starken Partizipationsbegriff nicht aus. Bloße Beteiligung wird dem „capere" nicht gerecht, Mitwirkung und Mitbestimmung blenden die „pars" zu sehr aus. Wer einen Teil oder Anteil ergreift, ist Teilnehmer, Teilhaber, Anteilnehmer. Legt man sich auf das Teilnehmen, Anteilnehmen, Anteilhaben und Teilhaben fest, bleibt die Wiedergabenbandbreite noch immer erheblich: Als Teilnehmer kann man ziemlich passiv bleiben: Der Volkshochschulkurs hatte 120 Teilnehmer, aktiv gestaltet haben ihn aber nur die Dozentin und die fünf Vorlauten in der ersten Reihe. Teilhaber wiederum, ob stille oder nicht, sind in erster Linie Anteilseigner eines Wirtschaftsunternehmens und erhoffen sich Profit daraus. Die zugehörigen Verben sind hingegen offener: Nimmt man an einer Wahlveranstaltung teil, will man nicht bloß dummes Stimmvieh sein, und wer an Überlegungen zur Zukunft des Seniorenheimes teilhat, steuert seine eigenen Gedanken dazu bei.

Sicher, partizipieren, teilnehmen und teilhaben ließen sich auch gänzlich passiv verstehen: Jede partizipiert am Weltgeschehen in einem physischen Sinn, insofern sie überhaupt auf der Welt ist. Jeder hat durch Lungenventilation teil an der Umsetzung von Sauerstoff in Kohlendioxid, insofern er überhaupt noch atmet. „Dieses Mitmachen, diese Verstrickung aller Dinge ergibt an sich keine Dialektik, keine Dramatik, ist episch, Stoff zu einem unermeßlichen Roman, der jede Darstellbarkeit übersteigt.“[8] Für derlei Teilhabe ist keine Entscheidung notwendig, kein Wollen. Insofern wir Staatsbürger sind, partizipieren wir am Staat, dessen Bürger wir sind, gleichgültig, ob uns darin weitgehende Mitbestimmungsrechte gewährt werden oder ob darin alle freien Regungen und erst recht Mitbestimmungswünsche rigoros verfolgt werden. Ich habe etwa in einem Staat, der mich mundtot macht, mitunter an etwas teil, woran ich nicht handelnd, denkend, redend teilnehme. Nimmt man Partizipation in einem schwachen Sinn, kann niemand ihr entgehen. Will man hingegen einen etwas ambitionierteren Begriff politischer Partizipation hochhalten, wird man Entscheidung und Wollen in ihm verankern müssen – Aktivität, eben ein „capere“ als Hinlangen, Ergreifen. Das bedeutet zugleich, dass auch Nichtpartizipation möglich ist – der Verzicht auf Teilnahme, sei es gewollt und entschieden, sei es aus Trägheit. Und aktiv, hinlangend, ergreifend teilzunehmen muss einem auch erlaubt sein: Andere müssen einen teilnehmen lassen.

Damit nehmen die, die mich teilnehmen lassen, an mir Anteil. Anteilnehmen sollte so in einen starken Begriff politischer Partizipation eingeschrieben werden, der nicht nur Teilhaben und Teilnehmen bedeutet. Anteil nehmen wir am Leiden anderer – versichern zumindest im Trauerfall unsere „herzliche Anteilnahme", was wohl bedeuten soll, dass wir den Trauernden einen Teil des Leidens abnehmen wollen. Anteilnehmen heißt auch, dass ich etwas von mir gebe, zumindest meine Bereitschaft signalisiere, etwas zu geben, wenn der andere dies wünscht. Anteilnehmen steht für ein emotionales Engagement. Eingeschrieben in den Begriff politischer Partizipation meint das, dass man sich auch um das sorgt, woran man teilnimmt. Wer politisch partizipiert, sollte sich um das kümmern wollen, woran er teilhat – weil es ihm am Herzen liegt –, also um das, was er für das Gemeinwohl hält.

Zweitens: teilhaben versus aufteilen. Aus der Schmalspurphänomenologie der Anteilnahme und ihrer Zugehörigkeit zu einem ambitionierten Begriff politischer Partizipation folgt schon, dass eine Suggestion des gängigen Redens von angeblich vorenthaltenen Partizipationsrechten falsch ist: nämlich die Suggestion, es gehe bei Partizipation beispielsweise bisher benachteiligter Gruppen darum, sie sollten nun auch ein Teil vom Ganzen abbekommen und endlich auch einmal profitieren. Teilhabe kann im Gemeinwesen nicht bedeuten, ein Stück des Kuchens abzuschneiden, auf den die anderen verzichten müssen. Politische Partizipation ist nicht, wie manche Identitätspolitiker meinen, die Frage danach, wer welchen Anteil der Beute erhält. Demokratie ist keine Beutegemeinschaft. Politisch ambitionierte Partizipation ist auf ein Gemeinsames hin orientiert, das nicht zur Aufteilung ansteht – auch und gerade, weil sich jeder Partizipant unter diesem Gemeinsamen etwas Eigenes und anderes vorstellt. Je mehr Menschen unterschiedlichster Art partizipieren, desto größer wird dieses Gemeinsame. Während Platons Ideen durch Teilhabe unbeeinträchtigt geblieben sind, wächst das Gemeinsame durch politische Partizipation sogar noch.

Drittens: Partizipation als Mittel oder als Zweck. Auch wenn man Partizipation nicht als eine Sache des Aufteilens versteht und nicht darauf sinnt, sich möglichst große Filetstücke einzuverleiben, bleibt doch die Frage, ob sie, stark und ambitioniert politisch verstanden, ein Zweck oder ein Mittel sei. Wer sich auf Aristoteles beruft, wird das politische Handeln und also auch die Partizipation als das gemeinsame politische Handeln möglichst aller als einen Selbstzweck verstanden wissen wollen.[9] Und wer sich lieber auf Kant beruft, wird die Selbstzweckformel des Kategorischen Imperativs womöglich wie folgt abändern: „Handle so, dass du die Partizipation jederzeit zugleich als Zweck, niemals bloß als Mittel brauchst."[10] Das klingt unerbittlich und prinzipiell – als sei anderes zu denken verboten. Oder vielleicht doch nicht, zumal, wenn man Kants originales „jederzeit zugleich" / „niemals bloß" in Rechnung stellt? Wer Partizipation will – für sich, für andere, für alle –, hält sie für ein Gut, damit aber noch nicht zwangsläufig für einen Zweck an sich. Ich kann vieles wollen, nicht als letzten Zweck, sondern als Mittel für etwas anderes. Ich kann auch im nichtpolitischen Raum partizipieren, ohne in dieser Partizipation einen Selbstzweck sehen zu müssen. So kann ich am Straßenverkehr teilnehmen und diese Verkehrsteilnahme gut finden, aber doch nur, weil ich so an meinen Zielort gelange. Ob andere das, was ich für ein Gut halte, auch gut finden, ist damit nicht gesagt – nicht nur beim motorisierten Straßenverkehr ist das ja durchaus fraglich.

Politische Partizipation unterscheidet sich nun nicht kategorial von anderen Formen der Teilhabe. So ist es durchaus möglich, dass viele sie als Zweck an sich anschauen. Aber niemand kann gezwungen werden, dies zu tun. Es ist nicht illegitim, wenn jemand politisch nur teilhaben will, weil sie oder er denkt, dass dies den eigenen Interessen diene. Ohnehin wird die Unterscheidung von Mittel oder Zweck oft nicht scharf zu ziehen seien: Politische Partizipation wird für viele Akteure als selbstzweckhaft empfunden werden, obwohl sie damit doch bestimmte Ziele erreichen wollen – den Bau einer neuen Turnhalle, ein neues Kulturgüterprivatisierungsgesetz, den Schutz der Lurche.

Viertens: Partizipation an Möglichkeiten. „Jeder ist auf die Welt gekommen mit dem Recht und der Pflicht, frei zu sein", hat Karl Heinrich Schultz (1814–1887) in der 13. Sitzung der *Verhandlungen der Versammlung zur Vereinbarung der Preußischen Staats-Verfassung* vom 8. Juni 1848 zu Protokoll gegeben.[11] Dieser Satz hätte Schultz, Justizkommissar und Mitglied der Preußischen Nationalversammlung aus Wanzleben, einen Ehrenplatz in der Geschichte des politischen Denkens sichern können. Während das Recht, frei zu sein, aufklärerisches Gemeingut ist, erhöht die Pflicht dazu die Messlatte gewaltig: Die Menschen sind, um es mit Jean-Paul Sartre zu reformulieren, „*zur Freiheit verurteilt*, in die Freiheit geworfen".[12] Sie können der Freiheit nicht entgehen, wobei die Frage uns hier nicht zu kümmern braucht, ob sie „Willensfreiheit" in irgendeinem metaphysischen Sinne besitzen, ob sie also aus reiner Spontaneität, unbeeindruckt und unbeeinflusst von irgendetwas in der Welt oder von ihrer eigenen Physis, eine vollkommen freie Entscheidung treffen können (was man bezweifeln darf). Die Pflicht, frei zu sein, besteht darin, vor Möglichkeiten zu stehen und Möglichkeiten ergreifen zu müssen, um überhaupt zu sein.

Partizipation ist eine Teilhabe an Möglichkeiten. Zunächst ist sie es in einem elementaren Sinn, einfach, insofern jede Teilhabe die Teilhabe an bestimmten Möglichkeiten des Daseins ist, und zwar selbst dann, wenn diese Teilhabe erzwungen wird. Wer in einem diktatorischen Staat zwangsrekrutiert wird, hat zwangsweise teil an der Möglichkeit, Soldat zu sein. Auch Einzeller haben Anteil an der Möglichkeit des Stoffwechsels. Das wäre eine schwache Form der Partizipation. Starke Partizipation hingegen bedeutet, an Möglichkeiten teilzuhaben, an denen man auch, nach eigenem Ermessen und Gutdünken entweder gar nicht oder auf andere Weise teilhaben könnte. Der Einzeller kann das Wie seiner Partizipation nicht bestimmen; wir Menschen können das auch nicht immer, oft aber schon.

Partizipation als Teilhabe an Möglichkeiten heißt aber beileibe nicht, dass jeder an allen Möglichkeiten des Menschseins teilhaben kann. Auf die Realisierung der Möglichkeit, König von England zu werden, haben nur sehr wenige Menschen Aussicht, auf die Realisierung der Möglichkeit, Kaiser von China zu werden, hat gegenwärtig überhaupt kein Mensch Aussicht. Möglichkeiten sind unter Menschen faktisch höchst ungleich verteilt; die ungleiche Verteilung ökonomischer Möglichkeiten schränkt bei sehr vielen Menschen auch den lebensweltlichen Möglichkeitsradius enorm ein. Wer kaum genügend zu essen hat, dem steht die Möglichkeit, philosophische Bücher zu lesen oder zu schreiben, nicht offen.

Und da kommt starke *politische* Partizipation ins Spiel. Einerseits bedeutet sie, dass Menschen die Möglichkeit haben, am politischen Beraten, Entscheiden, Handeln teilzunehmen. Andererseits, dass dieses politische Beraten, Entscheiden, Handeln darauf abzielen soll, den lebensweltlichen Möglichkeitsradius der Menschen zu erweitern.

Das, woran man teilhat, ist die Fiktion eines Gemeinsamen. Es ist als Fiktion etwas Mögliches: das, wovon ich möchte, dass es sei, z. B. ein Gemeinwesen, das sich um die Armen kümmert, oder ein Gemeinwesen, das dem Markt völlig freien Raum lässt. Es zeigt sich daran schon die Unterschiedlichkeit des Möglichen. Anteilnehmen heißt auch, dass ich bereit bin anzuerkennen, dass der andere eine womöglich völlig andere Idee, eine völlig andere Vision, eine völlig andere Fiktion davon hat, was das Gemeinsame, was das Gemeinwesen ausmachen soll. Die Kultur der Jetztzeit ist eine Möglichkeitskultur – eine Kultur, die darauf programmiert ist, möglichst vielen Menschen möglichst viele Möglichkeiten zu eröffnen.[13] Dabei ist unvermeidlich, dass die Möglichkeiten unentwegt miteinander konkurrieren – und ebenso die verschiedensten Formen der Teilhabe an diesen Möglichkeiten.

Fünftens: Partizipation an Wirklichkeiten. Mit bloßen Möglichkeiten lassen sich Partizipationswillige allerdings nicht abspeisen. Es geht ebenso um die Teilhabe an sehr wirklichen Dingen. Das Gemeinwesen, an dem man partizipiert, ist nicht nur eine Fiktion, eine Gestaltungsmöglichkeit, sondern zugleich etwas sehr Wirkliches, etwas mitunter Granithartes. Und die Teilhabe am Wirklichen ist ungleich verteilt.

Partizipation bedeutet dem Begriff nach, an etwas teilzuhaben, was schon da ist. Wer etwas neu schafft, partizipiert nicht. Aber, und das ist das Entscheidende, selbst der härteste Granit lässt sich schleifen. Das Wirkliche, an dem man teilhat, bleibt nicht ein für alle Mal, was es ist. Partizipation bedeutet Formung, durchaus auch Verformung: Wer partizipiert, hat es nicht mit einem übergestülpten Unabänderlichen zu tun. Es verändert sich dadurch, dass und wie jemand teilnimmt. Das Gegebene wird durch Partizipation in Möglichkeiten verwandelt. Im Umgang mit anderem und anderen bedeutet Partizipation überdies Selbstformung.

Sechstens: Menschen als machtversessene oder anteilnehmende Tiere? Ist bei alledem das Partizipationsstreben mehr als ein Machtstreben? Partizipierenwollen klingt zurückhaltend-vornehm, aber geht es um etwas anderes als Machtgewinn? Wollen wir denn, wenn wir teilhaben wollen, nicht einfach bloß *unseren* Anteil sichern? Ist der Kampf um Partizipation also nichts weiter als ein Kampf um die Durchsetzung der eigenen Interessen – ein Kampf um Macht?

Die Fragen suggerieren, dass Macht etwas Elementareres sei als Anteilhaben und Anteilnehmen. Bei einer solchen Hypothese treten freilich mindestens ein Begriffsproblem und ein Beobachtungsproblem auf: Das Begriffsproblem liegt darin, dass Macht entweder so weit gefasst wird – als reine *potentia*, Möglichkeit –, dass schlechterdings alles, was belebt ist (oder sogar noch unbelebte Steine), von Macht und Wille zur Macht bestimmt sein soll.[14] Dann liegt der Charme des Begriffs in seiner völligen Leere. Oder aber, Macht wird enger und funktional gefasst, etwa so wie bei Max Weber: „*Macht* bedeutet jede Chance, innerhalb einer sozialen Beziehung den eigenen Willen auch gegen Widerstreben durchzusetzen, gleichviel worauf diese Chance beruht."[15] Eine solche Definitionen wirft, begrifflich betrachtet, mehr Fragen auf, als sie beantwortet: Was ist eine Chance (womöglich die *potentia,* so dass die Definition tautologisch würde)? Was ist der „eigene Wille"? Warum will der, was er will – und würde er auch ohne Widerstreben wollen?

Eine Philosophin wird womöglich einwenden, begriffliche Probleme der Macht ließen sich aus der Welt schaffen, wenn sie nicht hemdsärmeligen Soziologen wie Weber oder philosophierenden Begriffsbelletristen wie Nietzsche anvertraut würden. Das mag sein, obwohl noch nicht abzusehen ist, wie der ontologische Vorrang der Macht vor der Partizipation oder die erkenntnistheoretische Eingliederung des Partizipationsbegriffs unter den Machtbegriff bewerkstelligt werden könnte. Angenommen, das eine oder das andere gelänge: Es schafft das zweite, ungleich gravierendere Problem nicht aus der Welt, nämlich das Beobachtungsproblem. Menschliche Wesen sind Wesen, die Anteil haben wollen und Anteil nehmen. Das tun sie nicht, weil sie als Einzelne ihren Willen gegen andere Willen durchsetzen oder ihren Willen der nichtmenschlichen Natur aufdrücken wollen. Sie tun es, weil sie das Teilhaben und Teilnehmen selbst als etwas Sinnvolles, in sich Zweckhaftes empfinden. Das gilt, wie oben beim dritten Aspekt erörtert, natürlich keineswegs für jede Form der Teilhabe und Teilnahme. An vielem nehme ich teil, weil die Teilnahme ein Mittel ist, das Gewünschte und Gewollte zu erreichen: am Verkehr, an Versicherungen, an Verwaltung. Keine einzelne – auch nicht politische – Partizipation ist per se selbstzweckhaft, aber Partizipation überhaupt ist es. *Menschen sind teilnehmende Tiere* – Tiere, die teilhaben wollen, an ihresgleichen und an anderen, an Wirklichkeiten und an Möglichkeiten. Partizipation heißt, Teil der Welt zu sein, zugleich verbunden mit dem Anspruch, dass diese Welt durch mein Teilsein eine andere ist, als sie es ohne mich wäre.

Teilnehmen und Teilhaben sind primär. Der Wille zur Macht ist nur ein Sonderfall des universalen Willens zur Partizipation. Als ich als Teenager anfing, byzantinische Münzen zu sammeln, wollte ich Anteil haben an der Erwachsenenwelt. Macht wollte ich nicht: Meine Münzen hat mir in der Regel niemand streitig gemacht, sondern sie mir gegen mein sauer erspartes Taschengeld gern überlassen. Wir wollen Weltanteile haben. Und wollen, dass die Welt an uns Anteil nimmt, dass wir als Weltteil angenommen werden – vulgo: Anerkennung. Entscheidend dabei ist: In der Teilhabe und Teilnahme sind wir sehr oft zuzugestehen bereit, dass auch die anderen teilhaben und teilnehmen können. Das Bestreben, andere zu verdrängen und uns das größte Stück zu sichern, kommt selbstverständlich vor, ist aber als universalisierte Partizipationsstrategie untauglich, da man immer der anderen bedarf, die mit einem zusammen die Welt zu einem Partizipationsuniversum machen – vulgo: die einem Anerkennung schenken, und zwar nicht gezwungenermaßen. Beim Partizipieren wollen wir, dass andere anteilhaben können, weder aus bloßem Altruismus (weil wir etwa den anderen immer das Beste schenken wollten) noch aus Egoismus (weil wir Mitweltteilhaber und Mitweltteilnehmer, vulgo: Anerkennungsspender bräuchten). Sondern, weil das Zusammen- und Gemeinsamsein mit anderen und anderem erst die Welt ausmacht. Entsprechend konnte Rousseau im *Contrat social* herausstellen, dass die beschränkten, nicht steigerbaren individuellen Kräfte nur gebündelt, in einem Gemeinwesen – er hätte auch: in der Partizipation sagen können – ihre volle Wirkungskraft entfalten.[16] Die von uns bewohnte Wirklichkeit ist ein relationales Gefüge, in dem fast alles Teilhaben und Teilnehmen ist, Macht hingegen nur manches. Nicht Macht ist ontologisch basal, sondern Anteilnehmen und Anteilhaben.

Sein ist Partizipation

Menschen sind, wie andere Tiere auch, teilhabenwollende Lebewesen. „Erlebbar ist Partizipation nur in Interaktionskontexten."[17] Wer Partizipation auf Beeinflussung reduziert, übersieht leicht den Umstand, dass Menschen überhaupt nur sind, insofern sie beteiligt sind. Insofern sie teilnehmen. Menschen sind Lebewesen, die sind, insofern sie in Beziehung sind. Niemand steht für sich – selbst der von allen Mitmenschen Verlassene, der Vereinsamteste steht in einer Wirklichkeit, in der die Gesetze der Schwerkraft, der Thermodynamik und des Metabolismus ihn zu partizipieren zwingen. Sein ist Teilhaben, Teilnehmen.

Man tut gut daran, sich von der Vorstellung zu verabschieden, die Welt sei die Summe aus mehr oder weniger unverbundenen Einzeldingen, die nur sekundär miteinander in Beziehung stehen. Sein heißt, in Beziehung zu sein. Die Welt ist ein Beziehungsgefüge. Alles, was ist, steht im Verhältnis zu anderem, ist relativ zu ihm.

Der Mensch als relatives Wesen ist ein Partizipationswesen. Der Mensch ist, insofern er teilhat, teilnimmt. Und ein starker, politisch ambitionierter Partizipationsbegriff wird jenes Bündel von Beziehungen darunter fassen, die von menschlichen Akteuren aktiv gestaltet werden können, also weniger die Beziehungen, die durch Schwerkraft, Thermodynamik oder Metabolismus bestimmt werden, als vielmehr diejenigen, die wir mit unseren menschlichen Mitlebewesen unterhalten (aber auch zu unterhalten unterlassen könnten).

Verneuzeitlichung wiederum bedeutet wesentlich, dass Menschen sich bewusst werden, dass sie nicht nur an Verschiedenstem teilhaben. Sondern, dass das, woran sie teilhaben, in fast jeder Beziehung auch ganz anders sein könnte – dass es keine Notwendigkeit gibt, beispielsweise zu Gott oder zu einem von den Eltern bestimmten Ehepartner oder zu seinem Stand eine unverbrüchliche Beziehung zu unterhalten. Modernität heißt die Entdeckung hochgradiger Kontingenz fast aller aktiv hergestellten Beziehungen – es könnte immer auch ganz anders sein – ich könnte immer auf andere Weise teilnehmen. In diesem Sinne ist politisch ambitionierte, starke Partizipation als aktives und willentliches Genau-an-diesem-und-an-nichts-anderem-beteiligt-Sein (nicht nur weniger Eliteangehöriger, sondern möglichst aller) ein modernes Phänomen. Politisch ist diese Partizipation, insofern sie auf die Bedingungen der Möglichkeit gemeinsamen Seins möglichst aller Menschen abzielt.

Moderne bedeutet Vielfalt an Möglichkeiten. Das Bewusstsein der Kontingenz paart sich oft mit dem Empfinden individueller Ohnmacht, als ob anonyme Mächte insgeheim die Lebenswege bestimmten. Die Idee politisch ambitionierter Partizipation versucht diese Ohnmacht auf- und abzufangen und sie in Aktivität umzumünzen. Dass Sein Partizipation ist, wäre dann nicht nur eine Beobachtungstatsache, sondern ein Imperativ, zumindest ein Adhortativ – eine Ermahnung, eine Aufforderung.

Partizipationsüberlasten

Vielfache Möglichkeiten bringen vielfache Ablenkungen mit sich. Wer an tausenderlei Dingen beteiligt ist, dem fällt das Gewichten schwer. Man muss an so vielem teilhaben, dass einem bei Beruf, Familie und Freizeit für die politische Partizipation gar keine Zeit mehr bleibt. Das ist zumindest ein weit verbreitetes Argument gegen den Ausbau politischer Partizipationsmöglichkeiten. Der Althistoriker Christian Meier beispielsweise hält denjenigen entgegen, die für eine Wiederbelebung der direkten Demokratie nach dem Vorbild des antiken Athen eintreten, im Unterschied zur altathenischen Gesellschaft sei die heutige „mit sehr starker zeitlicher Beanspruchung vieler ihrer Mitglieder, bevor sie überhaupt daran denken könnten, sich der Politik zuzuwenden," nicht mehr direktdemokratisch zu organisieren.[18] Vor über 200 Jahren hat das der politische Philosoph Benjamin Constant schon ähnlich gesehen. In der alten Welt habe Freiheit eher in der „aktiven Partizipation an der kollektiven Macht" bestanden als im „friedlichen Genuss persönlicher Unabhängigkeit".[19] Der Unterschied zwischen dem antiken und dem modernen Freiheitsverständnis ist für Constant fundamental. Weil moderne Menschen ihr privates Wohlergehen verfolgen müssten, kämen sie gar nicht mehr dazu, sich um Politik zu kümmern – weshalb Constant eine starke Präferenz fürs Repräsentative hegt. Ihm zufolge ist die moderne Welt arbeitsteilig organisiert, und jeder muss individuell schauen, wo er bleibt (die freien Bürger Athens hatten einst Sklaven, die ihnen die Mühen der Erwerbsarbeit zu einem guten Teil abnahmen). Um aktiv politisch zu partizipieren, war es einst „nötig, dass die Bürger in hohem Maße jenen Genuss opferten", während ihnen heute ein solches Opfer unmöglich abverlangt werden könne.[20]

Verneuzeitlichung bedeutet die Vervielfältigung der Lebenssphären, die alle gleichermaßen nach Aufmerksamkeit und Teilnahme heischen. Die Pathologie der Moderne besteht darin, dass wir an allem partizipieren wollen, dass wir an allem partizipieren sollen. Constant und Meier behelfen sich mit einer Partizipationsteilungstheorie analog zur ökonomischen Arbeitsteilung: Demnach brauchen wir Spezialisten fürs Politische, damit wir uns möglichst ungestört selbst „optimieren" können – wobei diese Spezialisten, unsere Repräsentanten, immerhin von unserer Wahl und somit zumindest gelegentlichen Kontrolle abhängen. Die mögliche Suggestion, dass das moderne Leben vor allem ein privates sei,[21] während das Öffentliche allenfalls ein notwendiges Übel darstelle, das man getrost dafür ausgebildeten Fachleuten überlassen könne, überblendet leicht, dass die Moderne eine strikte Unterscheidung von „privat" und „öffentlich" gerade nicht mehr erlaubt. Die Lebenssphären sind zwar höchst ausdifferenziert, aber zugleich vielfach verwoben und überlagert. Wenn ich den Elternabend besuche oder Tennis spiele oder online politische Kolumnen lese oder meiner Erwerbsarbeit nachgehe – ist das jetzt öffentlich oder privat? Was auch immer – es sind Sphären, die nach meiner Aufmerksamkeit und Teilnahme heischen. Und wir sind gezwungen, zu fokussieren. Warum also nicht das Lästige, das Politische auslagern?

Partizipationszwänge

Während der Mensch, zumal der moderne, in Constants Beobachtungsrahmen unter Partizipationsüberlasten leidet, setzt der Philosoph Jacques Rancière am Ende des 20. Jahrhunderts einen Beobachtungsrahmen, der die in den Blick rückt, die in der Beherrschungsrealität von der Antike bis in die Gegenwart systematisch ausgeklammert worden seien, nämlich die „Anteillosen". Politik ist dann nicht etwa ein konsensualer Interessenausgleich – dieser ist für Rancière vielmehr das Kennzeichen postdemokratischer Verhältnisse –, sondern ein ewig währender Streit um den „Anteil der Anteillosen": „Wer ohne Anteil ist – die Armen der Antike, der dritte Stand oder das moderne Proletariat –, kann in der Tat nur am Nichts oder am Ganzen Anteil haben. Aber auch durch das Dasein dieses Anteils der Anteillosen [*la part des sans-part*], dieses Nichts, das Alles ist, existiert die Gemeinschaft als politische Gemeinschaft, das heißt als eine von einem grundlegenden Streit geteilte, durch einen Streit, der sich auf die Zählung seiner Teile bezieht, selbst noch bevor er sich auf ihre ‚Rechte' bezieht."[22]

In Rancières Beobachtungsrahmen ist also die Anteilsverweigerung das beherrschende Thema der Weltgeschichte. Erst durch diese Anteilsverweigerung komme überhaupt Politik zustande – dadurch, dass die Anteillosen ihren Anteil einfordern. Politik ist dann „die Unterbrechung der einfachen Wirkungen der Herrschaft der Reichen": „Es gibt Politik, wenn es einen Anteil der Anteillosen, einen Teil oder eine Partei der Armen gibt. Es gibt nicht einfach deshalb Politik, weil die Armen den Reichen gegenübertreten und sich ihnen widersetzen."[23] Das eigentlich Politische sind nach diesem Schema unausgesetzte Versuche, Anteil zu gewinnen. Politik bedeutet hier Streit um Partizipation. Der Gegenbegriff zu dieser emanzipatorisch, anteilheischend verstandenen Politik ist bei Rancière der Begriff der Polizei in einem umfassenden Sinn – nämlich als Versuch, die bestehenden ungerechten Verhältnisse zu stabilisieren und zu leugnen, dass es überhaupt Anteillose gebe. Die in polizeilichem Dienste tätigen Autoritäten sind freilich in ihrer Wirksamkeit beschränkt und können kaum auf eine verlässliche metaphysische Absicherung bauen. Sie sind Autoritäten auf Abruf.

In Rancières Beobachtungsrahmen wäre Constants Bemühen, die Menschen zugunsten ihrer privaten Lebensgestaltung von der Last freizustellen, auch noch politisch aktiv zu partizipieren, eine idealtypisch perfekte polizeiliche Maßregelung, politisches Rumoren mundtot zu machen. Rumoren gehört in Rancières Beobachtungsrahmen zu den Grundelementen des Politischen – wobei von „Beobachtung" bei Rancière selbst ohnehin weniger zu sprechen wäre als von dezidierter ideologischer Formung des Wahrnehmungsrahmens, die Rancière seinerseits den Reichen und Anteilhabenden zum Vorwurf macht. Praktisch folgt aus alledem eine unbeschränkte Ausweitung der politischen Sphäre, um alle Anteillosen anteilig zu versorgen. Und das muss auf Kosten derjenigen geschehen, die bisher Anteile monopolisieren oder oligopolisieren.

Bei der Diagnose liegen Constant und Rancière gar nicht so weit voneinander entfernt, wie man auf Anhieb vermuten mag: Direkte politische Partizipation gibt es für sie beide in der Moderne nur wenig. Für den einen ist das allerdings ein fluchwürdiger Makel, für den anderen hingegen ein lobenswürdiger Freiheitszugewinn: Entlastet von Partizipationszwängen, kann ich Constant zufolge mein eigenes Ding machen, während nach Rancière vielen nicht nur ihr eigenes Ding, sondern alle Anteile versagt bleiben. Daraus ergeben sich brennende Fragen: Würde die Ausweitung der politischen Sphäre dazu führen, alle gleich zu machen, in Reih' und Glied jeder mit seinem Anteil in der Hand, oder würde sie dazu führen, dass jeder seine Ungleichheit leben könnte, dass jeder frei würde, womöglich auch davon, partizipieren zu müssen? Wäre das Anteilhaben aller Ziel oder nur Mittel? Und würden wir unter vermehrter, vervielfältigter politischer Partizipation wie unter einer Überlast ächzen oder würden wir sie als Geschenk bejubeln? Kurzum: Der Frage „Warum Partizipation?" werden wir uns ausführlich zu widmen haben.

Partizipationsselbstbeschränkungen

Aus der Gegenüberstellung von Constant und Rancière ergibt sich eine radikale Alternative: entweder die totale politische Mobilmachung, eine Hyperpolitisierung aller menschlichen Interaktion im Interesse (oder unter dem Vorwand) aller Anteillosen oder der möglichst vollständige Rückzug aus aller direkten politischen Partizipation im Interesse (oder unter dem Vorwand) der privaten Vervollkommnung. Während die Hyperpolitisierungsoption in der Tradition all der Versuche des 20. Jahrhunderts steht, die Menschen zur individuellen Selbstpreisgabe zu bewegen, um im großen Ganzen irgendeiner Idee – der Klasse, der Rasse, der Anteillosen – aufzugehen, steht die Hyperprivatisierungsoption in der Tradition eines gern abfällig „Neo" genannten Liberalismus, für den Politik bestenfalls ein notwendiges, auslagerbares Übel ist, um in Ruhe seine Geschäfte zu betreiben. Die Hyperpolitisierungsoption opfert das Eigene und Persönliche, die Hyperprivatisierungsoption hingegen das Gemeinsame und Allgemeine.

In beide Richtungen bin ich Zäune einzuziehen geneigt: Das Partizipationsansinnen darf nicht auf Kosten des individuellen Eigenseins und Eigensinns gehen; das Arbeitsteilungsansinnen nicht auf Kosten der Möglichkeit, dass möglichst alle direktdemokratisch partizipieren können. Die Einzäunung muss ein Recht auf Partizipation und ein Recht auf Partizipationsverzicht gleichermaßen festschreiben. Und sie muss aufklären über den leider oft übersehenen Umstand, dass Anteilhaben nie bedeutet, das Ganze zu bekommen oder zu beeinflussen. Partizipation ist notwendig Stückwerk, weshalb sich derjenige, der nur einen Bruchteil bekommt, oft so fühlt, als bekäme er nichts – zumal dann, wenn andere augenscheinlich mehr bekommen. Man darf vermuten, dass es – solange die Menschen überhaupt am Leben sind – gar keine wirklich Anteillosen gibt, sondern eine graduelle Abstufung der Anteile, ungleich in den unterschiedlichsten Bereichen des Lebens.

Die Einhegung muss schließlich auch Partizipationsselbstbeschränkung zur Devise machen: Es geht augenscheinlich nicht darum, sich vorenthaltene Anteile am Weltganzen zu erobern und zu sichern, sondern an diesem Weltganzen mit allen anderen gemeinsam teilzuhaben.

Apropos Selbstbeschränkung: Der Rechtswissenschaftler Daniel Damler hat herausgestellt, wie Kapitalgesellschaften zu den bestimmenden Akteurinnen in der Ökonomie des 20. und 21. Jahrhunderts haben aufsteigen können, nämlich durch die juristische Erfindung der „Haftungsbeschränkung", der „Entmachtung der natürlichen Person durch die juristische".[24] Sie machte es möglich, dass ein Unternehmer eben nicht mehr persönlich für Schäden und Verluste haftete, sondern sich schadlos halten konnte, indem er sich hinter seiner Firma oder gar einem Geflecht von Firmen versteckte. Daraus folgt, dass das Feld der Möglichkeiten durch diese Erfindung der Haftungsbeschränkung einerseits radikal erweitert worden ist, andererseits auch die Verantwortlichkeiten sich verflüchtigen und das Gespenst des tatsächlich modernen Kapitalismus aufkommen konnte.[25] Dass die Erweiterung der Möglichkeiten mittels Haftungsbeschränkung wiederum vielen Menschen Möglichkeiten zu nehmen droht, ist auch deutlich: Sie können kaum mehr jemanden für entstandene Schäden *persönlich* zur Verantwortung ziehen. Deshalb werden jüngst die Haftungs- und Fürsorgepflichten von Firmen für Mitarbeiter und Kunden in die Höhe geschraubt: Bevor man eine Kopfschmerztablette oder ein Handy kaufen, verkaufen oder benutzen darf, muss man sich durch einen Wust von Verbraucher-, Umwelt- und Selbstschutzvorgaben hindurcharbeiten. Mit der durch Haftungsbeschränkung möglichen Verantwortungsverweigerung ist es in der Gegenwart nicht mehr weit her – die Möglichkeiten und damit die Chancen der Partizipation sind allseits gewachsen.

Wir brauchen Partizipationsselbstbeschränkungen. Eine Vollhaftung für alles, woran man teilhat, würde jede und jeden davon abbringen, sich überhaupt noch zu beteiligen: Müsste ich als Stimmbürger an der Urne nicht nur gewärtigen, mich dem Gesetz, für dessen Inkrafttreten ich stimme, künftig zu unterwerfen, sondern liefe ich Gefahr, für mein Abstimmungsverhalten von der jeweils bestimmenden Mehrheit bestraft zu werden, wäre das Risiko einer Beteiligung zu groß und ich hielte mich raus. Ein politisches System braucht Partizipationsrückversicherungen, überhaupt Risikoausschlussversicherungen. Es geht nicht immer darum, möglichst Anteil zu haben, sondern auch darum, das Risiko und die Kosten des Anteilhabens zu minimieren.

Ökonomische Partizipation: Das Gespenst der Entmündigung

Ein Wort noch zur ökonomischen Partizipation, die häufig gegen die politische ausgespielt wird – nicht nur unter denjenigen, die das Politische für eine meist mutwillige Störung ihrer ökonomischen Interessen halten, sondern ebenso unter denjenigen, die glauben, die Ausbeutung der Proletarierklasse stehe deren politischer Partizipation prinzipiell im Weg.

Dass politische Partizipation der ökonomischen Verantwortungsverschleifung entgegenwirken soll, nicht nur durch regulierende Maßnahmen, sondern durch eineindeutige Verantwortungszuweisung, ist eine billige Forderung. Sie führt freilich auch eine die politische Entwicklung des 20. und 21. Jahrhunderts konstant begleitende Sehnsucht mit sich, nämlich die Sehnsucht nach „starken Männern", die dann gern als Autokraten behaupten, sie trügen für alles heroisch die Verantwortung.[26] Man sieht: Die Forderung, politische Partizipation solle ökonomische Fluchtbewegungen eindämmen, kann auch Fehlanreize erzeugen – wenn man denn den Ruf nach Autokratie wie der Schreibende für einen Fehler hält. Vielmehr sollen nicht Einzelne für alles verantwortlich sein (was sie nicht können), sondern wir alle müssen die Verantwortung tragen, indem wir entscheiden, mitentscheiden. Nicht über Abgeordnete, sondern über Sachgeschäfte. Die Zeit der Delegation ist vorbei.

Ein Gesichtspunkt ist dabei zentral: Die ökonomische Partizipation wird sekundär, wenn die politische Partizipation gewährleistet ist. Wenn jeder politisch mitentscheiden kann, verliert das Geld an Wertigkeit. Lebensentscheidungen hören auf, davon abzuhängen, da der Rahmen dessen, was Geld darf und nicht darf – wie weit die Macht des Kapitals reicht und wie weit nicht, von politischer Willensbildung abhängt. Und wie stark die Macht des Kapitals politisch schon eingeschränkt wurde, zeigt beispielsweise ein unvoreingenommener Blick auf anderthalb Jahrhunderte ziemlich erfolgreicher Sozialgesetzgebung. Wenn der Wirtschaftswissenschaftler Thomas Piketty vorschlägt, Privatbesitz auf lange Sicht durch temporäres und soziales Eigentum zu ersetzen,[27] dann ist diese Idee noch immer vom Glauben an das Kapital beseelt, das Liberale und Kommunisten eint: nämlich die Vorstellung, dass alles auf das Geld ankommt. Es verliert aber seine bestimmende Bedeutung, falls alle Menschen über das Wesentliche ihres Lebens selbst bestimmen können. Dann kann man sich mit (sehr viel) Geld weniger kaufen – oder muss dieses Geld so einsetzen, dass die Menschen daran nur wenig Anstoß nehmen. Denn man könnte ja an der Urne die Selbstentfaltungskraft des Kapitals empfindlich eindämmen oder aber in mehrheitlich akzeptierte Kanäle lenken. Die Partizipation am Erwerbsleben verhindert jedenfalls keineswegs die Partizipation am Gemeinwesen. Geldarmut entmündigt nicht. Im Gegenteil: Sie beflügelt das Partizipationsbestreben, wenn man sie nur lässt.[28]

Haben wir es möglicherweise gar nicht mit einer Krise der Repräsentation, sondern einer Krise der Partizipation zu tun? Sorgt die Entlastung von politischer Partizipation gerade dafür, dass wir unser Partizipationsvermögen insgesamt beschneiden und uns auch in anderen Bereichen um Partizipationsmöglichkeiten bringen, da die politische Partizipation oft die Bedingung der Möglichkeit anderer Teilhabeformen ist? Warum soll man partizipieren? Und wer? Und wie? Menschen sind teilhabende Tiere. Andere Tiere sind das auch. Aber inwiefern ist die Art und Weise der menschlichen Teilhabe anders?

Warum soll man politisch teilhaben?

Menschen sind teilhabenwollende Wesen. Und das Politische – die gemeinsame Gestaltung der eigenen Lebensbedingungen – ist etwas, bei dem man das Teilhaben prinzipiell nicht an andere abgeben kann. Der mündige Mensch ist zur Teilhabe verurteilt. Und muss sich darin unentwegt einüben.

Ich frage einen Wanderer,
wonach er so fieberhaft suche:
nach Schritten, Schritten.
Rüdiger Görner: *Bei Sils Maria* (2020)

Menschen sind Wesen, die sich zu eigen machen, was sie vorfinden, und sich mit dem vertraut machen, was ihnen begegnet. So bleibt ihnen – könnte eine ganz rasche Antwort auf die Titelfrage dieses Kapitels lauten – politische Partizipation nicht erspart. Denn es ist unvermeidlich, dass sie mit dem Politischen in Berührung kommen. Menschen leben in Gemeinschaft mit anderen ihresgleichen und sind so von den Bedingungen der Möglichkeit ihres gemeinsamen Seins abhängig, egal, ob sie auf die Änderungen dieser Bedingungen hinzuwirken vermögen oder nicht. Wir machen das bloß Gegebene zu unserem Eigenen, wir nostrifizieren es. Da man dem Politischen nicht entgehen kann, kann man auch der Nostrifizierungsaufgabe, der Nötigung zur Partizipation nicht entgehen.

Aber mindestens zwei Einwände liegen gegen die rasche Titelfragenantwort auf der Hand. Zum einen findet die Leserin die Ausgangsthese vielleicht unplausibel oder zumindest weiter erläuterungsbedürftig. Zum andern kann man ja zwischen aktiver und passiver Partizipation unterscheiden. Passive Partizipation liegt dann vor, wenn man ihr in einem gegebenen Rahmen nicht entgehen kann, ohne selbst aus diesem Rahmen herauszufallen. Alle Menschen, die in einem Staat leben, partizipieren passiv daran, indem sie beispielsweise seine Gesetze nicht verletzen oder sich seinen Steuerforderungen unterwerfen. Das ist kein Akt der tätigen, freiwilligen, von echten Alternativen bestimmten Partizipation. Und die in der Kapitelüberschrift erhobene Frage nach dem Warum der Partizipation bezieht sich sinnvollerweise nicht darauf, warum man passiv partizipieren soll – weil man kaum anders kann, wenn man überhaupt leben will –, sondern darauf, warum man aktiv partizipieren, das heißt: aus freien Stücken die Bedingungen der Möglichkeit sozialen Seins mitgestalten soll. Dennoch werden wir die Frage etwas eingehender zu erörtern haben.

Entkolonialisierung der Zukunft

Staatsbürger zu sein, bedeutet nach Aristoteles, „am Gericht und an der Regierung“ teilzuhaben.[1] Aber soll man auf diese aktive Weise Staatsbürger sein wollen? Wer verurteilt uns denn zu dieser aktiven Teilhabe, wenn das passive Sein des modernen Staatsbürgers – Steuern zahlen, Gesetze einhalten und gelegentlich meckern – sich bequem und entlastend anfühlt? Eine solche Haltung scheint in völligem Einklang mit der resignativen, für so viele intellektuelle Sachwalter der Moderne typischen Haltung bloßen Geschehenlassens zu sein. Man kann es beispielhaft an Fernando Pessoas *Buch der Unruhe des Hilfsbuchhalters Bernardo Soares* studieren, das wie zahllose künstlerischen Erzeugnisse der (angeblich) klassischen Moderne unter dem Entgötterungsschock steht und aus dem Wegbrechen alter Gewissheiten die Folgerung nahelegt, dass die Weltbilanz insgesamt negativ sei.[2] Dann wird die Sinnlosigkeit sämtlichen Seins in allen Varianten durchgespielt, und man darf sich wohlig in bloß passiver Partizipation räkeln.[3]

Vermutlich jedoch liegt der modernetypische Irrtum darin, überhaupt Sinnerwartungen an die Welt zu stellen – als ob die Welt dazu da wäre, unsere Sinnerwartungen zu befriedigen. Sie hat nur und genau den Sinn, den wir ihr geben. „Die Welt“ verhält sich weder abweisend noch feindselig den Menschen gegenüber. Sie ist bloß gleichgültig. Und genau da liegt der springende Punkt: Aktive Partizipation soll der Gleichgültigkeit der Welt trotzen, sie umgestalten und dadurch überwinden. Sie soll die Welt nostrifizieren. *Aktive Partizipation heißt, sich die Welt zu eigen zu machen.* Sie ist die primäre Kulturleistung unserer Spezies, an die wir uns selbst in der jetztzeitlichen apokalyptischen Behaglichkeit, am besten doch allem seinen Lauf zu lassen, gelegentlich zurückerinnern dürften.

Dann ist es schwer einzusehen, weshalb die Nostrizifizierung als aktive Partizipation gerade dort durch „Repräsentation" eingeschränkt sein soll, wo es um die Gestaltung der Bedingungen der Möglichkeit unseres gemeinsamen und gemeinschaftlichen Seins geht, nämlich in der Politik. Nostrifizierungsverzicht aus Trägheit mag zwar ein gegenwartstypisches Verhalten sein, das sich gern mit großen Floskeln wie Sinnlosigkeit, Nihilismus, Wertezerfall aufhübscht. Aber auch das Aufhübschen ändert am Befund nichts, dass Stellvertretung auf Dauer nicht haltbar ist. *Niemand kann auf Dauer an meiner Stelle stehen.*

Das hängt daran, dass das Individuum nichts Gegebenes ist, sondern sich erst konstituiert, und zwar auch in der politischen Auseinandersetzung. Direkt-partizipatorische Demokratie steht – ungeachtet aller demagogischen Anfälligkeit – gegen die Verweltanschaulichung des Politischen: Man muss sich bei jeder Entscheidung, die einem aktive Partizipation abverlangt, neu orientieren und formieren, neu positionieren und bleibt so in ständiger Bewegung, bleibt politisch handelnd.

Demgegenüber scheint die Ideologisierung des Politischen eine unmittelbare Folge des Repräsentativismus zu sein: Weil ich dort von politischen Einzelentscheidungen ausgeschlossen bin und sie meinen Repräsentanten überlassen muss, zu deren Wahl ich alle paar Jahre beitragen darf, muss ich mir eine politische Weltanschauung zulegen, die sich irgendwo auf einer ziemlich starren Bandbreite von ganz links bis ganz rechts ansiedelt. Dürfte ich hingegen politische Sachentscheidungen fällen, könnte mir die Selbstverortung irgendwo auf dieser starren Bandbreite herzlich egal sein: Ich könnte mich gleichzeitig für eine Liberalisierung der Arbeitszeiten, für ein bedingungsloses Grundeinkommen, für den Autobahnbau, für die Förderung erneuerbarer Energien, für ein strengeres Migrationsgesetz und für die Abschaffung der Bundeswehr aussprechen und entsprechend entscheiden, ohne um die Stromlinienform einer politischen Weltanschauung besorgt sein zu müssen. Bei jeder Sachentscheidung stehen alle sich entscheidenden Bürger neu vor der Frage: Was nun? Was hier? *Direkte Partizipation unterbindet die Ideologisierung des Politischen.* Zumindest der Tendenz nach.

Wer in seinen Entscheidungen die Wirklichkeit immer neu nostrifiziert, benötigt keine politische Ideologie. Ein paar regulative Leitideen genügen vollauf, um dem Gefühl vorzubeugen, man gerate mit der neuen Entscheidung in Widerspruch zu seinem früheren Selbst. Sie oder er kann sich auch in den partizipatorischen Nostrifizierungsakten als Individuum immer wieder neu formieren.

Entgegen mancher Suggestionen traditionalistischer Liberaler ist das Individuum keineswegs immer schon und einfach gegeben – erst recht nicht sich selbst. Das Individuum ist keine letzte Größe, keine feststehende metaphysische Substanz. Vielmehr ist es etwas Gewordenes und etwas Werdendes. Individualisierung ist ein unabschließbarer Prozess, und er wird wesentlich auch dadurch vollzogen, dass ich immer wieder darüber entscheide, was für mich und was für das Gemeinwesen aus meiner Sicht wichtig ist. Das heißt übrigens nicht, einer angeblich verwerflichen Willkürfreiheit Tür und Tor zu öffnen, die mich je nach Laune heute dieses, morgen jenes wählen lässt. Sondern die Entscheidungen, die ich morgen treffen werde, stehen in organischem Zusammenhang mit den Entscheidungen, die ich heute treffe und gestern getroffen habe. Es gibt ein Kohärenzkontinuum im Prozess der Individualisierung – ein dynamisches Mit-sich-selbst-in-Übereinstimmung-Sein, wie die Stoiker gesagt hätten,[4] das freilich Brüche nicht ausschließt. Aber dieses Kohärenzkontinuum meiner Entscheidungen ist mein höchstpersönliches Kontinuum, das nicht abhängig ist von ideologischen Vorgaben oder repräsentativer Verbindlichkeit: Für mich mögen Dinge zusammenpassen, die für keinen anderen unter einen Hut zu bringen wären. Meine Freiheit ist keine Willkürfreiheit, vielmehr eine sowohl an meine eigenen Vorgaben, mein Vorher-Gewesensein, als auch an andere und anderes gebundene Freiheit.

In meinen Entscheidungen, die die Bedingungen der Möglichkeit des gemeinsamen Seins betreffen, trete ich als Individuum aus meiner Individualität heraus und exponiere mich für die und mit den anderen. Diese Entscheidungen sind politische Entscheidungen, die mir niemand abnehmen kann, so viele Stimmen auch auf mich eindringen und mich für die eine oder andere Seite einnehmen wollen. *Meine Stimme kann mir niemand abnehmen*, obgleich auf ihren Klang, ihre Tonlage, ihre Färbung, ihre Diktion vielerlei andere Stimmen Einfluss ausgeübt haben und noch ausüben. Individualität bildet sich im Wechselspiel mit anderem und anderen. In Akten aktiv-partizipatorischer Nostrifizierung machen wir nicht nur die Welt zu unserer Mitwelt, sondern machen auch uns zu uns selbst.

Kürzlich hat Andreas Reckwitz die Zeitsoziologie der Sozialwissenschaftlerin Barbara Adam aufgegriffen, um die typisch moderne „Rationalisierung der Zeit“ mit den vier Merkmalen der „Kontrolle“ (der Zeitgebrauch wird rigide überwacht), der „Kommodifizierung“ (Zeit wird zu einer Ressource, einem bearbeitbaren Rohstoff), der „Kompression“ (Zeit wird verdichtet, um möglichst viel in möglichst kurzer Zeit zu erledigen) und der „Kolonialisierung“ zu fassen: „Die Moderne basiert auf einer Kolonialisierung der Zukunft. Generell ist das moderne Zeitverständnis zukunftsorientiert. Die Zukunft erscheint, häufig angeleitet von Vorstellungen von Fortschritt und Gestaltbarkeit, steuerbar.“[5] Gerade, könnte man den Faden weiterspinnen, in der „Kolonialisierung der Zukunft“ entfaltete der Repräsentativismus mit seinen politischen Ideologien eine wahre Meisterschaft: Diese Ideologien – vom Kommunismus bis zum Faschismus, vom Liberalismus bis zum Konservatismus – entwickelten feste Vorstellungen davon, wie die Zukunft auszusehen habe und welche Wege dahin einzuschlagen seien. Die dann gewählten Ideologierepräsentanten taten und tun alles, die jeweiligen Zukunftsvorstellungen Wirklichkeit werden zu lassen.

Entscheiden die Individuen sich nun für aktive Partizipation, schütteln sie die ideologischen Maßgaben ab und verweigern sich den Zukünften, die ihre Repräsentanten für sie vorgesehen haben. *Wer aktiv partizipiert, entkolonialisiert die Zukunft.* Sie hört auf, Projektionsfläche ideologischer Machtspiele zu sein, und wird frei. Weil jede unserer Einzelentscheidungen sie verändert.

Politik und Komplexität

Um die Frage des Politischen nicht zur Frage von uns allen werden zu lassen, wird oft ins Feld geführt, man brauche Regierungen und Parlamente, die allein politische Sachentscheidungen fällen sollen, weil nur Regierungsmitglieder und Parlamentarier über das dafür nötige Wissen verfügten. Es wird also eine *Erleuchtungsdiskrepanz* zwischen den Profis und dem einfachen Volk – uns allen, dem politisch nicht professionellen Rest – behauptet. Diese Behauptung ist freilich, freundlich ausgedrückt, voraufklärerisch, denn der Zugang zu der für alle politischen Entscheidungen nötigen Information hat sich in der Jetztzeit weitgehend demokratisiert: Jede und jeder kann mittels diverser Medien über diese Information verfügen. Auch das zweite, gern ins Feld geführte Argument, dass nämlich dem Volk *Erledigungskompetenz* fehle – die Fähigkeit, Entscheidungen in nützlicher Frist zu treffen –, sticht nicht.[6] Man muss uns alle einfach nur fragen und vor Sachentscheidungen stellen.

Dass wir alle solche Sachentscheidungen treffen können, hängt mit einem zentralen Aspekt des Politischen zusammen, der allzu leicht außer Betracht bleibt: Politik ist zwingend eine große Komplexitätsreduktion. Zu den wesentlichen Eigentümlichkeiten der politischen Sphäre gehört nicht, dass sie anderen Sphären wie Familie, Religion, Sport, Wirtschaft oder Wissenschaft übergeordnet wäre, sondern dass sie die Eigentümlichkeiten dieser Sphären in ihrer hochgradigen Differenziertheit immer wieder auf Menschenmaß herunterbricht – im Ausblick darauf, was das Bestmögliche für das Zusammenleben aller sein könnte. Politik normalisiert also und verhindert die völlige Verselbständigung sozialer Sphären. Beispielsweise Familie, Religion, Wirtschaft und Wissenschaft werden eingenordet auf den allgemeinen Zweck gedeihlichen Miteinanders aller Menschen. Dabei sollte in die Eigengesetzlichkeit dieser anderen Sphären politisch nur eingegriffen werden, wenn sie diesen allgemeinen Zweck zu verletzen drohen, beispielsweise also, wenn eine Religionsgemeinschaft Menschenopfer zum Dogma erklärt oder eine Wissenschaft Menschen klonen will.

Dieser politische Regulationsmechanismus funktioniert nur durch Vereinfachung. Politik nimmt die anderen gesellschaftlichen Subsysteme an die Hand, durch gesetzliche Rahmung oder auch durch Finanzierung (Wissenschaft und Kultur beispielsweise). Zugleich wird Politik aber inspiriert und in der Ausformung ihres allgemeinen Zwecks auch bestimmt von Vorstellungen aus diesen anderen Subsystemen. Sie bekommt beispielsweise von der Wirtschaft Fragen nach der angemessenen Arbeitszeit oder dem gerechten Mindestlohn aufgetragen oder von der Wissenschaft das Anliegen, den Klimawandel einzudämmen. Diese Anliegen aus den außerpolitischen Sphären dringen, aufs Elementare eingekocht, in die politische Sphäre ein.

Politik ist nun nicht das, was Berufspolitiker treiben, sondern das, was wir alle treiben sollen. *Politik ist die Art und Weise, wie wir alle eine komplexe Wirklichkeit auf uns verständliche Begriffe bringen können und bringen sollen.* Politik ist die Art und Weise, wie wir alle gemeinschaftlich handeln, so unterschiedlich dabei jeder und jede Einzelne auch handelt. Gerade weil uns die Wirklichkeit oft so „unübersichtlich“ erscheint, müssen wir sie durch Handeln uns gemäß machen. Während wir in den anderen Sphären oft nicht wirklich Akteure sind – da sind Bischöfe, Professorinnen, CEOs am Ruder –, also oft bloß eingeschränkte Handlungsmacht haben, ist es im Bereich des Politischen anders. Da muss die Handlungsmacht von jedem und jeder zunächst gleich sein, da jeden und jede die Bedingungen der Möglichkeit gemeinsamen Seins gleichermaßen angehen. Politik ist der Ort, wo wir unsere gemeinsame Wirklichkeit gestalten. Und das kann uns niemand abnehmen; da können uns keine Berufspolitiker vertreten. Sie sind nur unsere zeitweiligen Auftragnehmer in Sachen Gemeinwohl.

Politik heißt Gestaltung der gemeinsamen Wirklichkeit durch vereinfachendes Handeln. Politisches Handeln ist, weil es auf Entscheidungen zuläuft – wenn auch meist nur auf vorläufige, revidierbare Entscheidungen –, komplexitätsreduktiv, reduziert zwei oder mehrere Möglichkeiten, die z. B. in der Wissenschaft bei einem Problem vorgeschlagen werden, auf eine Wirklichkeit – das, was man nach der Volksabstimmung dann tun muss.

Politik hat eine ganz wesentliche, persönlichkeitsbildende Funktion: Sie dient nicht nur der Gestaltung der gemeinsamen Wirklichkeit, sondern auch der Gestaltung meiner selbst: Indem ich handeln, die gemeinsame Wirklichkeit mitgestalten kann, mache ich die Welt zu meiner eigenen Welt (selbst dann, wenn ich mit meinen Anliegen in den Abstimmungen stets Niederlagen kassiere). Durch politisches Handeln bringe ich die Welt auf meine Begriffe.

Gern wird angeführt, es sei gerade die Komplexität politischer Entscheidungen, von der wir alle überfordert würden, so dass wir dann lieber ganz darauf verzichten sollten, sie zu fällen. Es herrsche bei den meisten Bürgerinnen und Bürger ein solches Gefühl der Überforderung vor, begleitet womöglich vom Gefühl, sich mit der falschen, ja eigentlich mit jeder Entscheidung schuldhaft zu verstricken. Gesetzt, das stimme (was ich nicht glaube), wäre gerade auch deshalb die *Parzellierung der Entscheidungen* angeraten: Nicht einmal alle paar Jahre in der Wahl von Repräsentanten alles auf eine Karte zu setzen, sondern unentwegt in der Sache gefragt zu sein. Direkt-partizipatorische Demokratie dient dem Komplexitätsabbau, oder vielmehr dem Abbau geballter Komplexität. Denn jede Sachentscheidung muss für sich getroffen werden; ich muss nicht einmal für vier Jahre jemanden mandatieren, der für mich alles entscheidet. Gerade in einer komplexen Gesellschaft ist nicht der parlamentaristische Repräsentativismus das Gebotene, sondern die direkt-partizipatorische Demokratie. Komplexität ist viel besser zu bewältigen, wenn wir alle möglichst alle Einzelentscheidungen zu treffen haben.

Und das Argument mit der uns überfordernden Komplexität geht ohnehin ins Leere. Denn diese Komplexität ist keineswegs über uns gekommen wie ein Unwetter, sondern zum größten Teil von Menschen gemacht. Daher können auch nur Menschen sie verstehen und auflösen – und zwar nicht die Spezialisten, die die Einzelheiten eines bestimmten Komplexitätsfeldes besser verstehen als Laien, sondern wir alle, die wir als Bürgerinnen und Bürger alle möglichen Komplexitätsfelder im Blick behalten und gegeneinander abzuwägen lernen müssen. Dieser Lernprozess heißt direkt-partizipatorische Demokratie. Dabei sollen wir auf die Spezialistinnen hören, aber uns nicht die Entscheidungen abnehmen lassen. Erst recht nicht von Berufspolitikern, deren Expertise unsere eigene kaum übersteigt.

Mangel an Wissen statt Expertokratie

Glaubt man den Zahlen des *Democracy Perception Index 2018*, dem die Befragung von 125 000 Menschen in 50 Ländern zugrunde liegt, so waren – vor Corona – nicht nur quer durch alle Staaten und politischen Systeme 51 Prozent aller Befragten der Meinung, „ihre Stimme“ werde „selten oder nie von der Politik“ gehört. Dabei schnitten demokratische Staaten im Vergleich zu undemokratischen vertrauensökonomisch erheblich schlechter ab: Während nur 41 Prozent der Befragten aus undemokratischem Umfeld die Ansicht kundtaten, ihre Regierung handle nicht im Interesse der Bürger, betrug der entsprechende Prozentsatz in demokratischen Staaten – einschließlich Deutschland – 64 Prozent. Das Vertrauen in autoritäre Regierungen ist nach der Umfrage erheblich größer als das Vertrauen in demokratische Regierungen. „Dem Einwand, das Bürger in demokratischen Staaten im Klagen geübter seien als Bürger in autoritären Staaten, begegnet“ die Umfrage-Direktorin von Rasmussen Global, Nina Schick, „mit dem Verweis auf die Anonymität der Umfrage. Selbst wenn Faktoren der politischen Kultur in die Beantwortung hineingespielt hätten, stelle dies nicht den grundsätzlichen Befund in Frage. Laut der Umfrage ist das Vertrauen in die Regierungen in Ländern wie Ägypten, Saudi-Arabien, der Türkei und China am größten."[7]

Wenn nun das Vertrauen in Demokratien empirisch geringer ist als in Autokratien, weshalb dann nicht ganz auf ohnehin nutzlos erscheinende Partizipation verzichten und alle Entscheidungen den Experten überlassen? Folgt man Politikwissenschaftler Colin Crouch, haben wir ohnehin bereits Zustände erreicht, in denen Experten das Sagen haben: Der Begriff Postdemokratie bezeichnet „ein Gemeinwesen, in dem zwar nach wie vor Wahlen abgehalten werden, Wahlen, die sogar dazu führen, daß Regierungen ihren Abschied nehmen müssen, in dem allerdings konkurrierende Teams professioneller PR-Experten die öffentliche Debatte während der Wahlkämpfe so stark kontrollieren, daß sie zu einem reinen Spektakel verkommt, bei der man nur über eine Reihe von Problemen diskutiert, die die Experten zuvor ausgewählt haben".[8] Gegenwärtig habe sich die Herrschaft der Experten durch die Hintertür schon längst etabliert. Und wäre es nicht besser, wenn sie auch offen die Macht in Händen hielten – diejenigen, die wissen, wie man Viren bekämpft, oder diejenigen, die wissen, wie man die Klimaerwärmung verhindert, oder diejenigen, die wissen, wie man soziale Gerechtigkeit herstellt?

Denn was bei Crouch vorwurfsvoll und als dringende Aufforderung gemeint war, wieder demokratische Zustände herzustellen, erscheint unter einem ganz anderen Blickwinkel, wenn man sich wie der Philosoph Jason Brennan überzeugt gibt, dass die große Masse der Bevölkerung gar nicht die Befähigung mitbringe, politisch wohlüberlegte Entscheidungen zu treffen. Man untersage Leuten, die dazu nicht fähig sind, schließlich auch, sich ans Steuer eines Fahrzeuges zu setzen. Warum versage man also nicht ebenso die politische Partizipation all den dummen und verstockten Mitmenschen, denen die Fähigkeit zur politischen Reflexion abgeht und die mit ihrem unbedachten politischen Tun gemeinsam noch viel mehr Schaden anrichten können als ein betrunkener Autofahrer?[9] Wären wir da mit einer „Epistocracy", einer Epistokratie, in der das Wissen herrscht, nicht viel besser bedient?[10] Brennans Kunstwort „Epistokratie“, das an Platons Konzept der Philosophenkönige anschließt,[11] klingt erhabener als das der Expertokratie. Denn die Wissenden bei Brennan sind wie die Philosophen bei Platon wahre Herren des Überblicks und nicht etwa wie gewöhnliche Experten in Fachidiotie gefangen.

Schon 1979 waren für den Philosophen Hans Jonas die Dringlichkeit der ökologischen Krise und die drohende Selbstzerstörung der menschlichen Gattung Anlass genug, mit dem Gedanken einer Ökodiktatur zu spielen: Sollte man angesichts der allseits möglichen Apokalypse nicht „eine wohlwollende, wohlinformierte und von der richtigen Einsicht beseelte Tyrannis“[12] errichten, zumal „in der kommenden Härte einer Politik verantwortlicher Entsagung die Demokratie (bei der notwendig die Gegenwartsinteressen das Wort führen) mindestens zeitweise untauglich ist“?[13] Der apokalyptische Schrecken, der ins Haus stehen könnte, scheint Rechtfertigung genug, um demokratische Verfahren unter Berufung auf einen akuten erdpolitischen Notstand auszuhebeln.[14] Die Fraktion der „Nothsüchtigen“[15] ist gewaltig angewachsen.

Das Grundproblem bei solchen Visionen künftiger Politik, die angeblich allein den Weltproblemen angemessen sei, besteht darin, die wahren Herrinnen und Herren des Überblicks[16] heranzuzüchten und einzusetzen. Wer entscheidet darüber, welche Qualifikationen sie mitbringen müssen, wenn es ja derzeit noch niemanden gibt, der oder die den Überblick hat? Wie bringt man ihnen diese Qualifikationen bei? Doch nicht etwa im Philosophiestudium? Wie werden sie inthronisiert, wenn das Volk dafür zu dumm ist, sich freiwillig in ihre Hände zu begeben? Diesem philosophenköniglichen Rekrutierungsdilemma mag man abhelfen, indem man die Herrinnen und Herren des Überblicks ein wenig abspeckt und auf bloße Experten setzt, die sich in ihren Bereichen als herausragende Fachleute erwiesen haben und nun ihr Wissen prominent platzieren dürfen. Brennan liebäugelt mit der Idee, entweder die Gebildeten mit zusätzlicher Stimmgewalt auszustatten oder eine Expertenkammer einzurichten, die die Entscheidungen des allgemein gewählten Parlaments per Veto in Schach halten kann.

Allerdings stellt sich das Rekrutierungsproblem auch bei den Experten, selbst wenn ihr fachwissenschaftlicher Leistungsausweis von niemandem bestritten werden sollte. Welcher Expertin, welchem Experten soll man Gehör schenken? Das Problem stellt sich auf mindestens drei Ebenen: Erstens sind Wissenschaften höchst konfliktreiche Betätigungsfelder, so dass die Entscheidung, jenem Experten Gehör zu schenken (womöglich, weil er besonders gut aussieht oder besonders geschliffen formuliert) und nicht jener Expertin, von kontingenten, oft außerwissenschaftlichen Kriterien abhängt.

Zweitens fragt sich, aus welchen wissenschaftlichen Disziplinen überhaupt Experten für politische Entscheidungen herangezogen werden sollen. Es mag heutzutage selbstverständlich sein, Expertinnen für den globalen Klimawandel zur besten Sendezeit zu befragen, während man vor 100 Jahren noch lieber Experten für Eugenik mediale Aufmerksamkeit zollte. Wer legt fest, welche Disziplinen wichtig sind und welche nicht, wo doch die allermeisten Expertinnen und Experten davon überzeugt sind, dass ihr spezielles Feld das einzig wirklich wichtige sei?

Drittens schließlich ist völlig unklar, wie Expertinnen und Experten aus unterschiedlichen Wissenschaften zu einer Übereinkunft kommen sollten, was auf der politischen Agenda vorrangig und was nachrangig sein soll. Sie sind Fachleute auf ihrem jeweiligen Feld, und selbst wenn sie auf diesem Feld die allerbeste Lösung parat haben, heißt das keineswegs, dass diese Problemlösung mit all den anderen Problemen kompatibel ist, die sich sonst im politischen Feld auftun. Die Covid-19-Pandemie gibt dafür ein anschauliches Beispiel: Nach vorherrschender virologisch-epidemiologischer Ansicht war es, bevor die Impfungen verfügbar waren, geboten, möglichst viele Menschen möglichst lange an physischen Kontakten zu ihren Mitmenschen zu hindern. Diese Strategie konnte sich aber nur teilweise durchsetzen, weil diverse andere Probleme, für die den Virologen wiederum die Kompetenz fehlte, als ebenso gravierend empfunden wurden wie die drohende Übersterblichkeit: etwa die psychischen Folgen der Isolation, die ökonomischen Folgen des

Lockdowns oder die Freiheitsbeschränkungen. Wissenschaft ist auf die Leitunterscheidung von wahr/falsch gepolt, jedoch nicht in einem absoluten Sinn, sondern im Blick auf die Lösung des jeweiligen Sachproblems: Es mag wahr sein, dass man mit Isolationsmaßnahmen die Ausbreitung des Virus verringern kann – angenommen, die Virologen irren nicht, was Experten natürlich auch jederzeit passieren kann. Aber aus dieser Wahrheit folgt nicht, dass es nicht genau so wahr sein kann, dass Menschen in der Isolation psychisch stark leiden. Die Expertinnen und Experten können eigentlich nicht mehr tun, als ihre Fragen und ihre Wahrheiten in den politischen Entscheidungsprozess einzuspeisen – auf die Probleme hinzuweisen, für ihre Lösungen zu werben. Entscheiden sollten aber nicht sie, sondern diejenigen, denen die Bedingungen der Möglichkeit gedeihlichen Zusammenlebens das Leitinteresse sind. Also eigentlich *Virtuosen der Abwägung* verschiedener Güter und Gesichtspunkte im Blick auf das Allgemeine.

Virtuosinnen und Virtuosen der Abwägung können die Expertinnen und Experten als solche nicht sein, bleiben sie doch entweder in ihrer Fachperspektive befangen, oder aber sie überschreiten diesen fachperspektivischen Horizont. Dann werden sie – Bürger. Denn *nicht* Berufspolitiker in ihrer notorischen Abhängigkeit von Interessen aller Art – wesentlich auch dem Interesse der Wiederwahl – sind die Abwägungsvirtuosen. Sondern wir alle.

Es ist wahr, wir sind in den meisten Belangen nicht hinreichend unterrichtet, jedenfalls nicht, wenn man den Maßstab der Fachleute anlegt. Gerade deswegen sind wir frei genug, abzuwägen. Das ist auch ein wesentlicher Grund, warum sachlich Un- oder nur Halbwissende aktiv politisch partizipieren wollen: Weil sie allein die Freiheit haben, sich aus der Bindung an ein bestimmtes Problemfeld und an die in diesem Problemfeld vorherrschenden Antworten frei zu machen. Da es keine Experten und Expertinnen für das Allgemeine und Gemeinsame gibt außer uns Bürgerinnen und Bürgern, müssen es auch wir Bürgerinnen und Bürger sein, die darüber befinden – und vor allem die Gewichtung der unterschiedlichen Sachprobleme und Sachproblemlösungen immer wieder neu vornehmen. Dabei werden wir nicht in dumpfer Unwissenheit gehalten, sondern haben weitgehenden Zugang zu den Ansichten der jeweiligen Expertinnen und Experten, die um unsere Aufmerksamkeit für ihre Probleme und Problemlösungsstrategien buhlen – und mit Expertinnen und Experten aus anderen Bereichen um Aufmerksamkeitsanteile konkurrieren. Wer politisch zu priorisieren hat, geht die Frage des Gemeinwohls unbefangener an, wenn sie oder er nicht einseitig eingenommen ist für ein einziges Problem und dessen Lösung, also beispielsweise die soziale Gerechtigkeit oder den Klimawandel, sondern imstande ist, Probleme gegeneinander abzuwägen. Fachexpertise ist keineswegs ausgeschlossen, aber sie entscheidet nicht in einer starken direkt-partizipatorischen Demokratie.[17]

Die oben zitierte Klammerbemerkung von Hans Jonas, wonach in der Demokratie „notwendig die Gegenwartsinteressen das Wort führen“, ist grober Unfug. Demokratisch-partizipatorische Politik ist vielmehr „notwendig“ der Versuch einer Zukunftsbewirtschaftung, aber eben nicht als ideologische Kolonialisierung der Zukunft, sondern als freie, entkolonialisierte Gestaltung: Verschiedene Varianten der Zukunft werden zur Disposition gestellt und stehen miteinander im Wettstreit. Daher schadet es auch nicht, wenn manche oder sogar eine Mehrheit zu einem gegebenen Zeitpunkt davon überzeugt sind, dass nur ein einziges Problem nach Lösung heischt. Durch den Fortgang der Zeit werden sich die Perspektiven wieder verschieben und neue Akzente von anderen Akteuren gesetzt werden.

Gerade der Mangel an Wissen ist es, dem wir die steten Verschiebungen der Perspektiven, die Neu- und Anderspriorisierungen verdanken. Was in Gemeinwesen, in denen alle aktiv partizipieren dürfen, jeweils als Entscheidung herauskommt, ist das Resultat aller partikularen Abwägungsprozesse. Diese Abwägungsprozesse produzieren keine Wahrheiten, sondern ein höchst vorläufiges, allgemeines Bestes. Die Vielfalt der Meinungen lässt es wahrscheinlich erscheinen, dass bei einer Beteiligung aller in Sachentscheidungen durchschnittlich etwas einigermaßen Brauchbares herauskommt. Natürlich nicht immer. Daher ist in Politiken aktiver Partizipation eine *Generalrevisionsklausel* einzubauen: Über alles kann immer wieder abgestimmt werden. Denn die Gewichte, die Priorisierungen, die Perspektiven verändern sich und machen es mitunter nötig, alles immer wieder neu zu thematisieren. Direkt-partizipatorische Demokratie ist ein politisches System des perpetuierten Re-Entry.

Natürlich ist – da haben die Demokratiekritiker gewiss recht – der Wille der Mehrheit nicht erleuchtet. Aber er hält sich in seiner Wandlungsfähigkeit – er ist ja keineswegs *ein* Wille – stets die Möglichkeit offen, ein Licht aufgesteckt zu bekommen und selbst ein Licht anzuzünden – womöglich nicht nur eines. Die ständige Revidierbarkeit, die Wandlungsfähigkeit der kumulierten, diversen Meinungen aller, eben des Mehrheitswillens ist auch ein gewaltiger evolutionärer Vorteil. Der Experte hingegen lässt sich schwer von seiner Meinung, seiner „Expertise" abbringen. Die Wandelbarkeit des Mehrheitswillens ist der Wandelbarkeit der modernen Welt angemessen.

Mit dem Philosophen Zlatko Valentić kann man daher sagen, dass der Kern des Politischen ein hermeneutisches Bemühen, ein Auslegungsvorgang sei. „Der genuine Kern des politischen Verstehens ist hermeneutisch. Denn je komplexer eine politische Situation wird, desto weniger hat man es mit Regeln zu tun und desto wichtiger wird die Fähigkeit der angemessenen Interpretation – also die Hermeneutik."[18] Hermeneutik ist dabei nicht die Sache von Berufspolitikern, sondern von uns allen: Wir legen uns aus, wir legen die anderen aus, die anderen in uns, uns in den anderen.

Warum also sollen alle politisch partizipieren? Weil wir ausnahmslos alle kein übergeordnetes Wissen haben, was wirklich nottut. Weil es in der Politik kein Wissen gibt, das für alle verbindliche Wahrheit wäre; weil jeder und jede die nicht ableitbare, eigene Perspektive einbringt. *Politik ist perspektivisch.* Was wiederum bedeutet, dass jeder seine und jede ihre Sicht darstellen und zur Geltung bringen muss. Wir können Expertinnen und Experten Gehör schenken, aber die sollen nicht entscheiden, weil sie unsere Perspektive nicht einnehmen können. Die direkt-partizipatorische Demokratie folgt aus der Erkenntnis, dass es kein allseits bindendes Expertenwissen gibt, was wir mit unserem Leben und mit unserem Gemeinwesen anstellen wollen. Der untilgbare Mangel an gesichertem Wissen in politischen Dingen legt uns allen nahe, politisch aktiv zu partizipieren.

Das Digitale und das Direkte

Dass die Herrinnen und Herren des Überblicks unter lebenden Menschen nicht hinreichend verbreitet sind, um sie mit der Führung der politischen Geschäfte zu beauftragen, muss man, so schmerzlich das für manchen sein mag, leider dringend vermuten. So dass vorerst weiter nichts übrigbleibt, als das Politische auf möglichst vielen Schultern zu verteilen. Aber man könnte anzunehmen geneigt sein, dass dank künstlicher Intelligenz bald Maschinen zur Verfügung stehen werden, die als Herrinnen des Überblicks beste Dienste leisten. Nach einigen KI-Aposteln ist der Mensch zu eigensüchtig, zu dumm, zu verkommen, womöglich zu böse, um beispielsweise seine politischen Aufgaben anständig zu erledigen, weshalb ihm die KI diese Aufgabe abnehmen müsse. Die uns überlegene Technik würde uns, indem sie Entscheidungen für uns trifft, vor Fehlern, namentlich moralischen, treusorgend bewahren.[19] Oder sie würde dafür sorgen, unserer Willensschwäche abzuhelfen, da wir Menschen zwar das Gute und Gebotene erkennen könnten, aber zu verwirklichen nicht stark genug seien, so dass wir eine starke KI damit beauftragen sollten, das auch durchzusetzen, notfalls gegen unseren Willen.[20]

Man könnte nun eine Pointe der Technisierung unserer Lebenswelten darin ausmachen, dass sie uns einerseits von zahlreichen Entscheidungen entlastet: Ich muss mir nicht mehr überlegen, wie ich meine Wohnung warm bekomme, wie ich Feuer mache, um mein Essen zu kochen, wie ich in die nächste Stadt gelange. Zugleich, und darin liegt ein Paradox, bürdet uns dieselbe Technisierung neue Entscheidungen auf, auf höherer Ebene, mit mitunter noch stärkerer moralischer Konnotation: Soll ich wirklich noch auf eine Ölheizung setzen oder wären Pellets besser? Soll ich den Gasherd durch eine Induktionskochplatte ersetzen? Ist es vertretbar, dass ich das Auto nehme? Dieses *Entscheidungsparadox der Technisierung* lässt es nicht als besonders wahrscheinlich erscheinen, dass uns demnächst Technologien zur Verfügung stehen werden, die uns Menschen tatsächlich das Entscheiden abnehmen. Es sei denn, wir sind bereit, uns ganz dem Diktat der Maschinen zu fügen, weil ihre Rechenleistung einfach größer ist als die unsere und sie daher besser wissen, was zu tun sei. Dann könnte man die Maschinen mit unseren Vorgaben füttern, ihnen also unsere Vorstellung davon, wie Menschen handeln und wie die Welt aussehen soll, als Maßgabe einprogrammieren. Anhand dieser Maßgabe würde die KI dann unser individuelles Leben steuern, mit all den anderen individuellen Lebewesen synchronisieren und die Welt insgesamt zu einem besseren Ort machen. KI wäre dann die ideale Repräsentation mit anderen Mitteln: Nicht fehleranfällige und horizontbeschränkte Politikerinnen und Politiker würden uns vertreten, sondern die klugen digitalen Maschinen übernähmen diese Aufgabe. KI würde dann unser besseres Selbst repräsentieren, um das wirklich zu tun, was wir täten, wenn wir nicht so eigensüchtige, dumme, verkommene und böse Wesen wären.

Das Problem besteht nur darin, dass Menschen höchst unterschiedliche Auffassungen davon haben, mit welchen Vorgaben man die KI füttern soll. Die Vorstellungen, was eigentlich gut und richtig sei, sind mitunter prinzipiell unvereinbar: Wenn etwa jemand die individuelle Freiheit für das höchste Gut hält, wird sie oder er sich nicht dazu bereitfinden, irgendeine Einschränkung dieses Gutes zugunsten anderer Güter zuzulassen. Ebenso wenig wird das tun, wem Gleichheit oder wem Gerechtigkeit als höchstes Gut gilt. Soll man also die KI mit unterschiedlichen Vorstellungen vom Guten und Gebotenen ausstatten und sie dann ausrechnen lassen, wie die Mehrheitsmeinung lautet oder was die KI selbst für das Gute und Gebotene hält? Die Probleme der Repräsentation in der analogen Welt treten auch auf, wenn man angeblich intelligente Maschinen zu seinen Stellvertreterinnen macht: Soll KI denn ein gebundenes oder ein freies Mandat erhalten – ausführen, was wir zur Ausführung befehlen, oder selbst entscheiden, was das Auszuführende sei?

Angesichts dieser repräsentativistischen Ausweglosigkeiten wäre es womöglich angezeigt, der KI das Heft ganz in die Hand zu geben und sie auch nicht länger mit unseren widersprüchlichen Vorstellungen zu behelligen, was das Gute und das Gebotene sein sollen. In diesem Ansatz wären uns alle lästigen Fragen der Stellvertretung, der Delegation und der Verantwortungsteilung abgenommen – wir müssten überhaupt keine Fragen mehr beantworten und auch keine Entscheidungen mehr treffen. Es wäre der logisch zu Ende gedachte Repräsentativismus, der die Repräsentierten wegen erwiesener Unfähigkeit auf die Zuschauerbänke verbannte. Die KI würde an unserer statt denken, handeln – und leben. Wir wären bestenfalls noch Haustiere der KI, deren größtes Glücksgefühl darin bestünde, zwei Mal täglich mit elektronischer Fußfessel Gassi gehen zu dürfen. Kurzum: Mag die Machtübernahme der KI für die Zukunft des Planeten womöglich das Beste sein, für die Zukunft unserer Spezies wäre sie es nicht.[21] Die Parteinahme für uns eigensüchtige, dumme, verkommene und böse Wesen gegen eine usurpatorische KI – deren Verwirklichung noch in weiter Ferne liegen mag – ist eine Parteinahme für die menschliche Selbstbehauptung. Mussten wir uns einst gegen Gott behaupten, werden wir uns vielleicht eines Tages gegen eine digitale höhere Vernunft behaupten müssen. Falls wir eine von Menschen gestaltete Welt haben wollen. Es ist die einzige mögliche Welt, an der wir wirklich aktiv partizipieren können.

Aber bislang ist das Versprechen einer perfekten KI, die als höhere Vernunft die Geschicke der Menschen an sich reißt, noch Science-Fiction. Dennoch erlebt mancher mit dem Literaturwissenschaftler Rüdiger Görner schon das gegenwärtige „digitale[.] Zeitalter" als „einen unerhörten Zivilisationsbruch".[22] Görner betont, dass beispielsweise das Prozessuale der Bildung im herkömmlichen Sinn durch die permanente Verfügbarkeit von digitaler Information bei gleichzeitig fehlender Medienkompetenz zu kurz komme. Aus diesem Befund ließe sich für die Frage nach dem Warum der Partizipation zumindest eine Folgerung abzweigen. Nämlich die Folgerung, dass gerade im digitalen Zeitalter direktdemokratisch-partizipatorische Politik unerlässlich wird, weil sie uns wieder beibringt, was wir zu vergessen drohen: Die *Einübung*. Politik als von uns allen partizipativ eingeübte Praxis ist nichts anderes als ein permanenter Bildungsprozess: Wir sind, gerade unter digitalen Bedingungen, als teilhabende Bürgerinnen und Bürger gezwungen, uns mit der Welt unentwegt aktiv auseinanderzusetzen. Und zwar nicht einfach als Informationsempfänger, sondern als Gestaltende. Unter der Androhung digitaler Informationsentmündigung ist direkt-partizipatorische Demokratie ebenso unerlässlich wie unter der Androhung einer höheren KI-Vernunft.

Einmal angenommen, dass der Informationsstand vieler Leute, die sich digitaler Kanäle bedienen, ziemlich fragmentiert ist, weil sie ihre News in abgehackter, mundgerechter Form aus unterschiedlichsten sozialen Medien beziehen, stellt sich leicht Desinteresse ein, große Unübersichtlichkeit. „Die Digitalisierung lässt uns immer stärker wie Herdentiere verhalten", meint Historiker Timothy Snyder.[23] Dem kann nur aktive Partizipation abhelfen. Sie zwingt uns, Klarheit zu schaffen, wo Unklarheit ist. Sie zwingt uns, zu entscheiden. *Digitalisierung zwingt zur direkt-partizipatorischen Demokratie*, gerade weil „Leitmedien" – mangels Existenz – nicht mehr festgefügte Weltbilder vorgeben. Wir müssen im „egalitären Geist des Cyberspace"[24] die fragmentierten Informationen zu neuen Ganzheiten gießen, zu Ganzheiten unserer eigenen partizipativen Tat. Das Verdunsten aller Eindeutigkeit ist ein gewaltiger Ansporn, es mit dem Welt(bild)gestalten selbst zu versuchen.

Vielmütigkeit und Möglichkeitssinn

Es könnte freilich sein, das ich sehr viel mehr Freiraum für die Welt(bild)gestaltung hätte, wenn ich mich davon entbunden sähe, in politische Sachentscheidungen hineingezogen zu werden.[25] Wäre es, angesichts der Möglichkeitsfülle, nicht vielmehr geboten, das Spektrum meiner tatsächlichen beackerten Partizipationsfelder radikal einzuschränken und auf jene Felder zu verzichten, wo ich am wenigsten ausrichten kann? Und ist nicht gerade das Feld der Politik das bevorzugte Feld von Ohnmachtserfahrungen, denn da wollen (und sollen, nach dem bisher Gesagten) alle mittun, so dass die Wahrscheinlichkeit, fruchtbar und gestaltend zu partizipieren, am geringsten sein dürfte? Was könnte ich alles an ökonomischen oder kulturellen Werten generieren, indem ich mich aus dem frustrierend-fruchtlosen politischen Kampf zurückziehe, wo es einfach zu viele Akteure mit unterschiedlichsten Interessen gibt, um auf einen grünen Zweig zu kommen?

Wenn ich individuell auf politische Partizipation verzichte, dann scheine ich tatsächlich Freiraum zu bekommen, an Sachen teilzuhaben, bei denen ich mit meinem eigenen Willen mehr ausrichten kann. Aber wenn das alle täten und niemand mehr sich politisch beteiligen würde, liefe man dann nicht Gefahr, die Bedingungen der Möglichkeit für viele Felder der Partizipation nicht bloß brachliegen zu lassen, sondern zu zerstören? Wenn beispielsweise niemand mehr da wäre, der die „ökonomische Freiheit“ oder die „soziale Gerechtigkeit“ politisch verteidigt und durchsetzt, würden sich dann die Partizipationsfelder der „freien Marktwirtschaft“ oder der „gesellschaftlichen Inklusion“ nicht in brachliegende Steppen verwandeln?

Will man der massenmedialen Berichterstattung Glauben schenken, implodieren im tagespolitischen Geschäft plötzlich jahrzehntelang geheiligte Konsense. Die Irritationen darüber sind zwar erheblich. Aber das Erstaunen könnte durchaus geringer sein, wenn man aufhört auszublenden, dass Massenmedien von Aufregungserzeugung leben, und sich vor Augen führt, dass es eben keine fraglos-selbstverständliche Repräsentation mehr gibt und dass Parteien nicht länger einfach das Wollen und Trachten bestimmter Bevölkerungsgruppen abbilden. Individualisierung macht Repräsentation auf Dauer unmöglich. Daher müssen Parteien damit experimentieren, wie sie neue Mehrheiten finden. Man muss das nicht im Stil der besorgten Kolumnistinnen und Kommentatoren „Enthemmung“, „Triumph des Eigennutzes“ oder „Populismus“ nennen. Man könnte dazu „experimentelle Politik“ sagen.

Der moralische Empörungsmodus ist ungeeignet, um zu erfassen, was hier eigentlich geschieht. Ganz offensichtlich geht es darum, in der Politik den Möglichkeitsspielraum zu erweitern. Es mag uns nicht gefallen, wie Menschen diesen politischen Möglichkeitsspielraum ausdehnen. Paradebeispiele lieferte Trump während seiner Präsidentschaft jeden Tag; wir empörten uns in so schöner Regelmäßigkeit, dass man jedes Uhrwerk nach unserer Empörung hätte richten können. Eine Welt, in der der politische Möglichkeitsspielraum weit reicht, ist allerdings besser als eine mit eingeschränktem Möglichkeitsspielraum, wo alles auf Konsens gepolt ist. Daraus folgt: Sosehr ich verabscheuen mag, was Mister Trump zu sagen und zu tun pflegte, sollte ich keinen Einsatz dafür scheuen, dass er es sagen, gegebenenfalls auch tun kann, sofern er selbst die demokratischen Spielregeln, die Rahmenweltanschauung[26] einhält.

Politik bedeutet in der Realität freilich oft, nicht nur Möglichkeitsräume zu eröffnen, sondern auch, sie zu begrenzen, zu schließen. „Regulieren" nennt sich das dann – die Fülle des Möglichen zu ordnen und in Bahnen zu lenken. Daraus entspringt leicht das Gefühl der Unfreiheit, der Überwachung. Ist diese Begrenzung der Möglichkeitsräume nur ein Mittel, mit dem sich Politik ihres eigenen Nutzens versichert? Da diese Regulierung nicht nur von Berufspolitikern betrieben wird, sondern auch von der Allgemeinheit, wenn sie etwa durch Volksabstimmungen an direkten Sachentscheidungen teilhat, handelt es sich wohl um etwas, was nicht nur dem Nutzennachweis von Berufspolitikern dient. Die Regulierung könnte ganz prinzipiell angezeigt sein, um das Meer der Möglichkeiten einzudämmen, Ordnung in tendenziell chaotische zwischenmenschliche Interaktion zu bringen.

Beim Stichwort Regulierung bekommen manche politisch enthusiasmierten Soziologen und soziologisch enthusiasmierten Politikerinnen leuchtende Augen. Sie schwärmen dann mit Andreas Reckwitz von einem „*regulativen Liberalismus*": „Die entscheidende Herausforderung für diesen besteht darin, *beides* zu regulieren: das Soziale mit Blick auf Fragen sozialer Ungleichheit sowie des Arbeitsmarktes *und* das Kulturelle mit Blick auf die Sicherung allgemeiner kultureller Güter und Normen. Die Arbeit an der Allgemeinheit des Sozialen und die Arbeit an der Allgemeinheit der Kultur erweisen sich so als zwei Seiten eines politischen *doing universality.*“[27] All das Ungemach, das man in der Gegenwart empfindet, erscheint dabei als „Ausformungen einer Krise des Allgemeinen“.[28] Der Politologe Frank Decker nimmt Reckwitz’ Thesen auf und integriert sie harmonisch in eine Generalversammlung aller politikwissenschaftlichen Vorurteile zum Thema Demokratie und Krise. Immer größer werdende ökonomische Ungleichheit und Identitätsinhomogenitäten hält Decker für die Ursachen der Krise nach den angeblich stabilen Jahren der Demokratie in den 1950er und 1960er Jahren. Je stärker der ökonomische Wohlstand anwachse „und je gleichmäßiger er innerhalb der Gesellschaft verteilt ist, umso größer dürfte die Zufriedenheit mit der Demokratie ausfallen. Eine Schlüsselbedeutung gewinnen dabei die Daseinsvorsorge und der Sozialstaat.“[29] Warum sollte man, wenn man sich so festgefügter Ansichten erfreut, auch nur einen Gedanken auf den Umstand verschwenden, dass „Daseinsvorsorge“ und „Sozialstaat“ hierzulande noch nie so ausgeprägt waren wie heute – und dennoch die „Zufriedenheit“ schwerlich zunimmt? Oder weshalb sollte man sich mühsam zwei so ganz marginale Demokratien wie die USA oder die Schweiz in Erinnerung rufen, wenn die eigenen Überzeugungen einem zu glauben heißen: „Empirisch eindeutig belegen lässt sich, dass eine möglichst große Homogenität der Bevölkerung in ethnisch-kultureller Hinsicht der demokratischen Stabilität zugutekommt.“[30]

Der angeblich empirische Befund ist ein altabendländisches Demokratiedogma mit lückenloser Genealogie von Rousseau über Carl Schmitt bis zu Charles Taylor.[31] Es wird durch Wiederholung freilich nicht plausibler – oder allenfalls im Blick auf parlamentarisch gelenkte Demokratien, in denen die Mitgestaltungsmacht des Individuums eher gehegt als gepflegt wird. Pluralität hingegen braucht Partizipation und Partizipation braucht Pluralität.

Das Homogenitätsdogma wird durch Wiederholung zwar nicht plausibler. Aber es hilft, der Forderung nach Regulierung entschiedenen Nachdruck zu verleihen. Weniger freundlich ausgedrückt könnte man auch sagen: Homogenisierung, Uniformierung. Die

Fluchtrichtung dieser liebenswürdigen Bemühung um die Einheit der Nation lässt sich besichtigen in der Provinz Xinjiang, wo sich Xi Jinping als treusorgender Landesvater darum kümmert, dass die Uiguren auf nationalchinesische KP-Linie gebracht werden. Als wahrer Segen erweist sich hierbei die Digitalisierung, die perfekte Kontrollinstrumente bereitstellt, solange man nur dafür sorgt, dass die meisten (ausländischen) Netzangebote verboten und unerreichbar bleiben.[32] Sollte jemand die politischen Folgen der Digitalisierung skeptisch beäugen, kann sie oder er sich also in China vom großen Nutzen überzeugen, wenn sie oder er „Regulierung" und „Homogenisierung" für das Gebotene hält.

Vielleicht aber ist keineswegs der Mangel an Regulierung, Homogenität und Identität das zersetzende Problem der westlichen Gegenwartsgesellschaften, sondern die im Repräsentativismus angelegte, strukturelle Partizipationsverweigerung. *Pluralität ist womöglich nicht das Problem, sondern die Lösung.* Denn die Frage sollte nicht sein: Wie bindet man die Individualisierung auf das (imaginäre) große Kollektiv, die Gemeinschaft zurück? Sondern vielmehr: Wie wird man gemeinschaftlich der Individualisierung gerecht? Was ist sie anderes als Stimmenpluralisierung? Also sollen die Stimmen gehört, gewogen und gezählt werden. Ist das Problem nicht eher der parlamentarische Repräsentativismus selbst, der die Stimmenvielfalt nicht abzubilden vermag, weil er Individualität eindampft?

Zu ergründen, ob die gegebene repräsentativistische Form der Demokratie dem Jetztzeitmenschen noch angemessen ist, kommt politisch enthusiasmierten Soziologen und soziologisch enthusiasmierten Politikerinnen oft gar nicht in den Sinn. Es zeigt sich hier etwas Grundsätzliches: Der blinde Fleck soziologisch-politologischer Untersuchungen, zumal der „empirischen", liegt oft darin, dass sie die gegebene Organisationsform des Politischen in ihrem Sosein für ideal halten. Entsprechend fragen sie, warum die Menschen nicht mehr zu ihr passen, um dann an den Menschen etwas zu ändern. Anstatt zu fragen, warum diese gegebene Organisationsform nicht mehr für die Menschen passt. *Repräsentativistische Demokratie ist das Kinderkleid der Demokratie, dem wir allmählich entwachsen sind.*

Hat man das einmal eingesehen, wird man sich vielleicht auch von der Erwartung verabschieden, im Politischen müsse sich eine Einmütigkeit des Wollens aller Beteiligten einstellen. Das ist eine Fehlerwartung. Gerade *Vielmütigkeit* ist das Kennzeichen partizipativ-direkter Politik. *Vielmütigkeit ist kein Defekt des Politischen, sondern ein Zeichen seiner Reife.*

„Man kann Machtlagen als Sache einer Ökonomie von Möglichkeiten und Verwirklichungsoptionen betrachten."[33] Die lateinische *potentia* bedeutet sowohl Möglichkeit als auch Macht. Und modernitätstypisch ist mit dem Möglichkeitszugewinn gerade auch ein Machtzugewinn der Individuen. Möglichst aller Individuen. Das politische System ist darauf jedoch noch nicht hinreichend ausgerichtet. Die *potentia* des aufgeklärten Menschen ist im parlamentarischen Repräsentativismus noch immer bemaulkorbt. Im Angesicht des angeblich tumben Pöbels haben es die bislang hauptberuflich um die Strukturierung des politischen Raumes Bemühten noch nicht geschafft, ihrerseits ihrer „Ängstlichkeit Zaum und Gebiss"[34] anzulegen.

Warum also direkte Demokratie, direkte Partizipation? Weil sie immer wieder den Möglichkeitssinn anstachelt oder die utopischpolitische Imaginationsbereitschaft.[35] Die Möglichkeit direkter Partizipation ist nicht nur ein Gebot der Ermündigung, sondern auch ein Gebot der Horizonterweiterung, genauer: der *Denkhorizonterweiterung*, der *Imaginationshorizonterweiterung* und der *Handlungshorizonterweiterung*.

Die Entlastung von politischer Partizipation sorgt gerade dafür, dass wir unser Partizipationsvermögen insgesamt beschneiden und uns auch in anderen Bereichen um Partizipationsmöglichkeiten bringen, da die politische Partizipation oft die Bedingung der Möglichkeit anderer Teilhabeformen ist. Die politische Partizipation erweist sich bei näherem Hinsehen als Voraussetzung der anderen Formen von Partizipation.

Die Krise der Parteien und Medien

Dass die Herrschaft einzelner Personen der Stabilität und Funktionalität von Staaten entgegensteht, hat ausgerechnet Niccolò Machiavelli schon klar erkannt, nämlich in seinen zwischen 1513 und 1519 verfassten *Discorsi sopra la prima deca di Tito Livio*, als er sich in der römischen Geschichte umschaute und feststellte, dass Fabius Maximus Cunctator zwar ein idealer militärischer Gegenspieler Hannibals gewesen sei, aber als König Roms nichts getaugt hätte, weil er seine militärische Handlungsweise den zivilen Bedürfnissen nicht hätte anpassen können: „Ich habe oft gefunden, daß die Ursache des Glücks oder Unglücks der Menschen in der Art der Anpassung ihrer Handlungsweise an die Zeitverhältnisse liegt."[36] Daraus folgert der häufig als Fürsprecher eines tyrannischen Fürstenregiments Geschmähte: „Dies ist auch der Grund, warum eine Republik eine längere Lebensdauer und länger Glück hat als eine Alleinherrschaft. Die Republik kann sich bei der verschiedenen Veranlagung ihrer Bürger besser den verschiedenen Zeitverhältnissen anpassen als ein Alleinherrscher. Denn ein Mensch, der an eine bestimmte Art zu handeln gewöhnt ist, ändert sich, wie gesagt, nie und muß, wenn die veränderten Zeitverhältnisse zu seinen Methoden nicht mehr passen, notwendig scheitern."[37] Dieser Befund ist noch immer unmittelbar einschlägig für die Frage, warum sich alle und nicht nur wenige – Repräsentanten – an den politischen Entscheidungen beteiligen sollen: weil mehr Vernunft im Schwarm liegt als im Einzelnen – und größere Anpassungsfähigkeit. Die direkt-partizipatorische Demokratie ist keineswegs weniger entscheidungsfähig als repräsentativ oder autokratisch organisierte Staaten. Zwar entscheidet sie nicht ganz so schnell, wie ein einsamer Autokrat das tun könnte. Aber sie ist viel besser imstande, sich auf die sich verändernde Wirklichkeit einzulassen.

Nun hat man sich angewöhnt zu glauben, dass politische Parteien und professionelle Medien zur „kritischen Infrastruktur demokratischer Politik" gehörten, dass diese „vermittelnden Institutionen" sich „in der Krise oder zumindest einem tiefgreifenden Strukturwandel" befänden.[38] Dem Politikwissenschaftler Jan-Werner Müller zufolge waren es lange politische Parteien und traditionelle Massenmedien, die die Maschinerie der repräsentativen Demokratie am Laufen hielten. Für die Zukunft ist allerdings eine Restitution dieser Institutionen weder absehbar noch wahrscheinlich. Die Massenmedien haben sich digital pluralisiert und universalisiert; es gibt keine mediale Exklusion mehr, die die Stimme der einen hörbar macht, die der anderen hingegen nicht. Da hat die Selbstermächtigung der Jetztzeitmenschen schon stattgefunden. Die Parteien wiederum werden der Individualität der Jetztzeitmenschen nicht mehr gerecht und sie verhindern oft den Zugang zur Partizipation eher, als dass sie ihn ermöglichen. Also wird auch da die Selbstermündigung der Jetztzeitmenschen Raum greifen müssen – mit einer direkt-partizipatorischen Demokratie, die der Krücken traditioneller Parteien und traditioneller Massenmedien nicht mehr bedarf.

Man wird sich situativ, bezogen auf bestimmte Anliegen, in Gruppen zusammenraufen. Solche Interessengruppen stehen für eine dezidierte Meinung zu einem bestimmten Sachverhalt, wollen beispielsweise das Klima retten oder die Zuwanderung einschränken, auferlegen aber ihren Anhängern keine verbindliche Meinung zum Rentenalter oder zu Rüstungsgutexporten. Man wird sich auf eine diversere politische Zukunftslandschaft einzustellen haben.

Das muss den politischen Entscheidungsprozessen aber keineswegs hinderlich sein. Ohne bereits in der politischen Zukunftslandschaft angelangt zu sein, zeigt sich der Unterschied zwischen realexistierender direktdemokratischer Entscheidungsfindung und realexistierender repräsentativdemokratischer Entscheidungsverschleppung beispielhaft am Ausbau der Nord-Süd-Bahnachse in Deutschland und der Schweiz: Während mit dem Bahnausbau im Rheintal zwischen Karlsruhe und Basel vor 2040 kaum zu rechnen sein wird, weil zahllose Einsprachen und Beteiligte die Sache auf die ganz lange Bank schieben, hat die Schweiz in Rekordzeit die technisch und logistisch viel schwierigere Neue Eisenbahn-Alpentransversale (NEAT) realisiert. „Grossprojekte, d. h. Projekte von erheblicher Tragweite, deren Konfliktpotential naturgemäss gross ist, sollen in ihrem Grundsatz in einem direktdemokratischen Verfahren legitimiert werden. Legitimität kann man dabei auffassen als generalisierte Bereitschaft, inhaltlich noch unbestimmte Entscheidungen innerhalb gewisser Toleranzgrenzen hinzunehmen. Die NEAT ist mit der Volksabstimmung vom 27. September 1992 direktdemokratisch legitimiert worden. Das grosse Vertrauen des Stimmvolkes in das Projekt wurde sechs Jahre später, obwohl die Finanzierung angepasst und das Bauprogramm etappiert werden mussten, am 29. November 1998 erneut deutlich bestätigt. [...] Politik besteht fast immer aus Entscheiden unter Ungewissheit. Insofern verlangten die Volksentscheide Mut und Risikobereitschaft, setzten vor allem aber Vertrauen in die Behörden und die Bahnen voraus. Dieses Vertrauen wurde in der Folge honoriert: das komplexe Grossprojekt wurde ohne Bau- oder Finanzskandale umgesetzt."[39]

Und dann vergleiche man damit die deutschen Verhältnisse – vom Berliner Flughafen über den Stuttgarter Bahnhof bis hin zum Rheintalbahnausbau – und ihre chronische Paralyse. Diese hängt an dem, was Fritz W. Scharpf „Politikverflechtung" genannt hat, nämlich dass sich die verschiedenen Entscheidungsträger auf den verschiedenen Stufen von der Gemeinde bis zur Bundesregierung, ja bis hinauf zur transnationalen Ebene gegenseitig behindern, zumal, wenn die rechtlichen Bindungen eines „Verwaltungsprogramms" und dessen gerichtliche Kontrolle sehr stark sind, wodurch die „Chance einer demokratisch-politischen Bestimmung des Verwaltungsprogramms eingegrenzt wird".[40] Direktdemokratisch müsste hier auf jeder Ebene Eingriff möglich sein, manchmal minimalinvasiv, manchmal am offenen Herzen. Die NEAT als Beleg für die funktionale Überlegenheit direkter Demokratie im Vergleich zum Repräsentativismus ist schlagend, aber natürlich nicht zwingend: Oft genug gibt es Fälle, wo das direktdemokratische Stimmvolk sehr viel länger braucht, sich mit neuen Gegebenheiten zu arrangieren als entscheidungsmutige Parlamente.[41] Dennoch ändert auch dies nichts am Befund, dass im Repräsentativismus die Möglichkeiten der Bürger, auf Sachentscheidungen Einfluss zu nehmen, auf Einsprachen und Petitionen beschränkt sind, was eine *Querulanzdemokratie* heraufbeschwört, in der die Menschen sich eben anderweitig – etwa über Gerichte – Einfluss verschaffen müssen, weil sie nicht mitentscheiden dürfen.

Gesetzgebungszwänge im Repräsentativismus

Nun könnte man einwenden, gerade frei gewählte Parlamente seien in ihrer heterogenen Zusammensetzung ganz ausgezeichnet imstande, sich an die veränderliche Wirklichkeit anzupassen, jedenfalls viel besser als ein Einzelner. Ihre Aufgabe bestehe darin, immer neue Gesetze zu erlassen, um das rechtliche Gesamtgefüge mit dieser veränderlichen Wirklichkeit in Übereinstimmung zu bringen. Mit Digital- und Seuchenschutzgesetzen sei dies beispielsweise auf exemplarische Weise erfolgt.

Aber die Argumentation ist leider brüchig. Ich rede nicht davon, dass es womöglich sinnvoller wäre, die Wirklichkeit zu gestalten, statt sich ihr anzupassen. Dass Anpassung und Gestaltung Hand in Hand gehen, gestehe ich gern zu. Die Brüchigkeit liegt vielmehr darin, dass das, was die angeblich gewaltige Adaptionskraft von Parlamenten an die veränderliche Wirklichkeit beweisen soll, nichts weiter ist als das, wodurch sie – zumal als Berufsparlamente – ihre Existenz rechtfertigen: Die Tatsache, dass Parlamente Gesetze machen, legitimiert die Existenz von Berufsparlamentariern. Die Suggestion ist, man benötige unentwegt neue Gesetze, um dem Wirklichkeitswandel gerecht zu werden. Ob das aber stimmt – ob dem Wirklichkeitswandel tatsächlich in erster Linie mit neuen Gesetzen begegnet werden soll und ob tatsächlich irgendjemand diese Gesetze braucht, steht indes auf einem anderen Blatt.

Was als Lösung deklariert wird, ist in Wahrheit das Problem legislativer, gewählter Körperschaften, zumal wenn ihre Mitglieder darin hauptberuflich tätig sind: Es liegt darin, dass diese Körperschaften unentwegt Gesetze machen müssen. Sie sind nur dadurch gerechtfertigt, dass sie Gesetze machen, sie unterliegen also einem

Gesetzgebungszwang, völlig jenseits der Frage, ob es überhaupt sinnvoll und wirklichkeitsangemessen ist, diese Gesetze zu erlassen. Dieser Zwang zeigt sich abgemildert bei Milizparlamenten, da die Abgeordneten dort hauptberuflich, also im echten Leben auch noch etwas anderes zu tun haben – womöglich sogar am eigenen Leib erfahren, wie es ist, unter einer erdrückenden Fülle von Gesetzen ein normales Dasein zu fristen. Gesetze machen um des Gesetzemachens willen: Genau dies ist durch direkt-partizipatorische Demokratie ausgeschlossen. Nur was wirklich der abstimmenden Mehrheit aller Bürgerinnen und Bürger als regelungsbedürftig, gesetzwürdig erscheint, wird zum Gesetz.

Unsere Gesellschaften dürften einen Stand erreicht haben, wo nur noch weniges durch neue Gesetze geregelt werden müsste. Wozu all die Gute-Kita-Gesetze und Gute-Mensa-Gesetze und Gute-Nacht-Gesetze, wenn sich das meiste operativ regeln und verändern ließe? Eine hauptamtliche Körperschaft, die sich nur mit Gesetzgebung beschäftigt, würde eigentlich nicht mehr benötigt. Jedenfalls nicht im Dauerbetrieb. Im Unterschied zum Berufsparlamentarier muss sich die partizipierende Bürgerin, der partizipierte Bürger keineswegs *dadurch* rechtfertigen, dass sie möglichst viele Gesetze erlassen. Die Bürgerin oder der Bürger müssen sich vielmehr in der täglichen Kommunikation *dafür* rechtfertigen, welche politischen Sachentscheidungen sie oder er fällt.

Ohnmacht oder zu viele Möglichkeiten?

Allerdings stehen die Bürger für ihre Sachentscheidungen nicht nur in einem unentwegten kommunikativen Rechtfertigungszwang. Sie laufen auch Gefahr, es sich mit der Rechtfertigung zu leicht zu machen, zumal, wenn sie sich wie die meisten Menschen in einem ziemlich stabilen Umfeld bewegen, es also alltäglich stets mit denselben Menschen zu tun haben. Ihre Rechtfertigung ist gewöhnlich an diese Menschen adressiert – an Menschen, deren Einstellungen und Ansichten sie zu kennen glauben. Sie werden, wenn sie nicht auf Konflikt aus sind oder ein starkes Sendungsbewusstsein besitzen, ihre Rechtfertigungen so formulieren, dass sie mit den vorherrschenden Einstellungen und Ansichten in ihrer Nahwelt kompatibel sind. Noch davor aber werden sie bei ihren Entscheidungen kognitive Dissonanzen in ihrem eigenen Einstellungs- und Ansichtshaushalt zu vermeiden trachten: Sie werden Entscheidungen treffen, die mit ihren bisherigen Entscheidungen und den ihnen zugrunde liegenden Einstellungen und Ansichten vereinbar sind.

Da nun Menschen kognitive Dissonanz vermeiden wollen, geben sie nur widerwillig auf, was sie einmal für wahr zu halten gelernt haben. So hat Sozialpsychologe Leon Festinger dargestellt, wie Anhänger einer den baldigen Weltuntergang predigenden Sekte nach dem Ausbleiben des Weltuntergangs nicht etwa ihrer Überzeugung abschworen, sondern ihrem eigenen Tun das Ausbleiben des Weltuntergangs zuschrieben, noch intensiver um Anhänger warben und ihr Überzeugungsgefüge mit Krallen und Zähnen gegen die Zumutung der Wirklichkeit absicherten:[42] Umso schlimmer für die Wirklichkeit, wenn sie sich nicht der Überzeugung fügen will!

Immerhin aber hat es eine andere, ursprünglich ganz und gar auf das Weltende und das Jüngste Gericht ausgerichtete jüdische Sekte in langwierigen Transformationsanstrengungen geschafft, diesen Glauben, der ihren Begründer noch beseelt hat, fast ganz auszumerzen und sich ohne theatralische Apokalyptik in der Welt einzurichten.[43] Man nannte sie dann Christentum. In der langfristigen Betrachtung ist das kirchlich institutionalisierte Christentum ein Beweis dafür, dass selbst Gruppen mit radikalen Überzeugungen sich nach und nach bereitfinden, sich von ihrem Radikalismus zu verabschieden. Dies könnte zumindest die Hoffnung nähren, dass auch die verbohrtesten Bewohner von Labyrinthen und Echokammern eines Tages den Ariadnefaden finden, der sie ins Freie führt.

Aber die Verhaltenspsychologie hält noch einen weiteren Einwand bereit, die Fähigkeit aller Bürgerinnen und Bürger anzuzweifeln, direkt an politischen Sachentscheidungen teilzuhaben. Es handelt sich um das Theorem des „paradox of choice" oder des

Auswahlparadoxes, das auf eine empirische Untersuchung zum Einkaufsverhalten der Psychologen Sheena Iyengar und Mark Lepper zurückgeht und von Barry Schwartz popularisiert worden ist. Diesem Paradox zufolge lähmt eine zu große Vielfalt von Möglichkeiten unsere Entscheidungsfähigkeit, so dass wir lieber ganz auf eine Entscheidung verzichten. Deshalb seien wir bestens beraten, die Auswahl an Möglichkeiten zu reduzieren, um unsere Autonomie und Freiheit zu erhalten.[44]

Ein der Ironie zugetaner Skeptiker würde das (angebliche) Auswahlparadox als Königsweg zur Seelenruhe zu preisen geneigt sein: Denn für Skeptiker in der Tradition des Pyrrhon von Elis gilt „Epoché", Urteilsenthaltung als unabdingbare Voraussetzung der Seelenruhe.[45] Genau diese „Epoché" müsste sich mit dem Möglichkeitsüberangebot notgedrungen einstellen – ein Urteil, eine Entscheidung würde verunmöglicht, so dass die Seelenruhe bei gleichzeitigem Konsumverzicht wie ein Schatten auf die Urteilsenthaltung folgen müsste. Wer freilich eher der empirischen Psychologie als dem ironischen Pyrrhonismus vertraut, wird Schwierigkeiten haben, bei all den überforderten Konsumentinnen und Konsumenten Anzeichen von Seelenruhe auszumachen.

Unabhängig davon stellt sich die Frage, ob denn die Überforderung durch eine zu große Auswahl bei sehr ähnlichen Konsumgütern so einfach übertragbar ist auf das Feld der Politik. Ist das Problem da wirklich eine zu große Auswahl an Möglichkeiten? Ich will nicht leugnen, dass die Fülle der Möglichkeiten tatsächlich ein grundlegendes Problem der modernen Möglichkeitskultur darstellt, die zu lebensbestimmenden Entscheidungen zwingt, obwohl doch andere Möglichkeiten ebenso offenstünden. Die Neigung, zur Vermeidung kognitiver Dissonanz spätestens nach getroffener Entscheidung die nicht ergriffenen Möglichkeiten auszublenden und zu verdrängen, dass diese genauso gangbar gewesen wären, ist gewiss weit verbreitet. Man kapselt sich ab im Umfeld der Gleichgesinnten und verteufelt alle anderen Gesinnungen – alle Möglichkeiten, die man nicht gewählt hat. In der Fülle der Möglichkeiten, die die Jetztzeit bietet, ist also die innere Bedrohung der Möglichkeitskultur schon angelegt.

Wie damit umgehen? Durch unentwegte Einübung in der Wahl. Und genau dies geschieht in der direktdemokratischen Beteiligung am politischen Geschehen. *Direkt-partizipatorische Demokratie ist die privilegierte Möglichkeit, sich permanent im Gebrauch von Möglichkeiten einzuüben.* Denn die Bürgerinnen und Bürger in einer direkt-partizipatorischen Demokratie sehen sich unentwegt mit neuen Entscheidungserfordernissen konfrontiert; das Entscheidenmüssen ist nicht abgetan mit der einmaligen Benennung von Repräsentanten, sondern kehrt in rascher Folge wieder. Da muss sich jede und jeder stets wieder neu orientieren.[46] Stets ist Erörterung nötig, Reden über das Gewollte und Gesollte.

Dabei droht bei jeder neuen politischen Sachentscheidung kognitive Dissonanz. Und genau das ist gut daran: Die drohende kognitive Dissonanz zwingt die Menschen fortwährend, ihre Vorannahmen an der Realität zu überprüfen, denn sie müssen stets neu entscheiden. Das verhindert zwar nicht, dass sie sich in ihre Weltanschauungen einigeln können, soweit sie nicht den pyrrhonischen Entscheidungsverzicht aus Überforderung praktizieren wollen. Aber es verringert die Wahrscheinlichkeit, dass sie es dauerhaft zu tun vermögen.[47]

Und das vermeintlich so gefährliche Auswahlparadox, die Kapitulation unter dem Andrang der Überfülle an Möglichkeiten existiert ja bei konkreten politischen Sachentscheidungen gar nicht, eher im Gegenteil: Wir haben in jedem Entscheidungsfall immer nur eine konkrete Wahl zwischen zwei oder – bei Gegenvorschlägen, über die gleichzeitig zu befinden ist – vielleicht drei oder höchstens vier Alternativen. Das Auswahlparadox tritt viel eher auf beim Zwang in der repräsentativen Demokratie, eine politische Partei wählen zu müssen, die ein riesiges Warenangebot hat – also zu jedem Politikbereich eine parteiamtlich festgelegte Doktrin. Das überfordert uns in der Wahl viel eher, als es die zeitlich gestaffelten konkreten Sachentscheidungen tun. Auch aus dem Auswahlparadox lässt sich demnach ein Argument für direkt-partizipatorische Demokratie gewinnen: Zum gegebenen Zeitpunkt t reduzieren wir das Wahlangebot, wir müssen nur über die neue Turnhalle oder die Transitverkehrsverlagerung auf die Schiene abstimmen, nicht über „alles".

„Wir leben in der Externalisierungsgesellschaft, wir leben sie – und wir leben gut damit. Wir leben gut, weil andere schlechter leben."[48] In diesem Satz zeigen sich der ganze Glanz und das ganze Elend der kathedersozialistischen Soziologie unserer Tage wie in einem Brennglas. Ihr Glanz liegt in der präzisen Erfassung bestimmter sozialer Gegebenheiten und der Fähigkeit, dafür eingängige Formeln zu prägen. Ihr Elend liegt in der Unterstellung von Kausalitäten, die allzu oft keine Beobachtung, sondern nur die ideologische Parteilichkeit der angeblichen Beobachter verraten. Das „Weil" ist der Pferdefuß dieses für den fraglichen Typus der Soziologie so charakteristischen Satzes. Denn die Kausalität, dass es uns „gut" geht – gemeint ist ökonomische Saturiertheit, keine philosophisch-antike Idee des guten Lebens –, „weil" es anderen, den Menschen auf der Südhalbkugel unseres Planeten, schlecht geht, ist bei aller berechtigten Kritik an globalen Ausbeutungsverhältnissen eine sehr kurzatmige Sicht der Dinge – die im Übrigen ein altes Stereotyp unter negativen Vorzeichen reproduziert, wonach es nämlich die Bürde des weißen Mannes sei, für das Wohl der ganzen Welt verantwortlich zu sein.

Interessanter ist der aus der Psychologie entlehnte Begriff der Externalisierung. Ja, Externalisierung findet gesellschaftlich, findet politisch statt, aber nicht, weil der böse Kapitalismus uns dazu verdammt. Das zu glauben und sich damit eine komplexe Welt ganz einfach zu machen, ist ein tröstlicher, aber leider falscher Fiebertraum – nicht nur der kathedersozialistischen Soziologie. Externalisierend ist vielmehr und vor allem auch das politische System des Repräsentativismus – ein System, das starre Stellvertretung zum Prinzip macht. Von dieser Idee ist alles durchdrungen. Sie erweckt den Anschein, Verantwortung fürs Gemeinsame sei delegierbar. Das wiederum gibt scheinbar auch einen Freipass, sich beispielsweise um die zu Recht angeprangerten Ausbeutungsverhältnisse (keineswegs nur auf der Nord-Süd-Achse) gar nicht zu scheren: Das müssten ja unsere Repräsentanten tun. Tun sie es nicht, Pech gehabt.

Es ist nicht (oder jedenfalls nicht allein) die unerbittliche Logik des Kapitalismus, sondern (mindestens ebenso) die nicht minder unerbittliche Logik des Repräsentativismus, die es uns leicht macht, auf Kosten anderer zu leben. Wobei diese Kosten vor allem ökologischer Natur sind. Dabei von „Kapitalozän“ zu sprechen und „die Rolle der Demokratie als Co-Produzentin der modernen Umweltzerstörung“ anzuprangern,[49] die „durch und durch eine Output-Demokratie geworden“ sei, weil es ihr nur darauf ankomme, „was hinten rauskommt – mehr Wohlfahrt, mehr Konsum, Wohlstand für vermeintlich ‚alle‘“,[50] produziert wiederum Wahrnehmungsschieflagen. Denn überbordender „Konsum“ als Raubbau an unserem Planeten ist nicht das Resultat von „Demokratie“, sondern von Mangel an Demokratie: *Konsum um seiner selbst willen ist Ersatz, nämlich Partizipationsersatz.* Dieser Konsum ist nichts weiter als die Kompensation der Ohnmacht. Wir konsumieren und suchen da vordringlich unsere Möglichkeiten, weil wir unseren politischen Möglichkeitsraum nicht gestalten dürfen. Nicht die Demokratie macht die Umwelt kaputt, sondern der akute Vollendungsmangel der Demokratie, ihre Erstarrung im Repräsentativismus.

Aber unterstelle ich hier nicht ebenso eine falsche Kausalität, wie ich sie eben bei andern angekreidet habe? Denn wie soll sich begründen lassen, dass Konsum um seiner selbst willen bloß Partizipationsersatz sei? Indem man von der Vorstellung eines egoautistischen *homo oeconomicus* ganz schnell Abstand nimmt, der „von Natur aus“ darauf gepolt sein soll, nur zu raffen, sich einzuverleiben, sich selbst zu optimieren. Denn diese Vorstellung zerschellt an den allermeisten Erfahrungen, die wir mit den Angehörigen unserer Gattung zu machen pflegen: Mögen sie auch Wesen sein, die keineswegs „von Natur aus“ selbstlos-moralisch und auf das allgemeine Beste hin ausgerichtet sind, so sind es doch zweifellos Wesen, die auf ihresgleichen hin bezogen bleiben. Menschen sind gemeinhin Wesen, die mit anderen Menschen zusammen sein wollen – die wollen, dass die anderen an ihrem Sein partizipieren und dass sie am Sein der anderen partizipieren können.[51] Die Wegscheide zwischen einer pessimistischen („der Mensch ist böse“) oder einer optimistischen („der Mensch ist gut“) Anthropologie führt so oder so in die Irre. Gebraucht würde eine relationale, relativistische Anthropologie[52]

– eine Anthropologie, die die Menschen als Wesen in Beziehung versteht – in Beziehung zu Menschen, anderen Lebewesen, Dingen. Dass auch Konsum eine Art der Beziehung ausdrückt, nämlich zur dinglichen Welt, insofern man sie sich aneignet und verbraucht (Letzteres tut übrigens der Sammler nicht; deshalb ist er kein Konsument[53]), steht außer Frage, ebenso die physische und psychische Notwendigkeit des Konsums. Er ist ein Mittel, die eigene Subsistenz zu sichern, und kann auch ein Genuss, eine Form des Selbstgenusses sein. Wird der Konsum aber nur um seiner selbst willen betrieben, liegt ein funktionaler Defekt vor, der zur Vermutung drängt, dieser Konsum stünde für etwas anderes – zumal dann, wenn der Konsum wesentlich dazu dient, bei anderen Eindruck zu schinden, etwa mit Konsumgütern wie Rennwagen, Bordeaux-Weinen oder Markenklamotten, die ein hohes soziales Prestige genießen. Er stünde für etwas, was dem Konsumenten verwehrt ist. Nämlich eine Teilhabe an den anderen, ein Teilnehmen am Ganzen und Allgemeinen. Würde der Konsument in der Partizipation Selbstwirksamkeit empfinden, könnte er dem selbstzweckhaften Konsum Lebewohl sagen.

Mit sich selbst ins Reine kommen

Das Subjekt, das Individuum ist nichts Gegebenes, sondern etwas Gewordenes, etwas Gemachtes. Etwas, was gemacht wird und zugleich sich selbst macht. Es steht in vielfacher Spannung, zumal dann, wenn es, wie der Philosoph Richard Rorty diagnostiziert hat, dem „Drang nach Selbst-Erschaffung, nach privater Autonomie", „nach privater Vervollkommnung" gehorcht.[54] Dabei gibt es einen Fluchtpunkt – den manch ein postmodernistisch Bewegter, dem es auf den Reichtum heterogener Erfahrungen ankommt, vielleicht nicht wahrhaben will, wenn er oder sie über „private Vervollkommnung" spricht, – nämlich eine Selbstkohärenz der Persönlichkeit, ein Sichzusammenfügen und ein Zusammengehören all der Erfahrungen. Diese Erfahrungen sind nicht einfach gegeben – das Subjekt missverstanden als Bündel von Wahrnehmungen –, sondern geformt durch den Zusammenhang mit anderen Erfahrungen und durch die Einpassung in ein Gesamtgefüge, den Bogen der Persönlichkeit, den „Tonos". Auch diese Selbstkohärenz ist nicht einfach gegeben, als Persönlichkeitssubstanz, als ein natürliches oder gottgegebenes Grunddatum. Sie ist etwas Gemachtes. Und etwas Zumachendes. In der Wahl, der Auswahl, spannt sich der Bogen der Persönlichkeit, nicht in der schieren Fülle von Eindrücken, von Erfahrungen.

Das hat auch politische Konsequenzen. Denn gerade die aktive Partizipation eines sich aufklärenden Demokraten zielt auf Selbstkohärenz – darauf, mit sich selbst ins Reine zu kommen. Es ist das Entscheiden in politischen Sachfragen, nicht nur in Wahlen alle paar Jahre mal, das mich zu solcher Selbstkohärenz nötigt, auch wenn jedem und jeder unbenommen ist, bei der nächsten Abstimmung aus besserer Einsicht für das Gegenteil dessen zu stimmen, was er oder sie das letzte Mal bevorzugt hat. Der Spannungsbogen, der „Tonos" der Persönlichkeit ist nicht starr, sondern entwicklungsfähig und entwicklungsbereit. Das regelmäßige Abstimmen schult den Sinn für Selbstkohärenz, auch weil ich in den Diskussionen vor jeder Abstimmung in Rechtfertigungszwänge hineinkomplimentiert werde: Ich soll Rechenschaft darüber ablegen, warum ich für oder gegen dieses oder jenes bin. *Direkt-partizipatorische Demokratie ist eine Schule der Selbstkohärenzfindung*, eine privilegierte Praxis der Selbstgestaltung mittels Gestaltung des Gemeinwesens.

Aufschlussreiche Zeugnisse der Selbstkohärenzsuche und der Selbstkohärenzerzeugung sind Tagebücher. Keineswegs nur diejenigen berühmter Denkerinnen und Dichter, sondern auch und gerade die „einfacher" Leute. Tagebuchschreiben ist ein Versuch, das eigene Leben in ein sinnhaftes zu verwandeln, ihm Struktur, Handlung, Form zu verleihen. Das Deutsche Tagebucharchiv in Emmendingen hat nicht bloß einige Zehntausend Egodokumente gesammelt. Es ist ein gigantisches Sinnstiftungsreservoir, ein Stausee tausendfältiger Sinnerschaffung. Jede Seite, die das Tagebucharchiv aus seinen Beständen öffentlich macht, zeigt, dass man dem individuellen Leben Sinn geben kann, selbst und gerade wenn man nach landläufigen Maßstäben kein „bedeutender Mensch" ist. Jede Seite zeigt, dass Saverio Tutino, der Begründer der italienischen Schwesterinstitution des Deutschen Tagebucharchivs, richtig lag mit seiner Feststellung, dass jeder das Recht habe, gehört zu werden. Freilich, könnte man hinzufügen, nicht erst, wenn die Niederschriften aus dem stillen Kämmerlein ihren Weg ins Archiv finden und dort allen zugänglich werden, sondern auch jenseits der diaristischen Existenz, im Hier und Jetzt: Jeder und jede hat das Recht, mitreden, mitbestimmen zu können.

Im Emmendinger Tagebücherkosmos kann sich, wer die Reise ins Badische scheut, beispielsweise mit der Hilfe von Peter-Paul Bänziger umschauen. Er zehrt in seiner *Geschichte der Konsum- und Arbeitsgesellschaft 1840–1940* von den dortigen Archivbeständen und will zeigen, dass nicht nur Gesellschaftsschichten, die bis dahin nie Tagebuch geschrieben haben – Handwerksburschen, Dienstmädchen, Soldaten, kurz: „einfache Leute" – dieses Medium allmählich für sich entdeckten, sondern auch, dass sich um 1900 in diesen Texten ein Wandel vollzogen habe, nämlich weg vom Arbeitsethos und von der Selbstkontrolle hin zum Erlebnis, dessen Intensität man habe auskosten wollen.[55] Dieser Befund passt zu einem auch „hochkulturell" wirkmächtig gewordenen Interesse am Erlebnis zur selben Zeit – von Wilhelm Dilthey bis zu Ernst Jünger. Der kaum mehr sublimierte Erlebnishunger ist Ausdruck der sich abzeichnenden Möglichkeitskultur, in der es um die Vervielfältigung der Möglichkeiten zu tun ist.

Man könnte nun die Art und Weise, wie im 20. und 21. Jahrhundert Politik als Show (statt wie weiland als geheime Kabinettspolitik) betrieben wurde und wird – quer durch das gesamte politische Farbenspektrum, bei Kommunisten ebenso wie bei Faschisten, bei Liberalen ebenso wie bei Reaktionären, bei Grünen ebenso wie bei Grauen –, als Antwort auf diesen im 20. Jahrhundert sich verallgemeinernden Erlebnishunger deuten: Politik inszeniert als großes Spektakel, das Erlebnis bietet. Im 21. Jahrhundert sollten wir darüber aber allmählich hinweg sein. Wir sollten uns nicht Politik als Erlebnis von anderen vormachen lassen. Politik sollte kein Event mit uns als Zuschauern sein. Die Eventisierung des Politischen wäre direkt-partizipatorisch zu parieren: Politik sollte unser eigenes inneres Erlebnis werden – indem wir sie selbst machen.

Partizipation ist ein menschliches Bedürfnis

Der Rahmen muss sich dem Bild anpassen, das mit ihm gefasst wird. Und dieses Bild – das, was jede und jeder von uns aus ihrem und seinem Leben machen will – bleibt nicht gleich, weder beim Einzelnen noch bei Menschengruppen und ganzen Gesellschaften. Politik muss ein sehr flexibler Wechselrahmen für die sich verändernden Präferenzen und Interessen sein. Denn im Unterschied zu den Bedürfnissen anderer Primaten sind die Bedürfnisse der Menschen keine feststehenden Bedürfnisse. Es reicht den Angehörigen unserer Spezies bekanntlich nicht, ihren Hunger und ihren Durst, ihren Sexual- und ihren Sozialtrieb befriedigt zu bekommen. Mit „panem et circenses", Brot und Spielen, wie Juvenal einst gegen die Selbstentmachtung des römischen Volkes unter Augustus und Tiberius ätzte,[56] lässt sich heute – außer vielleicht in Nordkorea – niemand mehr abspeisen.

Wenn ich vom Nicht-festgelegt-Sein der Bedürfnisse spreche, will ich keineswegs in die beliebte kulturnegativistische Suada einstimmen, alles Unglück der Menschheit rühre daher, dass sie ihre Bedürfnisse nicht im Zaum halten könne – und um diese Menschheit sei es deswegen so furchtbar bestellt, weil bei ihr befriedigte Bedürfnisse zwangsläufig neue Bedürfnisse hervorbrächten.[57] Vielmehr sind Menschen selbst keine festgelegten Wesen, die ein vorgegebenes biologisches Programm abspulen, sondern eine sehr besondere Art von Tieren, die unentwegt ihre Perspektiven wechseln und neue Perspektiven gewinnen. Sie können Dinge wie Kunst und Philosophie erfinden, aber auch Spiele und Waffen – Dinge, die Bedürfnisse befriedigen und neue entfachen. Das Gemeinwesen, in dem sie leben, muss diesen Bedürfnissen einen Rahmen geben – auch Schranken setzen –, ist selbst aber gehalten, in hohem

Maße entwicklungsfreudig zu sein und auf die sich entwickelnden Bedürfnisse seiner Bürgerinnen und Bürger nicht restriktiv, sondern integrativ zu reagieren.

Und deshalb ist die aktive politische Partizipation von uns allen unerlässlich: Sie speist neue Bedürfnisse ein, auf die die gewählten Repräsentanten, die immer das Herkömmliche und Gewohnte repräsentieren, nicht von sich aus gekommen wären. Plötzlich haben ein paar Leute das Bedürfnis des Umweltschutzes und bringen es aufs Tapet. Das Bedürfnis fasst Fuß, findet Anhänger. Es wird gassenläufig, und dann lassen sich sogar die gewählten Repräsentanten dazu herab, es sich zu eigen zu machen, den Atomausstieg und die Energiewende beispielsweise. Für die Evolution des Gemeinwesens ist unser unausgesetztes Teilhaben unerlässlich. Die Gesetze, die dann herauskommen, sind nicht mehr dem repräsentativistischen Gesetzgebungszwang geschuldet.

Solidarität, Konflikt und die partizipative Einhegung politischer Mythen

Aber ist nicht angesichts der individuell auswuchernden Bedürfnisse Solidarität das Gebot der Stunde? Fehlt es nicht gerade an Solidarität? Richard Rorty, der dem Ruf nach Solidarität durchaus einiges abgewinnen kann, erinnert freilich daran, „dass Solidaritätsgefühle davon abhängen, welche Ähnlichkeiten und Unähnlichkeiten uns besonders auffallen“,[58] so dass die Gefahr auf der Hand liegt, uns immer nur mit jenen solidarisch zu zeigen, die uns ohnehin ähnlich sind, während wir die uns Unähnlichen, die womöglich noch mehr des Zuspruchs und der Hilfe bedürften, ausblenden. Jederzeit mit allen solidarisch zu sein und in gleichem Maße, überfordert das menschliche Vermögen. Und wenn man dann noch die „Solidaritätsdilemmata“ bedenkt, an die der Sozialwissenschaftler Vincent August erinnert, die „sich in der Spätmoderne vervielfacht“ haben, wird die Sache noch schwieriger: „Immer wieder werden daher neue

Solidaritätsforderungen mit stehenden Solidaritätserwartungen in Konflikt geraten."[59] Anstatt auf Solidarität zu pochen, hält August es für sinnvoller, „eine neue Konfliktkultur zu (er-)finden" und „Integration durch Konflikt" zu erwirken: „Soziale Kohäsion beruht hier darauf, dass sich im Ringen um die Gestaltung der Gesellschaft gegenseitiges Vertrauen aufbauen kann, selbst wenn das Gegenüber anderer Meinung ist (und womöglich bleibt)."[60] Das Gegenüber mit der anderen Meinung wäre gerade das, dem ich mich nicht ähnlich fühle und dem ich daher meine Solidarität zu verweigern geneigt bin. Wäre es da nicht tatsächlich sinnvoller, die Luft aus dem hohlen Pathos der Solidarität zu pumpen und darauf zu dringen, dass jeder das Seine und jede das Ihre einbringt, um das Gemeinwesen in Auseinandersetzung mit all den anderen zu formen – statt die unausweichlichen Konflikte den Berufspolitikern zu überlassen?

Konflikt bedeutet Bewegung, wenn er ausgetragen und nicht ideologisiert wird.[61] Und Bewegung ist für eine direkt-partizipatorische Demokratie unerlässlich. Sie steht damit gegen mythische Verfestigungen politischer Weltbilder, wie sie nach der Analyse von Ernst Cassirer für die totalitären Bewegungen im 20. Jahrhundert charakteristisch sind. Diese Remythisierung ist nach Cassirer wesentlich begleitet von Ritualisierung, die Menschen blind macht, wenn sie willens sind, „Narrative" für Lebensrezeptbücher zu halten. „In verzweifelten Lagen will der Mensch immer Zuflucht zu verzweifelten Mitteln nehmen – und die politischen Mythen unserer Tage sind solche verzweifelten Mittel gewesen. Wenn die Vernunft uns im Stiche gelassen hat, bleibt immer die Ultima Ratio, die Macht des Wunderbaren und Mysteriösen."[62] Der modernen politischen Mythen unterworfene Mensch verfällt in die mythischen Rituale, die ihn zurückwerfen in einen früheren Zivilisationsstand. „Wir haben erfahren, daß der moderne Mensch trotz seiner Ruhelosigkeit, oder vielleicht gerade wegen seiner Ruhelosigkeit, den Stand des unzivilisierten Lebens nicht wirklich überwunden hat. Wenn er denselben Kräften ausgesetzt ist, kann er leicht in den Zustand vollständiger Ergebung und Sichberuhenlassens zurückgeworfen werden. Er stellt seine Umgebung nicht mehr in Frage, er nimmt sie als eine natürliche Sache hin."[63] Und hierin liegt ein weiteres „Warum" aktiver und nicht bloß hinnehmend-mimetischer Partizipation: Wir sollen gestaltend teilhaben, um nicht zurückzufallen in archaische Mythenhörigkeit (mögen die Mythen noch so modern und noch so konstruiert sein). Partizipation ist ein aktives Tun, das das mythische Geschehenlassen, das Aufgehen im Rituellen konterkariert. Aufklärung, Selbstaufklärung zwingt uns zu Partizipation.

Die Verfassung als Rahmenweltanschauung

Direkt-partizipatorische Demokratie würde darauf hinauslaufen, Gewissheiten permanent zur Disposition zu stellen. Nun könnte man aber argumentieren, menschliche Gemeinschaften seien auf Gewissheiten angewiesen. Die Philosophie, deren Geschäft es ist, alle Gewissheiten in Frage zu stellen, befinde sich so – wie Heinrich Meier ausführt – in einer unauflöslichen und ursprünglichen Spannung zur Gemeinschaft, die sich durch Gewissheiten erst stabilisiere.[64] Aber die Beobachtung liegt nahe, dass sich die soziale Bedürfnislage der Menschen ebenso wie die Bedürfnislage der Individuen im Laufe der Zeit verändert. Die Beobachtung, dass Modernisierung auch bedeutet, Gewissheiten nach und nach preisgeben zu können – was auch für Gemeinschaften gilt. Ist direkt-partizipatorische Demokratie dann nicht gerade jene Form des Politischen, die auf letzte Gewissheiten ohne Schaden verzichten kann, ja auf Vorläufigkeit programmiert ist? Jene Form des Politischen, die im Modus der Selbstrevision und der Gewissheitsverschleifung existiert? Also eine philosophietaugliche Form des Politischen? Und die Philosophie als unentwegtes Hinterfragen wäre unversehens politiktauglich geworden?

Der direkten politischen Partizipation habe ich das Vermögen zugeschrieben, entideologisierend zu wirken und die Zukünfte vom Joch weltanschaulicher Kolonialisierung zu befreien.[65] Man wird einwenden, das möge zwar in der Theorie einiges für sich haben, aber die Erfahrung realexistierender direkterer Demokratien lasse doch erkennen, dass ideologische Voreingenommenheit das Stimmverhalten stark präge. Das kann ich nicht ganz in Abrede stellen. Dennoch ist die direkt-partizipatorische Demokratie darauf ausgelegt, ideologische Verhärtungen immer wieder aufzuweichen, und zwar ganz einfach dadurch, dass sie die Einzelnen immer wieder vor Sachentscheidungen stellt, bei denen sie erwägen müssen, ob ideologische (Selbst-)Kongruenz oder doch die Abweichung von ideologischen Linien geboten ist. Natürlich kann jeder und jede konsequent so abstimmen, wie seine/ihre Lieblingspartei es vorgibt, aber tatsächlich ist solche Parteilinientreue nicht die Regel. Das Abstimmungsverhalten auch in realexistierenden direkteren Demokratien ist nicht wirklich anhand der Parteipräferenzen prognostizierbar und zeitigt oft handfeste Überraschungen. Jede Einzelentscheidung stellt Ideologien in Frage, unterwirft sie steter Überprüfung.

Allerdings kommt auch eine direkt-partizipatorische Demokratie nicht ohne eine *Rahmenweltanschauung* aus. Sie ist durchaus schon in den Verfassungen der repräsentativen Demokratien festgeschrieben – nämlich da, wo sie elementare Rechte der Menschen festschreiben. Diese Verfassungen – wie das deutsche Grundgesetz – geben das Exoskelett, den äußeren Stützrahmen, und zugleich den Bewegungsrahmen einer direkt-partizipatorischen Demokratie vor. Diese Rahmenweltanschauung schafft die Bedingungen dafür, dass möglichst alle maximale Möglichkeitsspielräume haben. Sie besagt, dass alle Menschen die gleiche Würde und die gleichen Rechte haben – gerade auch das Recht zur aktiven Partizipation.

Diese Rahmenweltanschauung – die beispielsweise am Postulat einer unveräußerlichen Menschenwürde hängt – ist in institutionell harte Form gegossen. Das Grundgesetz ist hierzulande der Doppel-T-Träger auch einer künftigen direkt-partizipatorischen Demokratie – genauer gesagt: die der Ewigkeitsklausel unterliegenden Artikel 1 bis 20 sind es. Dabei kommen diese Artikel ohne eine verbindliche metaphysische Absicherung aus. In jedermanns und jederfraus Belieben ist es gestellt, sich selbst eine solche metaphysische Absicherung herzuleiten, beispielsweise aus einer Naturrechtskonzeption, aus einem angeblich christlichen Wertekanon[66], aus einer humanistischen Weltsicht – oder auf eine solche Absicherung zu verzichten. Jenseits aller metaphysischen Absicherung herrscht auf dem Doppel-T-Träger des Grundgesetzes ein stillschweigender Konsens des Nichtverletzens und der Bereitschaft, allen anderen all jene Möglichkeiten einzuräumen, die man für sich selbst in Anspruch nimmt.

Westlich-demokratische Verfassungsstaaten sind in ihren Rahmenweltanschauungen ausgesprochen liberal, gerade weil sie möglichst jede Diskriminierung aus Weltanschauungsgründen vermeiden wollen – freilich nicht ganz jede, denn wer den stillschweigenden Konsens aufkündigt und in Deutschland beispielsweise den ersten 20 Artikeln des Grundgesetzes die Zustimmung aktiv verweigert, kann sich nicht auf seine Weltanschauungsfreiheit berufen. Hierin liegt die institutionell-konstitutionelle Härte moderner Staaten, die uns freilich nicht auf Untertanenhörigkeit verpflichtet. Diese institutionell-konstitutionelle Härte – zumal mit dem immensen gesetzlichen Regelwerk, das sie nach sich zieht – begrenzt zwar unsere Möglichkeitsräume, aber doch nur, um möglichst allen Möglichkeitsräume zu schaffen, die ebenso geschmeidig wie verlässlich sein sollen. Dass man – nicht nur unter Pandemiebedingungen – mitunter stärker die Begrenzungen durch das stählern anmutende, staatliche Regulierungsnetzwerk empfindet als die Möglichkeitsräume, ist allerdings nicht nur ein sozialpsychologisches Problem. Es liegt tiefer, nämlich in der alltäglichen Erfahrung, keine Möglichkeit zu haben, diese Institutionen, die das staatliche Regulierungsnetzwerk aufspannen, selbst zu gestalten. Künftige Aufklärung, künftige Modernisierung könnte dann heißen, nicht nur Ideologien, Weltanschauungen, Metaphysiken als formbar zu begreifen, sondern auch politische Institutionen. Und sie zu formen.

Je verlässlicher politische und soziale Institutionen sind, desto weniger Bedarf besteht an Kontingenzbewältigung anderer Art, durch Religionen und Ideologien beispielsweise. Freilich ist der Zweifel nicht weit, ob und welche Institutionen *per se* eine Daseinsberechtigung haben. Der Religions- und Ideologiekritik folgt die Institutionenkritik. Institutionen sollen formbar gemacht werden. Genau dies kann partizipatorisch-direktdemokratische Politik leisten, ohne die Institutionen als solche zu vernichten. Nämlich, indem sie sie verändert.

So dürfen und sollen Volksabstimmungen auch die vermeintlichen Grundlagen eines Gemeinwesens immer wieder zur Disposition stellen, geschieht dies im rein parlamentarischen Verkehr doch gewöhnlich nicht. Man darf und soll beispielsweise darüber abstimmen, ob das Land eine Armee braucht oder ob man ein bedingungsloses Grundeinkommen einführen will. Direkt-partizipatorische Demokratie ist deswegen so heilsam, weil man – der „Souverän" – sich immer wieder der eigenen Grundlagen versichert oder zumindest versichern kann, wenn eine quantitativ nennenswerte Gruppe das etwa per Volksinitiative verlangt. *Direkt-partizipatorische Demokratie ist eine Selbstbefragungs- und eine Selbstvergewisserungsdemokratie.* Gerade dieses Moment der permanenten Selbstbefragung und Selbstvergewisserung ist im Repräsentativismus verloren gegangen. Daher ist dort, mangels kollektiver Selbstbefragungs- und Selbstvergewisserungsmechanismen, die Entfremdung systemisch vorprogrammiert. Wir alle sollten politisch aktiv partizipieren, um das Gemeinwesen am Leben zu erhalten.

Vertrauenspolitiken

Nun könnte man zu glauben geneigt sein, dass direkt-partizipatorische Demokratie auf ein gewaltiges gegenseitiges Vertrauen angewiesen sei, das in der Moderne zunehmend zerbrösele. Demgegenüber fällt zunächst einmal auf, wie groß das Staatsvertrauen in den letzten 100 oder 200 Jahren geworden ist. Beispielsweise die Erwartung, der Staat müsse sich um uns kümmern, wenn wir uns nicht mehr um uns kümmern können – und er habe die Mittel dazu, beispielsweise im Sozial- oder im Gesundheitswesen.[67] Mittel, die uns von möglichst allen eigenen Sorgen entbinden sollen. Vielleicht noch drastischer zeigt sich dieses überbordende Staatsvertrauen darin, dass wir das staatliche Fiatgeld ganz selbstverständlich für bare Münze nehmen, also jenes Geld, das uns die Staaten in Form von

Scheinen, Münzen oder Buchgeld anbieten – und dessen Kennzeichen es ist, weder einen inneren materiellen Wert zu besitzen noch mit einem verbrieften Anspruch auf materielle Werte ausgestattet zu sein: Alles Geld, das wir heute benutzen, ist solches Fiatgeld – selbst wenn es wie Bitcoin von nichtstaatlichen Akteuren via Blockchain generiert wird: Es ist wertvoll nur, wenn man ihm vertraut – wenn alle bereit sind, es als Zahlungsmittel zu akzeptieren. Was für einen gewaltigen Vertrauensvorschuss wir dem staatlich verausgabten Fiatgeld gewähren, wird klar, wenn man sich die Jahrtausende vergegenwärtigt, in denen zwar sehr wohl staatliches Geld zirkulierte, dieses aber bei allen höheren Nominalen in Gold und Silber ausgemünzt wurde. Der bloßen Versicherung seitens der Obrigkeit, auch physisch wertloses Geld sei sehr wohl wertvoll, weil diese Obrigkeit befahl, es müsse wertvoll sein und in Zahlung genommen werden, hätte in Europa bis weit in die Neuzeit hinein kein Untertan Glauben geschenkt – übrigens im Unterschied zu China, wo man seit der Antike mit einer reinen Kupferwährung auskam und auch Papiergeld sehr früh einführte. Entsprechend schwer taten sich im Westen jene Herrscher, die ihre Finanzen auf Kosten ihrer Untertanen sanieren wollten, die Inflationierung ihrer Gold- und Silbermünzen durch Verringerung des Feingehalts vor den Nutzern möglichst zu verbergen.

Freilich scheint es tatsächlich so, als ob dieses menschheitsgeschichtlich sehr junge Staatsvertrauen gegenwärtig empfindliche Dämpfer erlitten habe – nicht erst in Coronazeiten, wenn man einschlägigen Umfragen Glauben schenken darf.[68] Zwar ist weder der Euro noch der Dollar bislang am allgemeinen Misstrauen gescheitert – solange mein Mitmensch und Handelspartner die Währung akzeptiert, sollte ich es auch tun –, aber ansonsten ist die Zuversicht, der Staat werde schon alles richten, ziemlich angekratzt. Zwei von vielen möglichen Gründen dieser Staatsvertrauenserosion halte ich für besonders einschlägig: *Erstens* dürften wir in der jungen Geschichte des Staatsvertrauens die Erwartungen viel zu weit hochgeschraubt haben – so hoch, dass niemand, auch und erst recht kein Staat, sie zu erfüllen vermag. Wird vom Staat verlangt, er müsse für mein gutes und glückliches Leben verantwortlich sein – und zudem dafür sorgen, dass alle Menschen sich (m)einem einheitlichen Maßstab des guten Lebens beugen –, bleibt die Enttäuschung über die staatlichen Stückwerkleistungen unausweichlich. Dann ist das Krisengezeter groß; dann fragt man mit großem Pathos: „Wer bietet Moral-Währungen als Ressourcen des Vertrauens in diesem neuen Betriebssystem an?"[69] Dann kommt man auf die Idee, man benötige „kuratiertes Regieren", das „auf eine Verhaltenssteuerung" abziele, und folgert: „Kluge Strategen stärken alles, was zum Vorsorgestaat gehören sollte."[70] Um schließlich bei der Idee anzukommen, der Bundespräsident sei die auserwählte Instanz, die für das „Kollektiv der Gemeinsamen" zu sorgen habe: „Bundespräsidenten müssen von Amts wegen Resonanzgemeinschaften schaffen, die Gemeinwohl konstituieren."[71] Könnte es sein, dass da jemand nicht genau verstanden hat, welche grundgesetzlich festgelegte Rolle der Bundespräsident spielen soll? Wäre es nicht die Aufgabe von uns allen jenseits präsidialer Paternalisierung, „Gemeinwohl" zu „konstituieren"?

Denn *zweitens* dürfte die Erosion des Staatsvertrauens wesentlich daran liegen, dass das, was Staat ist, von uns nicht unmittelbar und damit nicht hinreichend gestaltet und geformt werden kann. Das souveräne, aufgeklärte Individuum ist entstanden im Schatten, innerhalb des Schutzraumes des modernen Staates – oder im Verein mit ihm, in Symbiose mit ihm. Jetzt ist es über diesen Staat hinausgewachsen. Die alte Symmetrie von modernem Staat und staatstreuem Individuum ist zerbrochen. Es scheint höchste Zeit, dass sich der Staat wieder so verändert, dass er dem souveränen, aufgeklärten Individuum entspricht. Das geht nur direkt-partizipatorisch.

Die Vorstellung, man müsse nur zurückfinden zu einem kindlichen Urvertrauen in väterliche oder mütterliche Politikerfiguren, ist aus der Zeit gefallen und hat deshalb etwas ausgesprochen Komisches. Dass man das politische Gemeinwesen nicht mit der Familie verwechseln dürfe, hat schon Aristoteles erkannt:[72] Freien und gleichen Bürgern und Bürgerinnen ist nicht zuzumuten, ins Kleinkindschema zurückzufallen und sich gewählten oder selbsternannten Ersatzeltern zu unterwerfen. Vertrauensparentalismus, der auf Bundespräsidenten und andere fürsorgliche Stellvertreter setzt, ist deshalb kaum das Rezept, das die angebliche Demokratiekrise der Gegenwart heilt, selbst dann nicht, wenn man mit Thomas Paine daran festhalten will, dass alle delegierte Macht in Vertrauen bestehe.[73]

Ein modernes Gemeinwesen setzt auf *Funktionsvertrauen*. Es setzt darauf, dass die Bürgerinnen und Bürger davon überzeugt sind, dass der Staat seine Aufgaben – das, was die Bürgerinnen und Bürger ihm als Aufgaben zumessen – ganz unabhängig von der persönlichen Vortrefflichkeit der hauptberuflichen Akteure erfüllt. Solange diese Akteure ihre Pflicht tun, ist dem Vertrauensvorschuss der Menschen, die das Gemeinwesen konstituieren, Genüge getan. Modernes politisches Vertrauen ist Vertrauen in Institutionen – wobei dieses Vertrauen in der jüngsten Geschichte oft genug auch enttäuscht wurde, entweder, weil Personen die Institutionen missbraucht haben, oder weil die Institutionen selbst sich nicht als Auftragnehmerinnen der Bürgerinnen und Bürger, sondern als heiligen Selbstzweck verstanden haben. Institutionen verdienen das Vertrauen nur dann, wenn sie das leisten, wozu sie gemacht sind – und diese Leistung, diese Funktion eine ist, die den Bürgerinnen und Bürgern dient.

Das bedeutet freilich nicht, dass das moderne Funktionsvertrauen gänzlich abstrakt und entpersonalisiert wäre. Vertrauen sucht sich gern ein Gesicht: personalsymbolische Repräsentanten von Institutionen. Das Bedürfnis nach diesen Gesichtern, nach direkt ansprechbaren Persönlichkeiten ist in unterschiedlichen Situationen unterschiedlich ausgeprägt. Mein Vertrauen in die korrekte Arbeit des Finanzamtes kommt im Normalfall ganz ohne die persönliche Bekanntschaft mit dem Sachbearbeiter oder mit der Amtschefin aus; erst wenn ich etwas zu beanstanden habe, brauche ich einen Ansprechpartner aus Fleisch und Blut. Mein Vertrauen in die korrekte Arbeit des Bundesverfassungsgerichts oder der Bundesregierung ist hingegen so konditioniert, dass ich den Gerichtspräsidenten oder die Kanzlerin mit Namen und Gesicht kennen will, ohne je die Aussicht zu haben, sie direkt ansprechen zu können. Die Bundesregierung und das Bundesverfassungsgericht würden womöglich ihre Aufgaben mit gleicher Verlässlichkeit erfüllen, wenn die federführenden Personen gar nicht allgemein bekannt wären. Aber offensichtlich haben wir uns daran gewöhnt, uns wohl zu fühlen, wenn wir gerade bei sehr allgemeinen, umfassenden und übergeordneten Aufgaben auch wissen, wer dafür verantwortlich zeichnet. Anonymisierung, Rationalisierung und Bürokratisierung moderner Gemeinwesen verlangen offensichtlich ein personales Gegengewicht, nämlich Gesichter, die in der digitalen Medienlandschaft omnipräsent geworden sind, während sie in der analogen Medienlandschaft noch dosiert, in Zeitungsbildern und Rundfunknachrichten in Erscheinung getreten waren. Die Gesichtsbedürftigkeit des Vertrauens in modernen Gemeinwesen ist übrigens nicht auf Demokratien beschränkt, sondern tritt in Autokratien gleichermaßen auf. Bloß sind in Demokratien die Gesichter des Politischen die Gesichter derjenigen, die für uns alle, in unserem Auftrag und nach unserer Maßgabe die exekutiven Geschäfte führen. Tun sie es nicht und verletzen sie das Funktionsvertrauen, ist ihnen das Mandat rascher entzogen, als sie in die Kameras zu lächeln vermögen.

Unser Funktionsvertrauen in Berufspolitiker ist unter direktdemokratisch-partizipatorischen Rahmenbedingungen situativ. Wir vertrauen ihnen, dass sie die ihnen übertragenen Aufgaben erfüllen, ebenso wie wir das bei Feuerwehrleuten oder Eisenbahnzugführerinnen tun. Hieran zeigt sich einmal mehr, dass die Analogie von Staat und Familie nichts taugt: Das Vertrauen in den Ehepartner oder die Eltern ist im Idealfall unbeschränkt, während das Vertrauen in Berufspolitikerinnen oder Eisenbahnzugführer hingegen im Idealfall beschränkt ist, und zwar einerseits funktional – nämlich nur bezogen auf die jeweilige Aufgabe – und andererseits zeitlich – solange die Regierungschefin im Amt ist, solange ich Zug fahre. Personal-funktionales Vertrauen ist in der direkt-partizipatorischen Demokratie so situativ, wie die Repräsentation es sein sollte: bereichsspezifisch, widerrufbar.

Das Funktionsvertrauen in Berufspolitiker ist unter direktdemokratisch-partizipatorischen Rahmenbedingungen überdies bloß ein situativ *stellvertretendes* Vertrauen. Während ich Feuerwehrleuten und Eisenbahnzugführerinnen vertraue, weil sie etwas besser können, als ich es kann – Brände löschen, Lokomotiven in Gang setzen –, können Berufspolitikerinnen eigentlich nichts besser, als wir es selbst könnten, wenn wir an ihrer Stelle stünden. Sie sind keine Herrinnen und Herren des Überblicks.[74] Ihre Expertise besteht nur darin, das, was wir für geboten halten, auch zu exekutieren.

Die eigentlichen Träger des Vertrauens sind in der direkt-partizipatorischen Demokratie nicht Berufspolitiker, sondern wir alle. Das hat – notabene unter repräsentativ-demokratischen Bedingungen – der einstige Stuttgarter Oberbürgermeister Manfred Rommel auf den Punkt gebracht: „Die Demokratie mißtraut den Regierenden, aber sie vertraut den Bürgern."[75] Oder anders gewendet mit der Philosophin Marie-Luisa Frick, geht es um „den Grundrespekt", „den die Mitglieder eines demokratischen Gemeinwesens einander in ihrer Eigenschaft als Ko-Gesetzgeber schulden".[76] In direkt-partizipatorischen Demokratien wäre also eine Art des generalisierten und zugleich personalisierten Funktionsvertrauens gefordert – ein Vertrauen in uns alle, in unsere Eigenschaft und Funktion als Bürgerinnen und Bürger. Das bedeutet nicht, dass wir einer naiv-optimistischen Anthropologie anhängen müssten, der zufolge alle Menschen einfach nur gut sind.[77] Es reicht für direkt-partizipatorische Demokratie vollends aus, vorauszusetzen, dass die Menschen nicht prinzipiell zu dumm und unfähig sind, das Gute zu wollen. Wir müssen akzeptieren, dass die anderen von uns sehr unterschiedene Vorstellungen davon haben können, was dieses Gute sei. Eine relationale, relativistische Anthropologie wäre in der Lage, unsere eigenen Standpunkte selbstkritisch mit den Standpunkten der anderen ins Verhältnis zu setzen und zugleich zu begreifen, dass wir auf die anderen stets angewiesen sind und daher gut daran tun, ihnen wenigstens prinzipiell Vertrauen zu schenken.

Vor lauter Vertrauensseligkeit sollte man freilich die Kehrseite der Medaille nicht vergessen, denn dort liegt der eigentliche Beweggrund, warum ich, gerade ich, politisch partizipieren soll: Diese Kehrseite ist das Misstrauen, dessen schöpferische Kraft kolossal unterschätzt zu werden pflegt.[78] Ich vertraue schon, aber … Aber ich bin gut beraten, immer wieder neu zu prüfen, ob die Vertrauensträgerinnen und -träger, gerade meine lieben Mitbürgerinnen und Mitbürger, dieses Vertrauen denn wirklich verdienen. Das Misstrauen muss in einer direkt-partizipatorischen Demokratie auch einen prinzipiellen Charakter haben: Denn deren Grundidee ist ja die einer prinzipiellen Nichtvertretbarkeit der eigenen Person, wenn es um die Gestaltung der Bedingungen der Möglichkeit des gemeinsamen Seins zu tun ist. Nur ich kann das Eigene einbringen. So gut es die anderen auch meinen mögen: Für mich kann niemand stehen oder doch nur so lange, wie ich sie oder ihn dazu autorisiere. Die andern können die Welt nicht für mich und an meiner Stelle in Ordnung bringen. Ich muss schon selber teilhaben. *Damit lebt die direkt-partizipatorische Demokratie nicht etwa von einem überbordenden Vertrauen in die Mitbürgerinnen und Mitbürgern, sondern von einer dynamischen Balance des Vertrauens und des Misstrauens.*

„Das sind Gedanken, die liegen außerhalb meiner Besoldungsklasse“, lässt im *Tatort* eine Streifenpolizistin ihre Vorgesetzten wissen. In der direkt-partizipatorischen Demokratie wie in der Philosophie gibt es freilich keine Gedanken, die außerhalb der eigenen Besoldungsklasse liegen. Das hängt daran, dass sowohl die Philosophie als auch die direkt-partizipatorische Demokratie die Eigenheit aufweisen, immer wieder neu anfangen zu können. Sie helfen beide, die Dinge immer wieder frei zu stellen, das Verstellte zu ent-stellen, falls der Eindruck aufgetreten sein sollte, dass immer mehr Dinge den Blick, das Denken und das Handeln beeinträchtigen.

Direkt-partizipatorischer Demokratie wohnt das inne, was Ludger Lütkehaus im Anschluss an Hannah Arendts Betonung der menschlichen Natalität, der Geburtlichkeit,[79] eine „Philosophie der Initialität“[80] genannt hat: Immer wieder neu anfangen zu können – und zu wollen. Bei jeder Entscheidung stimmen wir neu ab, was nun zu tun sei. Zugleich üben wir uns im Entscheiden ein. Initialität und Training sind die beiden operationalen Pole direkt-partizipatorischer Demokratie.

„Act so that there is no use in a center",[81] forderte Gertrude Stein vor über hundert Jahren. Eine Zentralperspektive, ein Zentrum wird im direktdemokratisch-partizipatorisch-globalen Raum des Politischen entfallen sein. Bei jeder Bürgerin, bei jedem Bürger ist Zentrum. Wobei wir da keineswegs nur immerzu Neuanfänger, sondern auch Erben sein werden. Zwar mag Jacques Derrida nicht falsch liegen, dass wir noch nicht wissen, was Demokratie bedeutet. Aber: „Wir sind unbestreitbar Legatare beziehungsweise Delegierte dieses Wortes."[82] Dann wären wir alle Erben, Repräsentanten – und müssten immer wieder neu anfangen. Ungeachtet der Besoldungsklasse.

Das listigste aller Tiere

Eine naiv-optimistische Anthropologie, wonach Menschen von Natur gut sind und sich von sich aus für das Gemeinwohl einsetzen wollen, ist – ich sagte es bereits – keineswegs die Voraussetzung für direkt-partizipatorische Demokratie. Eine relationale, relativistische Anthropologie[83] lässt sich mit ihr ebenso zusammendenken wie eine neutralistische Anthropologie, die bloß nicht glaubt, dass jedes Individuum sein Bestes auf Kosten der anderen Individuen wolle, und die sich stattdessen an die gegenseitige Neutralisierung der Partikularinteressen hält – eine Neutralisierung, die das allgemeine Wohl darin zu finden wähnt, dass möglichst viele Menschen möglichst viele Möglichkeiten haben.

Nimmt man den Menschen als höchst wandelbares, höchst formbares Wesen, dann womöglich auch als das listigste aller Tiere – aber ebenso als dasjenige, das sich am leichtesten von allerlei Listen übertölpeln lässt. Und das man deswegen, gelegentlich auch mit List und Tücke, zu einem direktdemokratisch-partizipatorischen Wesen konditionieren sollte. Gerade weil wir nicht von Natur empathisch sind, gute Menschen, freundlich zu allen anderen, sollten wir direkt-demokratisch partizipieren. Denn da sind wir gezwungen, uns bei jeder Entscheidung auch in die gegenteilige Position hineinzudenken. Direkt-partizipatorische Demokratie erzieht zu Anteilnahme, neudeutsch-bombastisch zu Empathie.

Nun ist der Mensch auch ein Wesen, das auf die Anteilnahme anderer hofft. Daher ist er ein geschichtenerzählendes und geschichtenbedürftiges Wesen,[84] ein *animal quaerens narrationem*, oder doch besser im Plural: *animal quaerens narrationes*, ein nach Geschichten fragendes, ein nach Geschichten suchendes Wesen. Das bedeutet weder, dass er narrative Welttotalerklärungen bräuchte, noch, dass er sich und seinesgleichen ausschließlich (oder auch nur hauptsächlich) narrativ erklärte und verstünde. Aber der Erzählhunger ist groß unter unseresgleichen, so dass man, wie der Philosoph Ken Gemes das etwa tut, das politische Hauptdefizit der nicht mehr ganz so neuen Blair-Clinton-Schröder-Obama-Biden-Linken darin sehen könnte, keine übergreifende Erzählung mehr *in petto* zu haben, sehr im Unterschied zur Rechten in Trumps Manier.[85]

Nun, es mag so gewesen sein, dass in früheren Zeiten den Menschen die großen Sinnerzählungen einfach vorgegeben wurden – von Propheten und Parteizentralen. Jetztzeittypisch ist es hingegen, dass jede und jeder die eigenen Geschichten bilden, erfinden – sie selbst in die Hand nehmen muss. Trump und Konsorten veranschaulichen, dass lebens- und politikleitend mit Vorteil nicht irgendeine Erzählung sein sollte, sondern eine, die *Handlungsmacht* zeigt. Jetztzeitmenschen wollen nicht einfach nur Sinn verordnet bekommen, sondern selbst Akteure sein. Darin liegt übrigens die ironisch-aufklärerische Pointe des Trumpismus und der neuen Rechten, dass sie nämlich in der Tradition der Aufklärung die Handlungsmacht, die Wirkmacht des Individuums beschwören, gegen die Suggestion seiner Ohnmacht in einer undurchschaubaren Welt. Dieses Individuum soll eine Rolle spielen, soll zählen und nicht bloß Objekt sozialtechnologischer Maßnahmen sein, wie bei staatlich-„sozialistischer" Fürsorglichkeit von oben – „take control again".

Allerdings ist nicht einzusehen, weshalb das „Narrativ" individueller Handlungsmacht dauerhaft in den Händen der Rechten bleiben soll, in die es nur durch ein Versehen im Listkalkül der geschichtlichen Vernunft gelangt zu sein scheint. Direkt-partizipatorische Demokratie begnügt sich nicht mit Handlungsmachtnarrativen, sondern gibt den Individuen die Handlungsmacht zurück. Der Mensch ist kein bloß nach Geschichten von Handlungsmacht fragendes, suchendes Wesen, sondern wesentlich ein nach Handlungsmacht fragendes, suchendes Wesen. Illiberale Demokratien versprechen genau das, was im Repräsentativismus nur allzu leicht institutionell verschliffen wird, nämlich einen eigenen Anteil an politischer Handlungsmacht – wenn man denn mit der Partei oder dem großen Anführer spurt. Das Versprechen und die Wirklichkeit direkt-partizipatorischer Demokratie müssen darin bestehen, dem Individuum eigene politische Handlungsmacht zu geben, die es nicht teilen muss, mit keiner Partei und keinem großen Anführer.

Einübung von Entscheidungsfähigkeit

Ein Bekannter, diplomierter Biologe, Ende 40, jetzt Fahrradkurier, erzählt, in den psychoanalytischen Sitzungen sei ans Licht gekommen, dass sämtliche Schuld an seinem verpfuschten Leben in seiner frühkindlich verkorksten Vaterbeziehung zu suchen sei. Aus dieser Erzählung schließe ich erstens, dass diese Version der Psychoanalyse eine vormoderne Disziplin sein muss, sofern sie eine einzige Ursache, nämlich die frühkindliche Prägung, als alleinigen Ursprung des Leidens ausmacht. Übersieht sie geflissentlich, dass der Mensch ein Wechselwesen ist, Quelle und gleichermaßen Zielscheibe von Veränderungen, dem mit einem alles bestimmenden Ursprung nicht beizukommen ist? Zweitens steht der gute Bekannte für eine große Gruppe in unserer Gesellschaft – für Leute, die die Formung ihres Lebens nicht in die eigenen Hände zu nehmen wagen, sondern sich in die Hand von Therapeuten und Bescheidwissern geben, weil sie von diesen angeblichen Experten Formung erwarten: Lebensformung durch Dritte statt Selbstformung. Offenbar, weil sie sich der Fülle ihrer Möglichkeiten nicht gewachsen fühlen und daher in Abrede stellen, dass sie sie überhaupt haben – war ja alles so verkorkst in der Kindheit ... Es mangelt offensichtlich nicht an Therapiestunden, sondern an der *Einübung in Entscheidungsfähigkeit*. Und gerade dieses Einübungseldorado bietet das politische Feld. Die Demokratie braucht eine direkt-partizipatorische Zukunft, damit wir zu entscheiden lernen, Möglichkeiten abzuwägen und Möglichkeiten zu ergreifen. Das Politische lehrt, auch fürs Eigene einzustehen, das Eigene zu ergreifen.

James Madison hat dem seit der Antike grassierenden Misstrauen gegenüber der Volksherrschaft beredt seine Stimme geliehen, als er anmerkte, je größer gesetzgebende Versammlungen seien, desto übermächtiger würden die Leidenschaften, und die Vernunft verlöre ihren Einfluss – und zwar unabhängig davon, wie vernünftig die darin agierenden Personen eigentlich seien. Selbst wenn jeder Athener ein Sokrates gewesen wäre, wäre doch jede gesetzgebende Versammlung Athens ein Mob geblieben.[86] Angenommen, Madison liege mit dieser massenpsychologischen Beobachtung richtig, dann könnte daraus zum einen folgen, dass gesetzgebende Versammlungen zur Gesetzgebung ungeeignet sind. Aber es folgt daraus keineswegs, dass deshalb möglichst wenige an der Gesetzgebung beteiligt werden sollen, sondern im Gegenteil, dass die Beteiligung möglichst aller so zu organisieren ist, dass sich das politische Urteil nicht allzu sehr durch Leidenschaften trübt. Daher ist es durchaus nicht abwegig, als Bürger gesetzgeberische Entscheidungen in Abwesenheit einer großen Mehrheit zu fällen – also im stillen Kämmerlein, mit einem Stimmzettel in der Hand, auf den niemand einen Blick werfen darf, bevor der Bürger ihn in die Urne wirft oder elektronisch verschickt. Zum anderen folgt aus Madisons Beobachtung, dass wir uns alle in Sachen Gesetzgebung gegen das Überborden der Leidenschaften zu wappnen haben, zumal die Leidenschaften keineswegs nur in physischen Menschenansammlungen auftreten, sondern ebenso auf allen digitalen Kommunikations- und Erregungskanälen. Und dieses Sichwappnen geschieht am besten durch Einübung, Einübung, Einübung. Entscheidungsroutine kühlt das Gemüt und mindert das Aufwallungsbedürfnis der Leidenschaften, deren Erregbarkeit übrigens besonders hoch ist unter der Voraussetzung der Ohnmacht, wie sie den Repräsentativismus charakterisiert.

Dabei ist der individual-ethische und individual-pädagogische Aspekt der politischen Entscheidungseinübungspraxis von erheblichem Gewicht: *Der Zwang zur Entscheidung bei direktdemokratischen politischen Verfahren schult und stärkt die Fähigkeit zur Entscheidung überhaupt* – eine gerade in der Möglichkeitskultur von Erosion bedrohte Fähigkeit. Direkt-partizipatorische Demokratie dient also nicht nur dazu, alle an dem teilhaben zu lassen, was alle angeht, sondern ebenso dazu, uns selbst zu „optimieren" – uns zu entscheidungsfähigen Wesen zu machen. Diese Art des „Transhumanismus" scheint mir entschieden erfolgversprechender als Chipimplantate und gehirngesteuerte Roboterarme.

Gelegentlich hört man, die Idee von Volksabstimmungen führe zu einer falschen Reduktion auf ein schroffes Entweder-oder, auf ein Ja und Nein, während es doch in der Politik um Kompromisse gehe, um das Sowohl-als-auch. Dieses Hörensagen führt in die Irre. Abgesehen davon, dass man dem mit austarierten Vorschlägen und indirekten Gegenvorschlägen sehr wohl schroffen Entweder-oder ausweichen kann, hat Politik wesentlich mit Entscheidung zu tun. Und genau das ist zentral, für die allgemeine Bildung, die Selbstformung in der Jetztzeitkultur, die vor Möglichkeiten strotzt: Die politische Entscheidung in der direkt-partizipatorischen Demokratie zwingt zur existenziellen Entscheidung, was in der Möglichkeitskultur ja schwerfällt. Damit ist die politische Partizipation eine Schule des Lebens: Das Individuum wird darin gestärkt, tatsächlich Entscheidungen zu fällen. *Politische Mitentscheidungsmöglichkeit ist unerlässlich, um die Selbstformungskraft des Individuums zu schulen.*

Unter Neu- und Alt-68ern erfreute sich das böse gemeinte Wort von der „partizipatorischen Disziplinierung"[87] einst einer gewissen agitatorischen Beliebtheit. Gedacht war, dass das bürgerlich-faschistoide Establishment durch das Teilhabenlassen die Leute ruhigstelle und sie von der Revolution abhalte. Das lässt sich auch positiv wenden. Eine Gesellschaft fügt sich durch Partizipation. Dadurch, dass wir alle entscheiden können und uns durch Entscheidung prägen.

Allerlei Ohnmachts- und Opfererzählungen haben derzeit Hochkonjunktur, unter Coronabedingungen zumal. Jene Erzählungen, die uns weismachen wollen, dass wir den Durchblick nicht haben, nicht haben können und wir daher weder entscheiden sollen noch dürfen. Und eigentlich wollten wir es ja auch nicht. Diese Erzählungen sind bequem, weil sie uns entlasten. Entlasten davon, zu tun, was wir müssen, nämlich uns selbst bestimmen. *Jedoch gibt es keinen redlichen Ausgang aus der Pflicht, sich selbst zu bestimmen.* Und das schließt die Mitbestimmungen über die Bedingungen der Möglichkeit des gemeinsamen Seins zwingend ein. So tapfer sich manche auch gegen die Demokratisierungsdynamik der Moderne zur Wehr setzen: Auf Dauer wird die repräsentativistische Festung nicht zu halten sein.

Verantwortung

Zwar neigt auch ein Verfechter direkt-partizipatorischer Demokratie zum „confirmation bias",[88] zum kognitiven Bestätigungsfehler, nämlich nur das zu sehen und für wahr oder wenigstens wahrscheinlich zu halten, was ins eigene Weltbild passt – also etwa auch die Anzeichen für eine umfassende Demokratisierung im Zuge der Modernisierung zu überschätzen. Aber die Neigung zum kognitiven Bestätigungsirrtum ist flächendeckend und demokratisch gut verteilt, so dass wahrscheinlich auch die Streiter für den Repräsentativismus von ihr nicht ausgespart bleiben. Die direkt-partizipatorische Demokratie bietet dabei den Vorteil, dass sie auf die Beseitigung immer wieder neu auftretender Bestätigungsirrtümer hin geeicht ist: Besteht deren Kern darin, nur das wahrzunehmen, was den eigenen Gruppenidentitäten und Gruppeninteressen entspricht, so besteht der Kern direkt-partizipatorischer Demokratie in der ständigen und schmerzlichen Zerstörung dieser einseitigen Wahrnehmungsmuster. Sie zwingt jede und jeden, sich mit den anderen, mit den entgegengesetzten Meinungen auseinanderzusetzen. *Direkt-partizipatorische Demokratie wirkt der Tribalisierung, dem Stammesdenken entgegen,* weil sie dem Individuum immer wieder neue Entscheidungen abverlangt, neue Positionierungen, auch wenn es im Abstimmungskampf selbstverständlich Stammespolarisierungen gibt. Entscheidend ist aber der verstörende, dezentrierende Effekt der Nötigung zur eigenen politischen Entscheidung bei jeder Vorlage. Der direktpartizipatorischen Demokratie wohnt ein Zauber und ein Zwang inne: Der sokratische Zwang, selbst zu denken und selbst Gründe zu geben – für das, wofür man sich entscheidet.

Dieser sokratische Zwang, selbst zu denken und Gründe zu geben, bahnt womöglich den Weg, jenen Begriff neu zu fassen, den Berufspolitiker unentwegt im Mund führen und für sich in Anspruch nehmen, um ihm so den allerletzten Sinngehalt zu rauben: Verantwortung ist im Feld der Politik nichts, was einer bestimmten Gruppe auferlegt wäre, um die anderen davon zu entlasten, sondern – wenn man denn am Begriff festhalten will – eine Sache von uns allen. Verantwortung heißt zunächst und zuletzt: Alle müssen allen Antwort geben oder stehen jedenfalls unter dem Druck, jederzeit um Antwort ersucht zu werden. „Wenn ich mich – höflich zu sein versuche – vorstelle: ‚Gestatten Sie: Marquard', so scheint heute die Normalantwort zu sein: ‚Hier wird ohne Justifikation gar nichts gestattet! Rechtfertigen Sie sich!: Mit welchem Recht sind Sie Marquard, so wie Sie sind, und nicht vielmehr ganz anders? Und mit welchem Recht sind Sie überhaupt und nicht vielmehr nicht?'"[89]

Was Odo Marquard die „Tribunalisierung der modernen Lebenswirklichkeit"[90] nennt – nicht mit deren „Tribalisierung" zu verwechseln – und beklagt, ist eine wesentliche Modernisierungsfolge und zugleich eine Demokratisierungsfolge. Das Problem im Repräsentativismus ist nur, dass wir alle – entgegen Marquards Suggestion – nicht oder höchst selten gefragt werden, weder nach unseren Antworten noch nach unseren Gründen. Verantwortung hieße, gefragt zu sein, und lässt sich in einer direkt-partizipatorischen Demokratie nicht von den Antworten, den Zielen her bestimmen – von Frieden, Nachhaltigkeit, Gendergerechtigkeit, Weltrettung –, denn niemand kann die Antworten der anderen vorwegnehmen. Wer behauptet, „Verantwortung" trage ausschließlich, wer sich für dieses oder jenes Ziel einsetze, missachtet die Verantwortung anderen. Eine demokratische Verantwortungsethik kann damit nicht von den Zielen, Zwecken oder Inhalten her aufgezäumt werden, wie mit der Tyrannis liebäugelnde Ökoverantwortungsethiker meinen.[91] Obwohl gegenwärtig unter dem Vorzeichen der Pandemie und unter dem Vorwand der Ökologie der Ruf „Mehr Diktatur wagen" sehr laut ist,[92] müssen wir, wenn wir alle Verantwortung haben, auch alle gefragt werden. *Verantwortung heißt, dass wir alle gefragt werden und Antworten geben.*

Direkt-partizipatorische Demokratie fordert mich heraus, verlangt von mir Antworten und damit auch die Bereitschaft, mir selbst Fragen zu stellen. Meine Verantwortung kann mir keiner abnehmen. Ich habe sie dadurch, dass ich Mensch bin. Direkt-partizipatorische Demokratie ist dadurch, dass sie mir meine Antworten abverlangt, auch ein Medium meiner Selbstformung, meiner Selbsterziehung. Ich werde, was ich bin, dadurch, dass ich Antworten gebe. Nachdem ich erst einmal gefragt worden bin.

Verantwortung als Gefragtwerden heißt, dass nicht klar ist, welche Antwort jemand gibt. Das wiederum bedeutet, dass es Alternativen gibt. Etwas anderes heißt Freiheit nicht. Falls wir nicht gefragt werden sollten – und das ist ein mögliches Schicksal im Repräsentativismus –, müssen wir selbst fragen.

Warum alle partizipieren sollen? Weil wir uns über uns selbst verständigen wollen. Weil das, worum es im Politischen geht, alle betrifft. Wer betroffen ist, sollte mitreden, mitbestimmen können. Die Macht über sich selbst sollte auch eine Macht sein, über mein Selbst im Kontext aller anderen zwar nicht souverän zu bestimmen, aber doch wenigstens mitzubestimmen. Dadurch, dass wir teilhaben, gestalten wir das Politische. Es ist das Politische.

Angstarbeit und Angstbewältigungsarbeit

Angst ist anstrengend – mitunter so anstrengend, dass sie den eigenen evolutionären Nutzen zuerst betäubt, dann lähmt. Wenn Norbert Bolz das gegenwärtige „Zeitalter der Massenmedien" als „Zeitalter des Entrüstungspessimismus und der Angstrhetorik" denunziert,[93] steht der Verdacht völliger Unfruchtbarkeit der umfassend und allgegenwärtig gewordenen Ängste im Raum. Zweifellos jedenfalls wird mit der Angst Politik gemacht, und zwar sowohl links als auch rechts im herkömmlichen politischen Spektrum, stets mit der Ansage, nur die jeweils beackerte Angst – z. B. die vor der Klimakatastrophe oder die vor der Migrationskatastrophe – sei die einzige berechtigte Angst und die jeweilige Partei die einzige, die der jeweiligen Katastrophe Einhalt gebieten könne. Die verschiedenen Parteien lassen sich trefflich nach den Ängsten typologisieren, die sie bewirtschaften – auf Ängste angewiesen sind sie allesamt. Man konkurriert darum, welche Angst legitimer ist – die eigentliche, richtige, berechtigte Angst: Die vor der Erderwärmung? Die vor den Migranten? Die vor der kapitalistischen Ausbeutung? Die vor der kommunistischen Gleichmacherei?

Angst kommt auf, weil man scheinbar keine Möglichkeiten hat. So waren die apokalyptischen Ängste im Spätmittelalter über weite Strecken Ängste von Möglichkeitslosen, die auch jene anzustecken verstanden, denen viele Möglichkeiten offengestanden hätten. Oder Angst kommt auf, weil man zu viele Möglichkeiten hat, weil zu viel, nämlich alles, offen ist. In diesem Zustand befindet sich die Jetztzeit.

Die Angst angesichts der Möglichkeitsfülle ist radikal – und radikal offen. Sie schreit nach Konkretisierung. Und genau die liefern die diversen Parteien, deren Aufgabe es ist, die allgemeine Möglichkeitsangst, die allgemeine Offenheitsangst an Bestimmtem festzumachen. Dieses Festmachen faltet sich vielfältig aus: Die einen haben dann Angst davor, dass wir der Umwelt den Garaus machen, die anderen davor, dass uns die „Umvolkung“ den Garaus macht. Es ist entlastend, konkrete Ängste zu haben, denn wenn sie ein Objekt, einen Gegenstand benennen können, hat der Geängstigte eine Wahl getroffen, eine Möglichkeit ergriffen, z. B. „links“ oder „rechts“ zu sein.

Müsste da eine direkt-partizipatorische Demokratie nicht eine wahre Brutstätte infernalischer Ängste sein, die sich alle gegenseitig anfeuern und aufputschen? Bringt nicht gerade die modernitätstypische Demokratisierung unfassbar viele Ängste hervor, weil sie einerseits Möglichkeiten eröffnet, andererseits Gewissheiten raubt?

Tatsächlich dürften Demokratie und Angst eine intime Beziehung zueinander pflegen (die Demokratietheoretiker beharrlich leugnen). Aber diese Beziehung muss keineswegs unfruchtbar sein. Ist das System darauf gepolt, Ängste zu oligopolisieren, soll heißen: sie in festumrissenen Gruppen, nämlich Parteien, zu hegen, frieren sich die Ängste gesamtgesellschaftlich gern fest. Die Individuen gruppieren sich um ihre jeweiligen Ängste, krallen sich an Angstpartner und halten die Ängste ihrer Partei für die einzig berechtigten. Anders die direkt-partizipatorische Demokratie: Sie konfrontiert alle Partizipanten unausgesetzt mit den Ängsten der anderen. Ich werde diese Ängste nicht teilen und sie womöglich verabscheuen, bin aber doch dazu aufgefordert, mich zu ihnen zu verhalten. Denn jede und jeder hat das Recht, seine Ängste zur Abstimmung zu stellen. In dieser Abstimmung – und der ihr vorangehenden Debatte – muss ich mich den Ängsten der anderen stellen. Sie bringt meine Ängste nicht zum Verschwinden, setzt sie aber in Relation. Direkt-partizipatorische Demokratie betäubt die Ängste nicht, sondern macht sie gestaltbar. Im politischen Handeln von uns allen relativiert sich die Angst – auch die Angst *vor* den anderen.

Warum sollen wir politisch partizipieren? Um eine gemeinsame Welt zu erschaffen – wobei das „Wir" stets ein variables, oft ein anderes ist. Ein einschließendes, kein ausschließendes Wir. Direkt-partizipatorische Demokratie ist ein Hilfsmittel, die Welt gemeinsam zu nostrifizieren.

Wer soll politisch teilhaben?

Gesetzt, möglichst alle sollten möglichst umfassend aktiv partizipieren, dürften soziale und ökonomische Ungleichgewichte möglichst keinen Einfluss auf die Entscheidungsfähigkeit der Individuen haben. Dies wiederum bedeutet, dass die Bedingungen der Möglichkeit dieser Entscheidungsfähigkeit möglichst für alle vorteilhaft gestaltet werden müssen, beispielsweise durch Instrumente wie ein bedingungsloses Grundeinkommen. Partizipationsmöglichkeitssteigerung lautet die Devise zum Einbezug aller.

16 Der Inhalt der Physik geht die Physiker an,
die Auswirkung alle Menschen.
17 Was alle angeht, können nur alle lösen.
18 Jeder Versuch eines Einzelnen, für sich zu lösen, was alle angeht, muß scheitern.

Friedrich Dürrenmatt: *21 Punkte zu den Physikern* (1962)

Dass alle an allem teilnehmen, ist nach Aristoteles das, was eine Demokratie ausmacht.[1] Und nach dem bislang Gesagten versteht es sich von selbst, dass ich die aktive Partizipation möglichst aller für ein zentrales Kennzeichen direkt-partizipatorischer Demokratie halte – wobei diese Partizipation nicht auf gelegentliche Wahl von Repräsentanten beschränkt bleiben darf, sondern sich auf eine möglichst große Vielzahl von Entscheidungen zu erstrecken hat. Denn faktisch ist im Repräsentativismus bei vielem, wo Partizipation draufsteht, nur Zuschauendürfen drin. Der Bürger und die Bürgerin verbringen da ihr politisches Leben auf der Zuschauertribüne der Parlamente oder im Wohnzimmersessel vor dem Fernseher.

Diese Form der Teilhabe ist so „aktiv“ wie diejenige, die das Rijksmuseum in Amsterdam anbietet, wenn man als Besucher im

Museum oder im Netz der Restaurierung von Rembrandts *Nachtwache* beiwohnen darf.[2] Das Gemälde das selbst bürgerliche Partizipation vor Augen stellt, ist in einen großen Glaskasten gepackt, sicher vor unziemlichen Übergriffen seitens der Teilhabenden – und das eigentliche Tun wird den Spezialisten überlassen. Im Falle der Rembrandt-Restaurierung wird man dafür dankbar sein, dass nicht jeder den Pinsel ansetzen darf. Im Falle repräsentativistischer Politik ist das Setting identisch: Ein großer Glaskasten umgibt die Handelnden, die zugleich ein Bild bürgerlicher Partizipation zur Schau stellen und daran herumretuschieren, während alle anderen draußen vor dem Glaskasten stehen oder vor dem Bildschirm sitzen. Während jedoch Bilderrestauration hochgradiges Fachwissen voraussetzt, sind in der Politik nicht nur alle imstande zu verstehen, worum es geht, sondern auch alle imstande, bei dem, worum es geht, Entscheidungen mitzutreffen. Es reicht nicht, Transparenz mit dem Etikett „Partizipation" zu versehen und zu behaupten, der Umstand, dass wir Berufspolitikerinnen und Berufspolitikern (gelegentlich) bei ihren Entscheidungen zusehen dürfen, sei schon der Gipfel der erreichbaren Partizipation. Transparenz ist häufig ein schaler Ersatz für Partizipation, die man nicht gewähren will. Dass man hierfür das schöne Wort des „Erörterungsanspruchs" aus dem Arbeitsrecht nicht ins politische Feld exportiert, ist schade, denn es trifft den Nagel auf den Kopf: So wie ein Arbeitnehmer einen „Erörterungsanspruch" über die Dauer und Lage seiner Arbeitszeit hat, kann eine Bürgerin einen „Erörterungsanspruch" gegenüber Berufspolitikerinnen geltend machen. Politik wird im Repräsentativismus streng analog zum „Erörterungsanspruch" im Arbeitsrecht gedacht: Berufspolitiker müssen den Bürgern sagen, was, wie und warum sie etwas tun. Aber den Bürgern steht keine Mitbestimmung dabei zu, dass, wie und warum sie es tun.

Ausschluss der Eingeschlossenen I: Wer partizipiert nicht, weil er nicht die vollen Mitbestimmungsrechte hat?

Manche Gruppen sind in den realexistierenden Demokratien von voller aktiver Partizipation ausgeschlossen, Unmündige, also Kinder und Jugendliche, Ausländerinnen und Ausländer, aber auch Demenzkranke. Das Wahlalter ist auf 18 und mancherorts sogar auf 16 Jahre gesenkt worden; mit dem Argument, Partizipation könne nicht früh genug erfolgen und es gehe bei politischen Entscheidung gerade um die Zukunft der Kinder und Jugendlichen, plädieren manche dafür, die Wahlaltersgrenze überhaupt aufzuheben – und müssen sich entgegenhalten lassen, die kindliche Entwicklung erlaube eine eigenständige politische Entscheidung von 5- oder 8-Jährigen noch nicht. Ich überlasse diese Frage gern der entwicklungs- und sozialpsychologischen Erörterung.

Brisanter ist die Frage, ob diejenigen, die in einem Staat kein Bürgerrecht besitzen, dennoch Wahl- und Abstimmungsrechte eingeräumt bekommen sollen. Sind wir nicht alle als Erdenbürger Kosmopoliten, die, wo immer wir uns aufhalten, dort auch aktive Mitbestimmungsrechte eingeräumt bekommen sollten?[3] Oder sollten diese Rechte nur dem gewährt werden, der sich schon längere Zeit in einem Staat aufhält oder dort sogar das Bürgerrecht erworben hat? Ist es ein „Demokratiedefizit", wenn ein Staat die Nichtbürger von den Entscheidungen ausschließt?[4] Insbesondere dann, wenn der Nichtbürger die Lasten des Gemeinwesens mitträgt, beispielsweise Steuern bezahlt – nach der Parole des amerikanischen Unabhängigkeitskampfes „no taxation without representation"? Und wenn im Gegenzug mit dem Soziologen Ralf Dahrendorf der „Bürgerstatus" „in keinem seiner Elemente an die Erfüllungen von Bedingungen geknüpft" sein soll, das Wahlrecht beispielsweise nicht davon abhängen dürfe, ob jemand Steuern bezahlt oder nicht,[5] bliebe die Frage, mit welcher Begründung man jemandem diesen Status vorenthalten kann. Bloß weil er oder seine Eltern anderswo geboren sind? Und wer wäre die Instanz, die zur Verleihung des Bürgerrechts befugt ist: Repräsentanten, Funktionäre oder die Gesamtheit der bisherigen Inhaber dieses Bürgerrechts?

Sowenig ich hier in die Feinheiten des Ausländerstimmrechts eintreten will, scheint mir deutlich, dass der Rechtfertigungsdruck auf denen lastet, die es verunmöglichen wollen. Denn das Prinzip möglichst weitgehender aktiver Partizipation möglichst aller kann weder von Herkunft, Geburtsort noch Geschlecht oder Lebensalter untergraben werden. In einer direkt-partizipatorischen Demokratie würde es starker Argumente bedürfen, sollte man dieses Prinzip einschränken wollen.

Rechtfertigt nun ein solches Prinzip möglichst weitgehender aktiver Partizipation möglichst aller auch Quoten für bestimmte Bevölkerungsgruppen, so wie sie 2021 die Berliner Senatorin für Integration, Arbeit und Soziales Elke Breitenbach in ihrem Entwurf eines „Gesetzes zur Förderung der Partizipation in der Migrationsgesellschaft" vorsah? „‚Wir haben'", so Breitenbach, „‚den Anspruch, dass alle Menschen in dieser Stadt die gleichen Chancen haben. Strukturelle Diskriminierung nehmen wir nicht hin.' In Berlin weisen zurzeit rund 35 Prozent der Bevölkerung, aber nur 12 Prozent der Beschäftigten im öffentlichen Dienst einen Migrationshintergrund auf. Ergo seien ‚festgelegte Regeln und eine klare Förderung in Form einer Quote nötig, damit mehr Menschen mit Migrationsgeschichte in der Verwaltung eingestellt werden'."[6] Warum aber sollte man Menschen auf den einen Aspekt, eine „Migrationsgeschichte" zu haben (nach dem Berliner Entwurf soll dafür übrigens Selbstzuschreibung reichen), reduzieren und darauf ihren Anspruch auf einen quantitativ bemessenen Teilhabeanteil gründen? Die Dilemmata der Gruppenrepräsentation[7] lassen sich nicht beseitigen, wenn man sie unter dem Stichwort der Partizipation neu ausflaggt. Das Jetztzeitindividuum ist höchst heterogen und lässt sich nicht einfangen, indem man es einer Gruppe zuweist. Klientelpolitik für angeblich benachteiligte Gruppen mag im Repräsentativismus gelegentlich ihre Ziele erreicht haben. In einer direkt-partizipatorischen Demokratie wäre sie überflüssig, weil sich dort jede und jeder als politisch handelndes Individuum einbringen kann und muss, und zwar auf allen Ebenen, von der Dorfpolitik bis zur Weltpolitik.

Ausschluss der Eingeschlossenen II: Wer partizipiert nicht, obwohl er volle Mitbestimmungsrechte hat?

Das Zensuswahlrecht, das das Recht zu wählen und sich wählen zu lassen von den Vermögensverhältnissen abhängig machte, ist erst seit anderthalb Jahrhunderten – seit der Reichstagswahl 1871 – in Deutschland Geschichte.[8] Nur wer Geld hatte und nicht abhängig beschäftigt war, verfügte nach der Grundidee des Zensuswahlrechts über die Urteilskraft, die Muße und vor allem über die Unabhängigkeit, politische Entscheidungen zu treffen.

Unter neuen Vorzeichen kehrt die alte Idee heute wieder: Sollten nicht nur die entscheiden dürfen, die auch Leistung erbringen? So plädiert der Unternehmensberater Markus Krall dafür, das Wahlrecht jenen abzuerkennen, die staatliche (Transfer-)Leistungen in Anspruch nehmen wollen – egal, ob als Beamte oder als Sozialhilfeempfänger.[9] Der Jurist Tom W. Bell wiederum liebäugelt mit einer „double democracy", in der zum einen die Steuerzahler je nach Anteil am Steueraufkommen ihren Anteil am Gesetzgebungsverfahren, der Einführung des Neuen hätten. Zum anderen aber stünde allen Einwohnern die Option offen, durch Volksabstimmung, in der jeder unabhängig von Einkommen und Steueraufkommen eine Stimme hätte, die Einführung neuer Gesetze zu verhindern, ohne freilich selbst Gesetzesinitiativen lancieren zu können.[10] Elitedemokratietheorien sind schon alt, aber erleben derzeit eine bemerkenswerte Wiederbelebung. Pessimistisch im Blick auf die Vernunft- und Entscheidungsfähigkeit der Menschen blickend, wollen sie die Einflussmöglichkeiten breiter Bevölkerungsschichten zugunsten erleuchteter und autonom agierender Eliten beschneiden, so dass „die Legitimität einer Demokratie aus der Akzeptanz des Outputs des demokratischen Prozesses seitens der Bürger" resultiere: „Die politische Partizipation besitzt keinen intrinsischen Wert mehr."[11]

Sind solche Oligarchisierungsversuche der Demokratie vom Wunsch beseelt, die Macht der Massen unter dem Vorwand ihrer weisen Führung möglichst in Schranken zu weisen, geben sich demokratieaffine Diagnosen gern empört darüber, dass faktisch die Entscheidungsbefugnis der Bürgerinnen und Bürger weitgehend zum Papiertiger verkommen sei. So möchte die Philosophin Elizabeth Anderson plausibel machen, dass wir in unserem Arbeitsalltag in marktwirtschaftlich orientierten Unternehmungen unter den Zwängen privater Regierungen stehen, die unsere Partizipationsmöglichkeiten radikal stutzen.[12] Michael Andrick, auch Philosoph, will herausstellen, dass uns die moderne, „neoliberale" Arbeitswelt einem so radikalen Konformitätsdruck unterworfen habe, dass wir es erstens nicht merkten und zweitens in jeder Hinsicht durch fremde Zwecke bestimmt würden. Wenn wir uns „selbst optimieren", setzten wir keine eigenen Zwecke, sondern beugten uns der Heteronomie.[13] Wäre aus solchen Befunden abzuleiten, dass wir auch den Arbeitsalltag radikal-partizipativ demokratisieren müssten („no work without participation"), oder reicht es, wenn wir Stimm- und Wahlrecht in der traditionellen politischen Sphäre haben und ausüben („no taxation without participation")? In einem Interview meint Politikwissenschaftler Wolfgang Merkel auf die Äußerung, es gebe doch noch sehr große Entscheidungsspielräume: „Das stimmt. Sie werden nur zu wenig genutzt. Zum Beispiel, wenn es um die ökonomische Ungleichheit geht, eine der größten Gefahren für das Gleichheitsprinzip der Demokratie. Das wirtschaftlich schwächste Drittel in der Gesellschaft verharrt am unteren Rand, gewissermaßen generationell vererbend. Kinder von armen Eltern haben eine extrem hohe Wahrscheinlichkeit, selbst arm zu werden."[14] Angenommen, das stimme, folgt daraus nicht ein Appell zur radikalen Demokratisierung? Gerade weil die gesellschaftlichen und privatwirtschaftlichen Einflussmöglichkeiten der ökonomisch Schlecht(er)gestellten so beschränkt sind, müssten sie dann nicht wenigstens mit basisdemokratischen Machtmitteln ausgestattet werden? Die Stimme des „Abgehängten" ist an der Urne gleich viel wert wie die Stimme des Milliardärs. Entsprechend müssten sie, müssten wir alle diese Stimme haben und sie nutzen. Möglichst oft.

Wohl und Weh des Paternalismus

Als 2021 der italienische Präsident Sergio Mattarella den ehemaligen EZB-Präsidenten Mario Draghi mit der Regierungsbildung beauftragte, ging ein hörbares Aufatmen durch die Reihen des sich aufgeklärt wähnenden, wohltemperiert bürgerlichen und linksliberalen Milieus. Endlich machte da in Rom mal jemand klar, dass es mit dem Geschrei der Scharfmacher und Spalter so nicht weitergehen könne. Und sieht der Präsident nicht überhaupt aus wie die Verkörperung staatslenkender Weisheit, der neue Ministerpräsident immerhin wie ein Sparkassendirektor aus jener Zeit, als Sparkassen noch auf Treu und Redlichkeit eingeschworen waren? Stehen sie nicht für guten Paternalismus?

Die Philosophie hegt bekanntlich seit jeher eine Schwäche für weise alte Männer. Die sollten nicht nur ihren Mitphilosophen sagen, was wahr, gut und schön ist. Sondern sie sollten möglichst auch das Zepter in die Hand nehmen und allen Menschen sagen, wo es langgeht. Platon verdanken wir die Vorstellung von den Philosophenkönigen, die im idealen Staat herrschen und die politisch-soziale Welt zum Besten einrichten. Zwar erlitten schon Platons eigene Bemühungen, einen solchen idealen Staat zu verwirklichen, Schiffbruch. Aber die Schwäche der Philosophie für weise alte Männer ist geblieben und hat sich weitervererbt bis in jenes sich aufgeklärt wähnende, wohltemperiert bürgerliche und linksliberale Milieu. Gegen Platon hält es nun jedoch entschieden demokratische Werte hoch, redet viel von Teilhabe, Inklusion oder zivilgesellschaftlichem Engagement. Und ist, wie seine philosophischen Ahnen, davon überzeugt, über die richtige Einsicht zu verfügen – wie die Welt zu deuten und was in ihr zu tun sei.

Entsprechend viel Sympathie schlägt von dieser Seite dem präsidialen Entscheider entgegen. Habe er denn nicht das Richtige, das von der Vernunft Gebotene getan? Nehmen wir einmal an, das sei so. Doch bleibt ein klitzekleines Problem: nämlich der Umstand, dass man die demokratische Legitimation, die man sonst für Entscheider und Entscheidungen unerbittlich verlangt, gern vergisst, wenn die eigene Weltsicht siegt. Mit der Parteinahme für diejenigen, die Bescheid wissen, Bescheid geben und auch jenseits demokratischer Willensfindungsprozesse entscheiden, tritt eine gegenwartstypische Kippfigur auf: Den Rechten, Extremen wirft man Demokratiefeindlichkeit vor und liebäugelt selbst mit dem Autoritarismus, wenn er denn nur der Autorität der Vernunft gehorcht. Aber wer kann sich dieser Autorität sicher sein – wer kann ganz sicher sein, auf der Seite der Vernunft zu stehen?

Offensichtlich niemand, der nicht dogmatisch verbohrt ist. Es hilft nichts: Das politische Geschäft ist ein Feld vorläufiger Einsichten, ein Feld provisorischer Wahrheiten. Deshalb ist es klug, Entscheidungen nicht auf ewig festzuschreiben. Denn exklusiven Anspruch auf Vernunft kann niemand erheben, nicht einmal die alten, weisen Männer. Daher ist es besser, wenn sich die Meinungen allesamt plebiszitär austarieren.

Aber der Paternalismus ist allgegenwärtig. Die Beispiele flimmern täglich über die Bildschirme. Nur zwei fast beliebige: Der Europäische Gerichtshof urteilt, dass Arbeitgeber die Arbeitszeit aller Arbeitnehmer systematisch erfassen müssen. Der Bundestag verbietet „gewerbsmäßige Sterbehilfe" – ein Verbot, das das Bundesverfassungsgericht 2020 zwar gekippt hat mit dem Argument, zu den Persönlichkeitsrechten gehöre auch ein „Recht auf selbstbestimmtes Sterben". Was den Bundestag bisher freilich noch nicht veranlasst hat, von seinem ursprünglichen paternalistischen Beschluss Abstand zu nehmen.

Das hat systemische Gründe: Der Parlamentarismus nach dem Zweiten Weltkrieg ist wesentlich ein Wohlfahrtspaternalismus. Er hielt die Menschen in ihrer politischen Sachentscheidungsohnmacht ruhig, weil man sie gut und reichlich fütterte. Aber wenn das nicht mehr möglich ist, beispielsweise, weil der Staat bankrott ist, funktioniert auch die Ruhigstellung nicht mehr. Mehr und mehr zeichnet sich die Alternative ab: Entweder umfassende Volksbetreuung – idealtypisch verwirklicht in der Volksrepublik China, auf bestem Weg im neuen Wohlfahrtsstaat der PIS in Polen. Oder weitgehende politische Partizipation. Vollbetreuung oder direkt-partizipatorische Demokratie. Ein Staat mit Haftung für alles, wo alle vor dem Individuum stehen, oder ein Staat mit nur beschränkter Haftung, wo das Individuum für sich steht.

Bedingungsloses Grundeinkommen?

Einerseits also brauchen wir keine alten weisen Männer, die uns sagen, wo es langgehen soll. Andererseits bestehen gravierende ökonomische Zwänge, die viele Menschen tatsächlich einem „private government“ unterwerfen, wie es Elizabeth Anderson beklagt. Der direkt-partizipatorischen Demokratie stehen also durchaus sehr praktische Hindernisse im Weg – zumal dann, wenn die auf Erwerbsarbeit angewiesene Bevölkerung von dieser Arbeit so absorbiert ist, dass sie sich gar nicht aktiv für das Gemeinwohl engagieren kann oder will.[15] Der schon von Benjamin Constant benannte Konflikt, dass der moderne Mensch, selbst wenn er wollte, gar nicht wirklich die Zeit und die Muße habe, sich um das Gemeinwesen zu kümmern, weil er sich zuallererst um sein persönliches Überleben und Fortkommen kümmern müsse,[16] ist nicht so leicht aus dem Weg zu räumen.

Da helfen womöglich Überlegungen zu einem bedingungslosen Grundeinkommen beim Pfadfinden.[17] Bedingungsloses Grundeinkommen könnte *erstens* die Menschen existenziell sicher stellen, auf bescheidener Grundlage. Die existenzielle Not – auch die existenzielle Nötigung –, Gruppeninteressenpolitik beispielsweise als Arbeiterinnen und Arbeiter zu betreiben, um die eigene Subsistenz zu sichern, würde entfallen, weil Betroffene sich einfach entscheiden könnten, nicht mehr zu arbeiten, wenn Arbeitsbedingungen und Lohn schlecht sind. Es könnte *zweitens* die Menschen freistellen fürs Politische und so Abhilfe schaffen gegen die Gefahr, dass allseitige Überbeschäftigung unser politisches Engagement vereitelt. So könnte es *drittens* der Ermündigung dienen. Denn es würde alle in den Stand versetzen, uns nicht aus schierer Not und Nötigung verkaufen zu müssen, beispielsweise an Arbeitgeber, die nicht ordentlich zu bezahlen gewillt sind. Bedingungsloses Grundeinkommen steht, wie Ökonom Bernhard Neumärker ausführt, gegen starre und etablierte Machtverteilungen.[18]

Wenn bedingungsloses Grundeinkommen einen Freiheitszugewinn bedeutet, weil es vom unmittelbaren Druck entlastet, die eigene Haut oder Arbeitskraft um jeden Preis verkaufen zu müssen, dient es der Verwirklichung jener modernitätstypischen Kultur der Möglichkeiten. Denn ein solches Grundeinkommen für jede und jeden hielte Möglichkeiten nicht nur theoretisch vor, sondern stellte sie ganz praktisch bereit: Niemand wäre mehr gezwungen, bestimmte Möglichkeiten zu ergreifen, bloß, weil sie oder ihn die schiere ökonomische Bedrängnis dazu zwingt. Sondern jede und jeder könnte ihre und seine Möglichkeiten gelassener abwägen. Bedingungsloses Grundeinkommen wäre ein probates Mittel, die Menschen von jenen Zwängen zu befreien, die sie daran hindern zu bestimmen, wie ihr Zusammenleben gestaltet sein soll.

Allerdings stehen starke Argumente dieser Idee entgegen. Das *erste* Gegenargument besagt, dass niemand mehr bereit wäre, unangenehme Erwerbsarbeit zu leisten. Zumindest im Bereich der politischen Philosophie entfaltet es allerdings wenig Überzeugungskraft. Denn wenn niemand mehr gezwungen wäre, solche Arbeit aus Not zu verrichten, weil sie oder er über ein Grundeinkommen verfügt, hätte sie oder er eine enorme Verhandlungsmacht gegenüber denjenigen, die die entsprechende Arbeit getan haben wollen. Die Müllfrau oder der Putzmann müssten entsprechend entlohnt werden, damit sie sich veranlasst sähen, ihre Arbeit zu leisten. Marktförmiges Anreizgeschehen funktioniert also durchaus und erst recht unter der Voraussetzung eines bedingungslosen Grundeinkommens. Denn dann könnte jeder und jede selbst entscheiden, ob dieses ihm oder ihr reicht oder ob sie oder er nicht doch lieber ordentlich mehr verdient, um sich mehr leisten zu können. Ich hätte dann die Wahl, ob ich ein Leben führen will, in dem Konsum oder Luxus wesentlich sein sollen oder das Nachdenken oder die Kunst oder etwas anderes.

Dieses Andere könnte gerade Politik sein, für die ich mich dann engagierte, ohne mich in erster Linie für meine basalen Partikularinteressen einsetzen zu müssen, da die durch das bedingungslose Grundeinkommen gedeckt wären.

Das *zweite* Gegenargument besagt, ein solches bedingungsloses Grundeinkommen sei reiner Paternalismus und zehre von der Idee des Nanny-Staates, der sich für alles und jedes zuständig wähnt. Aber auch dieses Argument bleibt prekär: Bekäme jede und jeder ohne Ansehen der Person dieses Grundeinkommen, dann wäre gerade die bevormundende Einmischung des Staates in individuelle Angelegenheiten unterbunden, wie sie etwa bei Hartz IV, „Bürgergeld“ und anderen Sozialleistungen geschieht, um derentwillen ein Anspruchswilliger alles offenlegen muss. Das bedingungslose Grundeinkommen könnte eher das Projekt eines nüchtern-distanzierten statt eines paternalistischen Staates sein, der seine Aufgabe nur darin sähe, Rahmenbedingungen dafür bereitzustellen, dass jede und jeder seine oder ihre Möglichkeiten finden und nutzen kann. Etwas aus diesen Möglichkeiten zu machen, wäre immer noch und noch entschiedener der oder dem Einzelnen anheimgestellt, die oder der jetzt aber nicht mehr unter existenziell-ökonomischem Überlebensdruck steht. Vielleicht wäre gerade ein solcher nüchtern-distanzierter Staat die politische Vision ermündigter Bürgerinnen und Bürger.

Das *dritte* Gegenargument ist entsprechend gegenläufig und karikiert das bedingungslose Grundeinkommen als eine „Abstell“- oder „Stilllegeprämie“, weil, so Gewerkschaftsfunktionäre und Vorstandsvorsitzende unisono, Lebenssinnstiftung durch Erwerbsarbeit erfolge. Abgesehen von der Frage, ob die Lebenssinnstiftungsidee durch Erwerbsarbeit tatsächlich jeden Putzmann und jede Müllfrau überzeugt, ist deutlich, worauf dieses dritte Argument hinausläuft, nämlich darauf, das bedingungslose Grundeinkommen als „neoliberal“ zu verunglimpfen, wolle es doch den schlanken Staat. In der Tat wäre ein solcher nüchtern-distanzierter Staat – der Abbau der Sozialbürokratie – tatsächlich eine wünschenswerte Folge der Einführung dieses Grundeinkommens: eine Verschlankung des Staates zur Ermündigung aller. Dass der Staat kein Selbstzweck ist, geht im antineoliberalen Schäumen gelegentlich unter – ebenso, dass die Ermündigung aller auf Kosten staatlicher Omnipräsenz und staatlicher Omnipotenz in hohem Maße erstrebenswert sein kann.

Gerade weil der ökonomische Druck abnimmt, nur noch an sein schieres Überleben denken zu müssen, ist in der Jetztzeit direkt-partizipatorische Demokratie möglich, ja nötig. Die meisten Bewohner beispielsweise Deutschlands sollten den Blick und den Kopf frei fürs Allgemeine bekommen, weil sie sich nicht mehr nur mit der Subsistenzsicherung beschäftigen müssen. Wenn die Menschen eine Zukunft vor sich haben, in der sie die meiste Zeit nicht mehr der Erwerbsarbeit opfern müssen, haben sie Zeit für Partizipation, für Politik. Es gilt in einer postindustriellen Gesellschaft gerade nicht mehr Constants Diagnose, wonach niemand mehr Zeit für Politik hat. Sondern wir bekommen *erstens* in einer künftigen Mußegesellschaft, wo uns KI-gelenkte Roboter vieles abnehmen, viel mehr Zeit fürs Politische und Partizipative. *Zweitens* bekommen wir einen Blick für Anliegen, die uns persönlich nicht betreffen, wo wir persönlich mit unseren Interessen nicht involviert sind. Viele politische Entscheidungen gehen uns persönlich nichts an; unsere Interessen sind nicht tangiert. Wir können urteilen im Blick auf das, was wir für das Gemeinwohl halten. Denn *drittens* müssen wir keineswegs nur noch für unsere eigenen Interessen kämpfen, wie die in Parteien und Gewerkschaften sich organisierenden Industriearbeiter des 19. Jahrhunderts oder die Feministinnen des 20. Jahrhunderts. Mit der Zukunft der Arbeit, die eine freiere Zukunft sein wird, nimmt auch der Druck ab, für die eigenen Interessen kämpfen zu müssen.

Die Zukunft der Arbeit, die eine Zukunft der Arbeitszurückdrängung sein wird, eröffnet eine Fülle von Möglichkeiten, ohne dass man das Schreckgespenst einer mehr oder weniger vollständigen Ersetzung menschlicher Erwerbsarbeit(skraft) durch Digitalisierung an die Wand malen muss, um sich Verängstigte gefügig zu machen.[19] Darunter die Möglichkeit der politischen Partizipation. Höchste Zeit, dafür auch die strukturellen Rahmenbedingungen zu schaffen. Bedingungsloses Grundeinkommen könnte dazugehören.

Wahlpflicht und Wahlverzichtsfreiheit

Die Frage des „allgemeinen Stimmrechts“ ist schon eine Frage des 19. Jahrhunderts – und schon damals hat man aus dem Umstand, dass davon vielfach kein Gebrauch gemacht wurde, ein Argument für seine Abschaffung geschmiedet: „Das Volk hat sich das allgemeine Stimmrecht nicht gegeben, es hat dasselbe, überall, wo es jetzt in Geltung ist, empfangen und vorläufig angenommen: jedenfalls hat es aber das Recht, es wieder zurückzugeben, wenn es seinen Hoffnungen nicht genugtut. Dies scheint jetzt allerorten der Fall zu sein: denn wenn bei irgendeiner Gelegenheit, wo es gebraucht wird, kaum Zweidrittel, ja vielleicht nicht einmal die Majorität aller Stimmberechtigten an die Stimm-Urne kommt, so ist dies ein Votum *gegen* das ganze Stimmsystem überhaupt.“[20] Man könnte nun wie Nietzsche im Fortgang dieser Überlegungen die Idee, dass eine Mehrheit über eine Minderheit sollte bestimmen dürfen, gänzlich verwerfen und wie er für eine modernisierte Variante des alten Liberum Veto plädieren, jenes Einspruchsrechts eines einzigen Adligen im polnischen Sejm, das alle Mehrheitsentscheidungen zu Fall bringen konnte. Es darf freilich bezweifelt werden, dass man dann je zu einer politischen Entscheidung käme, weil sich stets Widerstandsgeister regen. Es wäre jedenfalls ein viel sichereres Rezept zur radikalen Entpolitisierung der Gesellschaft als das allgemeine Stimmrecht.

Nun ist freilich weder die Wahlbeteiligung in repräsentativen Demokratien wie Deutschland noch die Abstimmungsbeteiligung in direkten Demokratien wie der Schweiz heutzutage höher als zu Nietzsches Zeiten. Das treibt den Kommentatoren regelmäßig Sorgenfalten ins Gesicht. Ist das denn nicht ein alarmierendes Zeichen für ein allgemeines Desinteresse an Politik, für einen allgemeinen Rückzug ins Private? Und sollte man dem nicht begegnen mit einer Wahlpflicht? Mit einer Wahlpflicht, deren Missachtung Sanktionen nach sich ziehen sollte – Geldbußen, Aberkennung bürgerlicher Privilegien, öffentlichen Pranger? Es wäre immerhin möglich, dass schon das Recht zur Partizipation partizipationsmüde macht. Dass man nicht mehr teilnehmen will, weil man es ganz selbstverständlich darf. Gesetzt, das wäre so, könnte man mit einer Wahlpflicht dann tatsächlich Abhilfe schaffen? Wäre ein Zwang zur aktiven Partizipation ein Heilmittel angesichts der angeblich allgemeinen politischen Verluderung?

Wohl schwerlich, wenn man den Menschen als Wesen versteht, das nicht dem Staat gehört, sondern als eines, dem der Staat zu dienen hat. Eine relationale, relativistische und neutralistische Anthropologie[21] wird darauf beharren, dass jeder Mensch das Recht habe, sich zu entziehen – auch der Zumutung, stets und unentwegt aktiv an der Gestaltung der Bedingungen der Möglichkeit gemeinsamen Seins mitzuwirken. Zwang motiviert nicht.

Es wäre ebenso möglich und vielleicht sogar wahrscheinlicher, dass nicht das Recht zur Partizipation partizipationsmüde macht, sondern das Empfinden, mit seiner Partizipation nichts ausrichten zu können. Und gerade dieses Empfinden ist im Repräsentativismus sehr verbreitet: Wer nur alle paar Jahre seine Repräsentanten wählen darf, hat schwerlich den Eindruck, dass ihm Mitgestaltungsmöglichkeiten bei den Bedingungen der Möglichkeit gemeinsamen Seins eingeräumt werden. Das Problem ist bei der Teilhabe nicht ein Zuviel, sondern ein Zuwenig.

Der Einwand, dass ja auch in Staaten, in denen die Bürger an Sachentscheidungen durch Abstimmung direkt Einfluss haben, die Abstimmungsbeteiligung sehr häufig unter 50 Prozent liegt, sticht nicht wirklich. Zwar nehmen da die Bürger keineswegs an allen Abstimmungen teil, aber über eine Dauer von zwei oder drei Jahren gehen dann doch drei Viertel aller Berechtigten an die Urne. Zum Recht auf Partizipation gehört es, entscheiden zu dürfen, wann und in welcher Sache man partizipieren will. Wer in der Abstimmung über ein Verbot der Vollverschleierung oder über die Beschaffung neuer Kampfflugzeuge keine Entscheidung sieht, die für sein oder ihr Verständnis des gemeinsamen Seins von Bedeutung ist, wird dem Abstimmungslokal fernbleiben, während die bei diesen Vorlagen tatsächlich Abstimmenden davon überzeugt sind, diese Relevanz sei gegeben. Das nach eigenem Gutdünken und Ermessen einzuschätzen, muss dem vielgestaltigen, nicht abschließend repräsentierbaren

Individuum vorbehalten bleiben. Wahl- oder Abstimmungspflichten helfen da nicht weiter. Die Abstimmungs- und Wahlverzichtsfreiheit gehört zu den elementaren Rechten dieses Individuums, das sich keinem kollektiven Entscheidungszwang fügen muss.[22]

Wir sollen, weil wir können

Aus der prinzipiellen Wahlverzichtsfreiheit, die eine rechtliche Freiheit zu sein hat, sollten freilich nicht zu weitreichende Folgerungen gezogen werden. Denn der rechtlichen Freiheit steht eine Anforderung gegenüber, die sich aus unserer Stellung im Prozess der Modernisierung ergibt, die uns freigesetzt und freigestellt hat – nicht nur, um unser eigenes Ding zu machen, sondern auch, um die Bedingungen der Möglichkeit, unter denen wir leben, selbst mitzubestimmen. Auf die Frage, wer aktiv politisch partizipieren soll, lautet deshalb die Antwort: Wir alle – *wir sollen, weil wir können.* Dass wir es können, folgt schon aus der gewaltigen Zunahme umfassender Bildung seit der Einführung allgemeiner Schulpflicht im 19. Jahrhundert. Auch wer nur die Pflichtschule absolviert, ist mit genügend politischer Urteilskraft ausgestattet, um zu artikulieren, was er oder sie für das allgemein Gebotene hält – um zu artikulieren, was ihre oder seine Vorstellung vom Gemeinwesen ist. Die Leine, an die der Repräsentativismus uns kettet, ist unserer Urteilskraft nicht würdig. Oder um es im kriminalistischen Jargon zu sagen: Wir alle sollen politisch partizipieren, denn wir alle haben Täterwissen.

Die Anonymisierung, Rationalisierung und Bürokratisierung moderner Gemeinwesen[23] machen das Unähnliche ähnlich. Wir sollen alle gleich sein, vor dem Gesetz und auch vor dem Finanzamt. Man kann das als Entpersönlichung verstehen – und anprangern –, aber auch als Entlastung. Anonymisierung, Rationalisierung und Bürokratisierung schreiben uns nicht vor, uns aneinander anzugleichen, und sperren uns nicht zwangsläufig in einen Käfig moderner Hörigkeit. Sondern sie gewähren uns, wenn wir aktiv teilhaben, Spielräume. Wer partizipiert, schafft und lebt Differenz.

Betroffenheit

Aber muss man bei der konkreten Teilhabe nicht von den Entscheidungen, die man mittrifft, auch selbst betroffen sein? Muss man nicht ein Mindestmaß an Betroffenheit erfüllen? Schenkt man entsprechenden Verlautbarungen von „Betroffenen" in einschlägigen Foren und auf noch einschlägigeren Feuilletonseiten Glauben, so darf nur mitreden, wer tatsächlich auch betroffen ist, von einer Ausgrenzung, einem Schmerz. So soll Marieke Lucas Rijneveld die Gedichte von Amanda Gorman nicht ins Niederländische übersetzen dürfen, weil die niederländische Kollegin im Unterschied zur amerikanischen Lyrikerin nicht schwarz, sondern weiß ist. Sie könne deshalb nie ermessen, wie es ist, als Schwarze diskriminiert zu werden, weshalb Rijneveld für das Übersetzungswerk schlicht die Voraussetzungen fehlten.[24] Aus diesem zugespitzten Betroffenheitsexklusivitätsargument ergeben sich freilich allerlei absurde Konsequenzen: Wenn Ausgrenzungs- und Leidenserfahrungen einer Gruppe etwas sind, was Angehörige einer anderen Gruppe unmöglich nachvollziehen können, weil sie diese Erfahrungen selbst nicht gemacht haben, so dass man sich als Nichtangehöriger der Betroffenengruppe gar kein Urteil erlauben könne, ist man gezwungen, dieses Argument für jede spezifische Gruppenerfahrung geltend zu machen. Dann wird man einräumen müssen, dass auch Gewaltverbrecher Leidens- und Ausgrenzungserfahrungen gemacht haben, über die sich kein Nichtbetroffener ein Urteil anmaßen darf – und womöglich auch nicht über die praktischen Folgerungen, die diese Gruppen aus ihren Erfahrungen ziehen. Und streng genommen sind wir ja nicht in erster Linie Gruppenangehörige, sondern Wesen mit höchst individuellen Erfahrungsgeschichten. Schon die Nächststehende in meiner Gruppe (einmal ungeachtet des Umstandes, dass ich vielen Gruppen angehöre) teilt meine Erfahrungsgeschichten nicht. Wie soll jemand, der nicht am 14. Juli 1972 in Zofingen, Kanton Aargau, geboren ist, im Alter von 8 Jahren das Städtchen Aarburg mit seiner manisch-depressiven Mutter Richtung Basel verließ, dort nach dem Tod der Mutter bei der Großmutter lebte, die Schulen und ein Teil seines Studiums absolvierte, bevor er als Wissenschafts- und Wirtschaftsmigrant die Schweiz Richtung Amerika verließ und schließlich in Deutschland landete – wie soll so jemand, der diese Erfahrungsgeschichten nicht teilt, verstehen können, was den Betreffenden umtreibt?

Nun, zum Beispiel, indem sie oder er dieses Buch liest. Menschen sind offensichtlich Wesen, die bis zu einem gewissen Grad begreifen können, was ihresgleichen beschäftigt oder bedrückt, verletzt oder antreibt. Wir sind Wesen, die andere unseresgleichen – und als Angehörige der einen Gattung sind wir alle „unseresgleichen" – verstehen können, selbst und gerade dann, wenn sich unsere Erfahrungen mit den Erfahrungen der andern nur partiell decken. Sollte jemand im Ernst behaupten wollen, nur wer eine Erfahrung teile, dürfe über sie reden und urteilen, wäre Verstehen nicht mehr möglich, denn strenggenommen teilt niemand die Erfahrung einer oder eines anderen. Da hilft es nichts, mit groben Schablonen wie „Diskriminierung" zu arbeiten, um Individualerfahrungen unter einen Hut zu bringen und zugleich zu behaupten, es sei beispielsweise einem Nichtschwarzen nicht möglich zu begreifen, was rassistische Diskriminierung bedeutet – denn wenn ich solche an sich nützlichen Schablonen nutze, dann suggeriere ich gerade, dass Übertragbarkeit möglich ist – dass ein anderer mit anderem persönlichen Erfahrungshintergrund verstehen kann, wovon jemand redet.

Betroffenheitspolitik ist heikel und geht oft fehl. Zwar kann Betroffenheit ein Beweggrund sein, etwas, nämlich die Bedingungen der Möglichkeit des gemeinsamen Seins, ändern zu wollen. Aber Betroffene sind, so sie sich nicht in komfortabler Mehrheitsposition befinden, darauf angewiesen, dass Nichtbetroffene sich mit ihren Anliegen solidarisieren. LGBT-Aktivist*innen hätten ihre Anliegen politisch nie durchsetzen können, wenn nicht auch nichtlesbische, nichtschwule, nichtbisexuelle, nichttransgender Personen sich dafür starkmachen würden. Betroffenheit ist weder ein zwingender Grund noch eine zwingende Voraussetzung für Engagement – ganz abgesehen davon, dass höchst unklar ist, wie Betroffenheit denn näher zu definieren wäre: Wann bin ich denn von etwas betroffen? Ganz offensichtlich nicht nur, wenn mich irgendetwas physisch unmittelbar involviert. Psychische Betroffenheit kommt schon zustande, wenn ich von irgendeinem Sachverhalt Kenntnis erhalten habe. Ich muss nicht als Teenager meine Mutter verloren haben, um betroffen zu sein, wenn jemandem das widerfährt. Ich kann mich betroffen machen, beispielsweise, indem ich Gormans *The Hill We Climb* rezitiere oder Ovids *Tristia* lese, mir James Camerons *Titanic* ansehe oder Beethovens *Fidelio* lausche.

Betroffenheit als starkes In-Mitleidenschaft-gezogen-Sein könnte auch gegen die Mitbestimmung sprechen. Denn fehlt den Betroffenen nicht der kalte Sinn, die Unabhängigkeit bei der maßvollen und vernünftigen Abschätzung dessen, was zu tun ansteht? Sollte man gerade die Nichtbetroffenen die politischen Entscheidungen treffen lassen, weil die Betroffenen befangen und parteiisch sind, nur ihr vermeintlich eigenes Bestes sehen, aber alles jenseits des Tellerrandes beharrlich ausklammern?

Nimmt man freilich den Anspruch ernst, dass jede und jeder politisch partizipieren soll, wird man weder das Vorhandensein von Betroffenheit noch das Nichtvorhandensein zu einem Ausschlusskriterium erheben können. In einer Welt, die sich wesentlich aus Beziehungen konstituiert – in einem sehr elementaren, nicht denunziatorischen Sinn genommen – , steht alles mit allem in Beziehungen, so dass Betroffenheiten nicht isoliert bleiben, sondern sich durch das In-Beziehung-Sein von Menschen zu anderen Menschen fortpflanzen, mitschwingen. Betroffenheit lässt sich weder eingrenzen noch isolieren – übrigens ist auch schwer gegen sie zu argumentieren, zumal im Falle der ja auf sämtlichen politischen Hochzeiten tanzenden Betroffenheitsakrobaten, die sich bei allem und jedem betroffen wähnen.

Direkt-partizipatorische Demokratie bedeutet nun, dass man sich unentwegt mit den Betroffenheiten der anderen konfrontiert. Man muss sich damit auseinandersetzen, dass manche beispielsweise sich betroffen und bedroht fühlen durch Burkaträgerinnen, andere hingegen durch Rüstungskonzerne oder durch Verbrennungsmotoren. Direkt-partizipatorische Demokratie heißt aber gerade nicht, dass man die Betroffenheiten der anderen für sich stehen lässt und sich das Urteil darüber versagt, weil man nur den Betroffenen oder nur den Nichtbetroffenen politische Entscheidungsmacht zubilligt. Sondern direkt-partizipatorische Demokratie heißt, dass man immerzu über die Betroffenheit der anderen redet, sie thematisiert, problematisiert, abwägt. Sie heißt jedoch auch, dass man sich nicht nur in ein kritisches, sondern auch in ein um Verständnis bemühtes Verhältnis zu den Betroffenheiten der anderen setzt und aufhört, die eigenen Ängste und eigenen Betroffenheiten prinzipiell für die einzig rationalen und damit einzig legitimen zu halten. Direkt-partizipatorische Demokratie ist eine Schule, die Perspektive der anderen einzunehmen. Jeden Tag neu.

Wir sind alle betroffen, insofern wir Menschen sind. Darum geht es in der Politik.

Einschluss der Nichteingeschlossenen

Alle, die hier und jetzt betroffen sind, nämlich davon betroffen, in diesem Hier und Jetzt leben zu müssen, kann eine direkt-partizipatorische Demokratie aktiv teilhaben lassen, beispielsweise auch Kinder oder Menschen ohne Bürgerrecht. Aber die Entscheidungen, die bei dieser aktiven Teilnahme von uns allen gefällt werden, haben womöglich eine Reichweite, die weit über uns jetzt Partizipierende hinausweist. So können dadurch Weichen gestellt werden, die den Möglichkeitsspielraum derjenigen, die nach uns kommen werden, radikal einschränken, beispielsweise, wenn wir ökologischen Raubbau am Planeten betreiben.

Angenommen, die Menschen bringen sich hier und jetzt mit ihren Bedürfnissen und Interessen ein – allerdings mit Interessen und Bedürfnissen, die eigennützig und kurzfristig, ja hochgradig unvernünftig sind, weil sie das künftige Gut kommender Generationen um des eigenen kurzfristigen Lebensgenusses willen opfern. Dies alles angenommen, bräuchten wir dann nicht Experten, die uns unvernünftige Augenblicksfetischisten entmachten, um stattdessen aus höherer Einsicht die wahren Interessen der Menschheit zur Geltung zu bringen? Mag sein, dass wir sie bräuchten, nur leider gibt es sie nicht, diese Wiedergänger platonischer Philosophenkönige.[25] Und ob das mögliche Gut künftiger Menschen das wirkliche Gut heutiger Menschen – die Freiheit – aufzuwiegen vermag, sei dahingestellt.

Manche finden es attraktiv, auf ein „All-Affected-Principle" zurückzugreifen, wonach alle von einer Entscheidung Betroffenen, eben auch die jetzt Abwesenden, die künftige Generationen, bei dieser Entscheidung einbezogen werden müssten.[26] Freilich lässt sich die Anmaßung, mit der Stimme der Zukunft aufzutreten, nur schwer rechtfertigend bändigen. Zwar können wir uns hier und heute bemühen, einigermaßen passable Lebensbedingungen für Menschen in der Zukunft zu hinterlassen, aber was sie wirklich wollen, können wir unmöglich antizipieren, weil wir die Zukunft nicht kennen. Wer die Stimme der Zukunft zu sprechen vorgibt, will sich selbst ermächtigen – was eine politische Strategie sein kann, gerade wenn es in der Gegenwart an Stimmen und Zuspruch gebricht. Dennoch steht die Legitimation des Zukunftssprechers auf tönernen Füßen.

Bedenkenswert am „All-Affected-Principle" ist aber, dass es die herausstellt, die abwesend sind und sich bei den Entscheidungen weder zu Wort melden noch mittun können. Vielleicht gehört es zu einer direkt-partizipatorischen Demokratie, dass in ihr niemand zur Abwesenheit verurteilt sein soll. *Direkt-partizipatorische Demokratie ist diejenige Staatsform, die möglichst alle zu Anwesenden macht.* Das kann schwerlich geschehen, indem man Repräsentanten einsetzt, die aufgrund von (zweifelhafter) Expertise für künftige Generationen zu sprechen vorgeben. Sondern indem wir alle die Abwesenden zu Anwesenden machen, die jetzt Lebenden, aber politisch nicht Artikulationsfähigen ebenso wie die künftigen Bewohner dieses Planeten – und zwar je nach unseren individuellen Zukunftsvorstellungen. Es verhält sich ja keineswegs so, dass die meisten Menschen sich einzig um das Hier und Jetzt scheren und die Zukunft nach uns der Sintflut überlassen wollen. Nur sind die Vorstellungen davon, was die Zukunft den nach uns Geborenen bringen soll, sehr unterschiedlich.

Bei diesen Zukunftsvorstellungen verhält es sich wie mit anderen Meinungen auch: Sie sind irreduzibel plural – und in jeder Meinung könnte ein Funken Wahrheit stecken, womöglich die Keimzelle wichtiger neuer Erkenntnis.[27] Man muss sich nicht nur einüben in der regelmäßigen, direkten Partizipation. Man muss sich auch einüben darin, eine Meinung gegen andere Meinungen mit Gründen zu verteidigen und Gegengründe anzuhören. Es ist kein Zukunftsrat erforderlich, der für die künftigen Generationen spricht, sondern bloß direkt-partizipatorische Demokratie, die wie im Fall der Betroffenheit anderer auch die Betroffenheit künftiger Menschen zu antizipieren versucht. Zwar ist deren Stimme noch nicht hörbar, aber in Teilen kann ich sie vorausahnen. Bin ich erst darin geschult, die Betroffenheit schon lebender und vernehmbarer Anderer wahrzunehmen, bin ich schon darauf vorbereitet, auch die möglichen Anliegen Künftiger mitzudenken, mitzuempfinden.

Angeblich herrscht in Deutschland ein weithin geteiltes Gefühl, zu wenig Anerkennung zu erfahren – das Empfinden, in einer „Abwertungsgesellschaft" zu leben.[28] Vielleicht jedoch besteht das Problem darin, dass man überhaupt in Schemata von Gruppenzugehörigkeit und festen Identitäten denkt, so dass man dem Mechanismus von Inklusion und Exklusion nicht entkommen kann. Meine Gegenthese wäre: So viel Anerkennung unterschiedlichster Menschen und Lebensformen gab es in keiner anderen uns bekannten menschlichen Gesellschaft. Noch nie haben so viele Menschen mit so unterschiedlichen Existenzentwürfen Anerkennung gefunden – was allerdings nicht bedeutet, dass wir bereits in universeller Anerkennungsharmonie leben würden. Da geht noch was.[29]

Da geht was in der direkt-partizipatorischen Demokratie: Anerkennung ist möglich und wird politisch wirklich, wenn wir uns alle gegenseitig als entscheidungsfähige, weltmächtige Wesen anzusehen gewöhnen. Ich sehe im anderen, in einem beliebigen anderen ein Wesen, das mein Schicksal, mein Sein mitbestimmt – mag er aus meiner Sicht noch so ein Trottel, noch so minderbemittelt sein. Nicht seine formale Gleichberechtigung, sondern die Tatsache, dass er mitbestimmen kann, zwingt mich zur Anerkennung. Wenn ich an politischen Sachentscheidungen teilhabe, ebenso wie alle anderen, bin ich unausgesetzt ins Geschäft des Anerkennenmüssens – der anderen, ihrer Meinungen, ihrer Gründe – hineingezogen. *Direkt-partizipatorische Demokratie ist eine Schule universeller Anerkennung,* aus der wir ein Leben lang nicht entlassen werden.

Modernisierung ist – auch – eine Ausweitung der Partizipationszonen. Die Möglichkeitskultur der Jetztzeit impliziert nicht bloß ein Sein, sondern ein Sollen, dass nämlich die Partizipationsmöglichkeiten aller Menschen erweitert werden sollen – übrigens nicht aus irgendeinem Glauben an den unermesslichen Wert des Individuums oder seine naturgegebene Gleichheit, sondern aus der Erkenntnis, dass, wenn alle Menschen die Möglichkeit zur Partizipation haben, die Chance größer ist, dass sich das Interessante, Richtige und Wichtige durchsetzen kann.

Wenn Christian Meier feststellt: „Resignation ist ein Gift für die Demokratie“[30], wird man daran erinnern, dass es auch bei Giften auf die Dosierung ankommt. Eine gewisse Resignation kann heilsam sein, wenn sie umschlägt in Umgestaltungswillen – wenn man durch sie zum „Tausendkünstler der Selbstüberwindung“[31] wird. Ein „Tausendkünstler der Selbstüberwindung“ ist jeder Mensch, der fähig ist, direktdemokratisch sein Leben in die eigene Hand zu nehmen. Wir alle. So man uns nur lässt.

Die Alternative scheint ebenso simpel wie zwingend: Entweder traut man es den Menschen – allen Menschen – zu, über das politisch Gewollte und Gesollte selbst zu bestimmen. Oder man traut es ihnen nicht zu. Im letzteren Fall kann man alle möglichen Formen des politischen Autoritarismus ausprobieren. Im ersteren Fall ist aber eigentlich nur direkt-partizipatorische Demokratie möglich, alles andere ist halbherzig, unehrlich. Man kann die Menschen nicht für halbmündig erklären. Wer soll partizipieren? Alle!

Wie soll man politisch teilhaben?

In jüngster Zeit sind viele Vorschläge vorgebracht worden, wie politische Beteiligung flächendeckend intensiviert werden könnte. Besonders ausgeloste Bürgerräte sind groß in Mode, weil sie sich vorzüglich als Feigenblatt eines gesteigerten Repräsentativismus eignen. Eine Demokratie für das 21. Jahrhundert wird aber nicht umhinkommen, die politischen Sachentscheidungen in aller Hände zu legen. Sie wird bestimmt sein nicht von geteilten Werten, sondern von geteilten Herausforderungen – eine Selbstbefragungs- und Selbstvergewisserungsdemokratie.

> *Dem Umsturz der Meinungen folgt der Umsturz der Institutionen nicht sofort nach, vielmehr wohnen die neuen Meinungen lange Zeit im verödeten und unheimlich gewordenen Hause ihrer Vorgängerinnen und conserviren es selbst, aus Wohnungsnoth.*
>
> Friedrich Nietzsche: *Menschliches, Allzumenschliches I*, Abschnitt 466 (1878)

Sorgen überall. Etwa darüber, dass „antikdemokratische" Tendenzen sich an allen Ecken und Enden – und sogar in der Mitte breitmachen, nicht bloß bei „Querdenkern" und „Reichsbürgern". Man beschwört dagegen gern die rechtsstaatliche Verfahrensrationalität. „Die Vernunft der Demokratie in ihren legislativen, judikativen und exekutiven Funktionen hängt vor allem an den Verfahren selbst."[1] Ein richtiger und wichtiger Satz, der nebenbei der Idee einer an sich gegebenen, von Irdischem und Sozialem unberührten, reinen praktischen Vernunft eine Absage erteilt – und damit auch unserer Neigung, unser eigenes Fürwahrhalten für vernünftig, das unserer Opponenten indes für unvernünftig zu halten. Aus dem Satz folgt allerdings nicht, dass die Verfahren an sich gegeben und mit jener heiligen Scheu anzufassen wären, mit der man einst die reine Vernunft anfasste. Verfahren sind flüssig und veränderbar. Und genau darum soll es in diesem Kapitel gehen: um Verfahren, mit denen man einer direkt-partizipatorischen Demokratie auf die Sprünge helfen kann[2] – um Verfahren, an denen wir wiederholt, eigentlich immerzu – beteiligt sind. Es geht um die Prozessualität und Prozessualisierung direkt-partizipatorischer Demokratie, damit Gesellschaften, die sich auf Verfahren geeinigt haben – beispielsweise „repräsentative" –, nicht in diesen Verfahren eingesperrt bleiben. Wie kann ein Gemeinwesen so organisiert werden, dass es aktive Partizipation ermöglicht, fördert?

Nun werden im Folgenden keine Vorschläge unterbreitet, die atemberaubend neu wären. Solche Vorschläge auszuhecken, ist auch nicht die besondere Aufgabe des Philosophen, sondern die allgemeine Aufgabe aller Bürgerinnen und Bürger. Vielmehr sollen hier die Vorschläge, wie man politisch partizipieren soll, in den Horizont der Erkenntnis eingerückt werden, dass wir alle starrer, permanenter Stellvertretung entwachsen und herausgefordert sind, unser politisches Schicksal selbst zu gestalten. Was passiert mit diesen Vorschlägen, wenn man diese Erkenntnis ernst meint?

Man könnte zu denken geneigt sein, wenn der Staat für alles sorge, dann herrsche bei niemandem Mangel, so dass auch niemand auf die Idee komme, nach Partizipation zu verlangen. Eine solche Prämisse hat womöglich lange Jahre das Selbstverständnis des wohlfahrtsstaatlichen Repräsentativismus bestimmt: *Der allsorgende Staat hat uns von Teilhabe entlastet.* Allerdings ist auch das Fehlen der Möglichkeit, aktiv mitzubestimmen, ein Mangel, den ein selbstbewusstes und sich selbst bestimmendes Individuum auf Dauer schwer erträgt.

Im Blick auf Vereinigten Staaten hat der politische Denker Alexis de Tocqueville schon vor fast 200 Jahren die als sein „Paradox" bekannt gewordene Einsicht formuliert, dass die in den revolutionären Umbrüchen des ausgehenden 18. Jahrhunderts erlangte Angleichung der Lebensverhältnisse verschiedener Schichten keineswegs dazu führte, dass die jetzt Bessergestellten sich zufriedener fühlten: Je geringer die sozialen und ökonomischen Differenzen tatsächlich sind, desto mehr wachsen die Empfindlichkeit für die verbliebenen Unterschiede und das Gefühl, benachteiligt und ungerecht behandelt zu werden.[3] Womöglich gibt es ein analoges *Paradox der Partizipation*: Je mehr wir faktisch partizipieren dürfen, je weniger haben wir das Gefühl, es auch tatsächlich zu können. Die modernen repräsentativen Demokratien haben in der Möglichkeitskultur, in der sie eingebettet sind, die Teilhabechancen der meisten Menschen gewaltig erhöht – und doch macht sich gerade unter diesen eigentlich günstigen Umständen das Empfinden, nicht hinreichend beteiligt zu sein, so schmerzlich bemerkbar wie vielleicht nie zuvor. Dem Empfinden ist nicht abzuhelfen, indem man die Teilnahmechancen wieder reduziert. Sondern vielmehr, indem man sie vervielfältigt.

Jedenfalls bemühe ich mich redlich, einen schlimmen Verdacht tunlichst zu unterdrücken, nämlich den, dass die ganze so zeitgemäße Opfer-, Verletzlichkeits- und Zurücksetzungsrhetorik, die ganze moderne Empfindlichkeit nur zu dem Zwecke herangezüchtet worden sein könnte, um uns deutlich zu machen, dass wir eigentlich nicht dazu gemacht seien, die Dinge selbst in die Hand zu nehmen, sondern viel zu schwach und hilfsbedürftig seien, um tatsächlich mitzubestimmen. Oft genug jedenfalls führen Debatten über Benachteiligung und Diskriminierung – gegen die Intention ihrer Initiant*innen – nicht zu jener Selbstermächtigung, die mit ruhiger Hand umgestaltet, sondern lähmen im Wehklagen über das Erlittene. Mit diesen Debatten wächst die Versuchung, sich in wohlfahrtsstaatliche Watte einpacken zu lassen. Je mehr der Staat einem alles abnimmt, desto weniger Mangel gibt es. Desto weniger sind wir zu aktiver Partizipation motiviert. Aber eigentlich gilt für mündige Wesen keine Ausflucht: Jede und jeder ist ermächtigt zu handeln und ist zum eigenen, selbständigen Handeln verurteilt.[4]

Opposition und Parteipolitik

Aus diesem Gebot, sein Leben handelnd in die eigene Hand zu nehmen, folgt oft das, was man eine „oppositionelle Haltung" nennt – sei sie nun gerichtet gegen einzelne Maßnahmen der Regierung, das Regierungshandeln insgesamt oder „gegen das System" als Ganzes. Ein erstes Wie des politischen Teilhabens könnte also das Opponieren sein – der Widerspruch gegen das Bestehende und Geltende, gleichgültig, auf welcher Ebene. Freilich ist das Risiko nicht ganz von der Hand zu weisen, just mit diesem Opponieren unwillentlich dem Bestehenden und Geltenden zu dienen. Der politische Theoretiker James Burnham jedenfalls hat in seinem berüchtigten Buch über die *Managerial Revolution* nicht nur prophezeit, dass in allen avancierten Gesellschaften eine Managerelite die Macht übernehmen werde, sondern auch festgestellt, dass in parlamentarischen Systemen Opposition für das Fortbestehen des Status quo höchst nützlich sei: Sie sei dazu da, als Ventil zu fungieren, damit Unzufriedene lautstark ihr Mütchen kühlen können, ohne gleich das ganze System in seinem Fortbestand zu gefährden.[5] Nimmt man diese Behauptung zum Nennwert, könnte einem das Opponieren rasch verleiden – unter den Rahmenbedingungen des Repräsentativismus. Verändert man allerdings die Rahmenbedingungen direktdemokratisch, ist es um Teilhabegewinnaussichten ungleich besser bestellt: Eine direkt-partizipatorische Demokratie operiert nicht mit der binären Entgegensetzung von „Regierung und Opposition". In einer solchen Demokratie formiert sich die Opposition bei jedem Sachgeschäft neu: Man wählt nicht zwischen Regierung oder Opposition, sondern zwischen verschiedenen konkreten politischen Optionen. Befinde ich mich heute auf der Seite der oppositionellen Verlierer, kann ich morgen bei der nächsten anstehenden Entscheidung schon wieder zu den Gewinnern gehören. In einer direkt-partizipatorischen Zukunftsdemokratie wird nicht nur die Repräsentation, sondern auch die Opposition situativ sein müssen.

Nun heißt es bekanntlich im Grundgesetz: „Die Parteien wirken bei der politischen Willensbildung des Volkes mit."[6] Wäre also das nächstliegende Wie des politischen Teilhabens die Mitgliedschaft und die Mitarbeit in einer politischen Partei? Traditionell ist man das im Repräsentativismus anzunehmen geneigt. Und doch bleibt nicht nur die grundgesetzliche Formulierung wolkig: Was bedeutet „Mitwirkung" an der „Willensbildung des Volkes"? Wer wirkt da sonst mit? Viel schwerer wiegt der Umstand, dass Parteien kaum imstande sind, das hochgradig individualisierte politische Wollen der einzelnen Bürgerinnen und Bürger einzufangen. Sie sind viel zu träge Institutionen, um unserem entwickelten Je-eigen-Sein gerecht zu werden. Direktdemokratische Teilhabe wird künftig nicht zur Hauptsache Parteipolitik sein.

Die Art und Weise, wie das Grundgesetz gegenwärtig interpretiert wird, lässt nicht zu, dass Menschen wirklich und direkt an den Entscheidungen teilhaben, die sie wesentlich selbst betreffen. Das hat fundamentale Konsequenzen für das Wahlverhalten. Es ist nicht in erster Linie ideologisch motiviert – die meisten AfD-Wähler sind keine Nazis, die meisten Linken-Wähler keine Stalinisten –, ebenso wenig getragen von irrationalen Stimmungen, sondern vermutlich oft eher geleitet von einem an sich völlig rationalen Kalkül: Wenn die Dinge nicht so laufen, wie ich mir das vorstelle, wähle ich die Kräfte, die in maximaler Opposition zum Bestehenden, zu den herrschenden Verhältnissen stehen (und nicht die, die bloß eine moderat andere Position vertreten). Bekommen die Maximalopponenten genügend Stimmen, gibt es zumindest eine gewisse Wahrscheinlichkeit, dass sich angesichts einer starken Fundamentalopposition die Gewichte ein wenig in die Richtung verschieben, mit der der Wähler oder die Wählerin sympathisiert. Jemand muss also keineswegs ein „Rechtsextremer" sein, um die AfD zu wählen, oder eine „Linksextreme", um sich für die Linke zu entscheiden. Vielmehr will dieser Jemand Veränderung und setzt dazu den stärksten Hebel an – denjenigen, der die Verhältnisse am stärksten umzugestalten verspricht.

Man könnte dies das *Gesetz der wahlpolitischen Hebelwirkung* nennen. Es sieht schematisch wie folgt aus: Die Parteien A, B und C sind auf einem Spektrum von links nach rechts angesiedelt (oder umgekehrt oder auf einem ganz anderen Spektrum). Partei A ist an der Macht, eigentlich bevorzuge ich die Position von Partei B, die aber zu klein ist, um in Regierungsverantwortung zu kommen. Also wähle ich Partei C, um Partei A zu zwingen, bestimmte Positionen von Partei B zu übernehmen.

Dieses Gesetz der wahlpolitischen Hebelwirkung ist vielleicht nicht schön, aber wirksam. Spiegelbildlich und komplementär dazu steht das Bestreben angeblich charismatischer Berufspolitiker – von Boris Johnson über Emmanuel Macron bis zu Sebastian Kurz – ihre jeweilige Partei nur noch als Wahlkampfvehikel zu ihrer eigenen Ermächtigung zu gebrauchen und den gewählten Parteigremien möglichst wenig Macht über ihre eigene Willensbildung einzuräumen: Parteien als Akklamationsverbände großer Männer und Frauen – gemäß einem bisher ebenfalls unentdeckten *Gesetz der personalpopulistischen Parteienselbstentleerung*: Wenn Parteien für nichts mehr stehen, muss wenigstens einer für die Partei stehen, damit sie Wahlchancen hat.

So oder so sind diese Konstellationen allgemeiner politischer Partizipation nicht dienlich. Wenn „Gemeinwesen" in emphatischem Sinne heißt, dass alle ihre individuellen Willen einbringen dürfen und sollen, die zu einer Sachentscheidung hin abgeglichen werden,[7] dann scheint die repräsentativistische Parteienfixierung zum Gemeinwesen nicht viel beizutragen. Die individuellen Willen sind nicht ableitbar und instabil, können aber repräsentativ, beispielsweise parlamentarisch, für eine Weile stabilisierend umrahmt werden. Dann wären Parteien nur ein bescheidenes Hilfsmittel, kein Selbstzweck einer direkt-partizipatorischen Demokratie, in der die individuellen Willen jenseits der stabilisierenden Umrahmung jederzeit selbst mitentscheidend Raum greifen können. Das politische Handeln ist im Repräsentativismus das Handeln der anderen, die für mich und in meinem Namen tätig sind. Es kommt aber vielmehr darauf an, für sich selbst und auch für alle andern politisch tätig zu werden. Die Ideologie des Repräsentativismus ist eine ernste Krankheit moderner Staatlichkeit.

Es gibt indes nicht nur einen *repräsentativistischen Irrtum*, der in Demokratietheorien und Demokratiepraktiken gleichermaßen herumspukt – demzufolge es eben auf Repräsentation ankomme, während doch die Zeit starrer Stellvertretung längst vorbei ist. Es gibt, oft in denselben Demokratietheorien und Demokratiepraktiken, auch einen *prozeduralistischen* oder *effektivistischen Irrtum*, nämlich den, wonach es in Gemeinwesen auf möglichst effizientte Verfahren ankomme, Entscheidungen herbeizuführen. Tatsächlich geht es, wenn Partizipation als Fundamentalanliegen im Raum steht, viel weniger um die Effizienz der Verfahren, möglichst rasch eine Entscheidung herbeizuführen, sondern vielmehr darum, durch das Verfahren selbst sich zu üben – also um das Verfahren als Selbstzweck.

Vielfältige Partizipationsmöglichkeiten, das Kleinräumigkeitsdogma und ziviler Ungehorsam

Jenseits des Kardinalverfahrens politischer Partizipation, nämlich der Abstimmung über Sachfragen, gibt es naturgemäß eine Vielzahl von Möglichkeiten, sich ins Gemeinsame einzubringen. Über Bürgerräte und Losverfahren wird noch zu sprechen sein; auf der Hand liegt es außerdem, sich durch Demonstrationen in der realen Welt und durch Meinungskundgabe in der virtuellen Welt, in Blogs, Kommentaren, Artikeln und Büchern vernehmen zu lassen, ebenso durch politisch orientierten Konsum (z. B. nichts aus Massentierhaltung oder nichts von der russisch besetzten Krim). Die Politikwissenschaftlerin Danielle Allen nennt „Polypoliten" jene „Menschen, die gleichzeitig mehreren politischen Gemeinwesen oder Organisationen angehören. Als Polypoliten stehen uns viele verschiedene Wege zu politischer Macht und zur Wahrung unserer Interessen offen."[8] Vielleicht ohne es zu merken, sind die meisten von uns „Polypoliten": Wir sind Mitglieder einer Bürgerinitiative, engagieren uns für Flüchtlinge und gegen die Bachbegradigung, gehen zur öffentlichen Gemeinderatssitzung und unterschreiben eine Petition an den Bundestag.

Dabei kann das polypolitische Engagement immer auch nur punktuell sein – sich für dieses oder jenes Anliegen einsetzen: beispielsweise jeden Freitag gegen den Klimawandel demonstrieren. Oder am Mittwoch gegen Uploadfilter im Internet Brandbriefe verfassen. Manche halten das für situative Wohlfühlpolitisierung und nicht für ernsthaftes, richtiges politisches Interesse. Gerade die Jungen versäumten es, in Parteien zu strömen. So lässt sich der Jugendforscher Bernhard Heinzlmaier mit den Worten zitieren: „In Parteien muss man Kompromisse machen. Bei den Protesten wird es bei einzelnen Themen bleiben, die immer mal wieder aufpoppen, mehr wird da nicht kommen."[9] Das mag ja sein, aber spricht das gegen Partikularpolitisierung? Partizipation bedeutet doch auch, sich nicht für alles interessieren zu müssen und dort Akzente zu setzen, wo man sie setzen will – im Übrigen auch bei Wahlen und Abstimmungen, denen ich fernbleiben darf. Partizipation ist eine Option und kein Zwang. Sie ist auch eine Drohmacht gegenüber der Exekutive: Ich *könnte* partizipieren, so dass Regierende gut daran tun, diese Möglichkeit meiner Partizipation mit in ihr Kalkül zu nehmen.

Die polypolitische Partialpartizipation stellt ein hier bereits angesprochenes Problem der Parteiendemokratie in ein grelles Licht, nämlich, dass ich eine Partei wählen soll, die mich in möglichst allen Hinsichten repräsentiert. Da ich aber nur partialpolitisiert bin, wird eine solche Partei mir viele Festlegungen zumuten, die ich eigentlich nicht teile, weil ich dazu nie eine Meinung gewonnen habe. Abgesehen davon, dass ich vielleicht auch partialpolitisiert in Sache 1 die Meinung von Partei X teile, in Sache 2 die Meinung von Partei Y. Welche Partei also wählen? Womöglich keine. Und stattdessen? In allen politischen Sachfragen selbst entscheiden – auch entscheiden, ob man an der Entscheidung überhaupt teilhaben will.

In allen politischen Sachfragen? Aber gibt es denn nicht eine kritische Grenze, jenseits derer keineswegs mehr alle an den Entscheidungen beteiligt werden können? Setzt direkt-partizipatorische Demokratie nicht eine gewisse Überschaubarkeit, Kleinräumigkeit voraus? So argumentiert der Politikwissenschaftler Dirk Jörke im

Blick auf supranationale Institutionen, räumliche Ausdehnung könne leicht zu einem „Verlust an Demokratie" führen,[10] so dass er für deren räumliche Beschränkung und einen konförderativen Umbau beispielsweise der Europäischen Union eintritt – eine Auffassung, die Otfried Höffes Plädoyer für einen neuen bürgernahen, europäischen Subsidiarismus ähnelt.[11]

Ein beliebtes Argument gegen die räumliche Entgrenzung direkt-partizipatorischer Demokratie lautet, sie würde nicht funktionieren in einer Gesellschaft, in der Anonymität vorherrsche, also nicht alle alle kennen würden. Das ebenso naheliegende Gegenargument lautet: Gerade die Diskussion über politische Sachgeschäfte, die Gemeinsamkeit des Entscheidens ist das allerbeste Mittel, sich kennenzulernen.

Direkt-partizipatorische Demokratie ist keine Frage der Größe, sondern allenfalls eine Frage, ob mich etwas angeht. Da sollte ich mitsprechen dürfen – und wenn es sich um etwas handelt, was sowohl die Flensburgerinnen als auch die Rosenheimer, sowohl die Greifswalder als auch die Freiburgerinnen angeht, dann sollten sie auch alle darüber mitentscheiden. Der gern beigebrachte ökonomische Einwand, die Transaktionskosten direkter Demokratie überstiegen von einer gewissen Größe des Gemeinwesens an die Transaktionskosten repräsentativer Demokratie, geht ins Leere. Denn im Politischen geht es nicht darum, mit möglichst wenig Kosten eine Entscheidung herbeizuführen – verhielte sich das so, wäre Nordkorea das unangefochtene Staatsideal, weil da nur einer entscheidet. Das Politische ist vielmehr genau das, was die Ökonomie unter „Transaktionskosten" fasst: die Prozesse, die am Ende schließlich zu einer Entscheidung führen. Um diese Prozesse geht es; sie sind der eigentliche Nutzen – und so ist dringend zu erwarten und zu hoffen, dass sie in einer direkt-partizipatorischen Demokratie aufwendiger sind als in jeder anderen politischen Form.

Das lässt sich aufs Große hochrechnen, zumal bei allem Jammern, dass selbst Nationalstaaten im weltpolitischen Gefüge immer weniger ausrichten könnten: Gerade die sogenannte Globalisierung ist ein Argument für einen radikalen Partizipationismus: Niemand kann mich mehr auf den verschiedensten Ebenen, die mich allesamt angehen, repräsentieren. Deshalb soll jede und jeder auf jeder Ebene mitsprechen, mitentscheiden können – was sich digital heute auch fast spielend verwirklichen lässt.

Mitsprechen, mitentscheiden klingt gut, setzt jedoch voraus, das entsprechende Verfahren etabliert sind, was geht und was nicht. Wie aber sieht es mit Formen der Partizipation aus, die nach den Gesetzen des jeweiligen Staates illegal sind – von Sitzstreiks über Hausbesetzungen bis hin zu politisch motivierter Gewalt? In westlichen Gesellschaften wird man schnell darüber Einigkeit herstellen, dass solche illegalen Versuche teilzuhaben überall dort moralisch gerechtfertigt seien, wo staatliche Instanzen legale Teilhabe autoritär unterbinden. Man wird leicht sympathisieren mit der von Peking für illegal erklärten Demokratiebewegung in Hongkong oder mit dem in einem Schauprozess verurteilten Putin-Gegner Alexei Nawalny, der sich nach dem knapp überlebten Giftanschlag vom Krankenhausbett meldete: „‚Ich kann noch immer fast nichts machen, aber ich habe gestern den ganzen Tag selbständig geatmet.' Das sei ein von vielen unterschätzter Vorgang, den er sehr empfehlen könne."[12] Wenn einem die Luft zum Atmen und die Meinungsäußerungsfreiheit genommen werden, fällt es vermeintlich unbeteiligten, unter freiheitlicheren Umständen lebenden Beobachtern leicht, nominell illegale Partizipationsanstrengungen als gerechtfertigt anzusehen.

Auch wenn man sich mit diesem Generalverdacht gegen Staatlichkeit überhaupt nicht anfreundet, findet die „Notwendigkeit zivilen Ungehorsams" durchaus entschiedene Fürsprecher wie etwa den Philosophen Robin Celikates: „Die Notwendigkeit zivilen Ungehorsams verdankt sich der Einsicht, dass die Demokratie keine Staatsform und kein gesellschaftlicher Zustand ist, sondern ein konflikthafter Prozess – der nicht abschließbare Prozess der Demokratisierung, also der Durchsetzung intensiverer wie extensiverer Formen der Selbstregierung, die – sofern sie existieren – stets das Ergebnis sozialer und politischer Kämpfe sind."[13] Operiert man mit der Metapher des Kampfes[14] und setzt im Gefolge Carl Schmitts Politik mit Kampf gleich, dann wird man daraus leicht eine Generallizenz zum zivilen und nicht so zivilen Ungehorsam ableiten. Ist allerdings eine Demokratie direkt-partizipatorisch organisiert, wird eine solche Ableitung deutlich erschwert – ganz abgesehen vom Problem, dass die Fürsprecherinnen und Fürsprecher zivilen Ungehorsams sie gemeinhin nur jenen Akteuren emphatisch zubilligen, mit deren politischen Ansichten sie selbst liebäugeln. Warum sollten illegale Baumbesetzungen im Hambacher Forst aus höherer Moral gerechtfertigt sein, illegale „Querdenker"-Demonstrationen hingegen nicht?

Ziviler Ungehorsam testet Grenzen aus. Das kann politisch heilsam sein. Muss es aber nicht. Ziviler Ungehorsam dürfte unter Umständen, wo jeder und jede für sich selbst stehen, sprechen und handeln darf, jedenfalls keine besonders zu privilegierende Form des Teilhabens mehr sein.

Dissens und Wettkampf

Ziviler und nicht so ziviler Ungehorsam gründet im Dissens: Die oder der Ungehorsame ist prinzipiell nicht einverstanden mit dem Regierungshandeln, entweder ganz allgemein oder in besonderen Fällen. Nun könnte man versuchen, diesen Dissens für etwas zu halten, was genügend lange Diskussion – wenn schon nicht polizeiliche Maßnahmen – auszuräumen imstande sei: Als vernünftige Wesen müssten wir doch in einer idealen, herrschaftsfreien Diskursgemeinschaft zu einem gemeinsamen Nenner finden. Nur leider ist jeder von uns mit einer sehr eigenständigen, eigenwilligen und mitunter störrischen Vernunft ausgestattet, die sich tatkräftig dagegen wehrt, auf ein Allgemeines hin eingeschmolzen zu werden. Wenn der philosophietreibende Wundertäter Apollonios von Tyana im ersten Jahrhundert unserer Zeitrechnung die Einwohner von Smyrna bei der Frage nach der richtigen politischen Ordnung darüber belehrt hat, dass eine Stadt „der uneinigen Eintracht" bedürfe,[15] will er damit nicht den Bürgerkrieg anzetteln. Vielmehr hält er den „gegenseitigen Wettstreit für das Gemeinwohl" für „äußerst nützlich", „weil er einen wahren Aufstand zum Wohle des Gemeinwesens" darstelle.[16]

Aus der Erfahrung unaufhebbarer Dissens lässt sich durchaus, wie der Philosoph Manuel Knoll es gegenwärtig tut, eine Ethik der Uneinigkeit entwickeln.[17] Knolls Vorschlag ist tugendethisch motiviert. Er gründet darauf, dass wir zunächst einmal anerkennen müssen, dass es Positionen gibt, die der unseren entgegengesetzt sind. Und angesichts des freudig oder schmerzlich empfundenen Umstandes, dass ganz unterschiedliche, nicht aufeinander reduzierbare Vorstellungen davon existieren, was das Gemeinsame ist, wird ebenso wenig Einhelligkeit über das Wozu und das Warum des Gemeinwesens herzustellen sein. Man wird sich mit dem beständigen Ringen arrangieren müssen. Und damit, dass alle mitringen sollen. Direkt-partizipatorische Demokratie wäre eine dauernde Einübung in einer – produktiven – Ethik der Uneinigkeit.

Agonistische Theorien des Politischen, die also den Agon, den (Wett-)Kampf ins Zentrum stellen, gehen mit freundlicher Schützenhilfe Carl Schmitts von einer prinzipiellen Freund-Feind-Unterscheidung aus,[18] kokettieren aber gern mit ihrer linken Radikalität.[19] „Agonistische Konfrontation gefährdet Demokratie in keiner Weise; sie ist – ganz im Gegenteil – die grundlegende Bedingung der Demokratie,"[20] wie die Politikwissenschaftlerin Chantal Mouffe es formuliert. Der Agon erscheint nicht als befriedungsbedürftige Pathologie, sondern als die Bedingung von Demokratie überhaupt: Ohne unausgesetzte Konflikte wären Politik und Demokratie mausetot. „Die Spezifizität der modernen Demokratie liegt in der Anerkennung und Legitimierung des Konflikts sowie in der Weigerung, ihn durch die Setzung einer autoritären Ordnung zu unterbinden."[21] Selbst der auch nach Mouffe notwendige Rahmen- und Prinzipienkonsens müsse ein „‚konfliktiver Konsens'" sein.[22]

Nun hat natürlich auch die Rechte die Freund-Feind-Unterscheidung nicht vergessen und inszeniert sich medial hypermodern.[23] „Wer", so der Kulturwissenschaftler Daniel Hornuff, „im Freund-Feind-Schema denkt und handelt, braucht den Feind, um die Freunde bei der Stange zu halten."[24] Freilich geraten auch die entschiedenen Gegner der Rechten, je entschiedener sie sich wähnen, sehr leicht in Freund-Feind-Schemata hinein.[25]

Die Freund-Feind-Unterscheidung ist nicht die Erhellung, sondern die Abwicklung des Politischen, seine Zementierung. Diese Unterscheidung führt zur Erstarrung des glühenden Magmas, das das Politische ausmacht, weil sie definitive Einteilungen vornimmt – die Guten ins Töpfchen, die Schlechten ins Kröpfchen. Direkt-partizipatorische Politik zu denken und zu machen bedeutet hingegen, verstanden zu haben, dass die Freund-Feind-Unterscheidung nichts erklärt und alles vernichtet, was Politik im Kern ausmacht, sich nämlich allen definitiven Einteilungen zu verweigern und das gemeinsam Mögliche immer wieder neu zur Disposition zu stellen. Mit Freund oder Feind ist nicht zu operieren, wenn ich jeden Tag vor einer neuen Sachfrage stehe. Bei jeder neuen Sachfrage haben sich die gestrigen Konfliktlinien aufgelöst und formieren sich neu, während die morgige Sachfrage die Akteurinnen und Akteure auf dem Spielfeld – es ist kein Kriegsschauplatz! – wieder anders gruppiert. Direkt-partizipatorische Demokratie löst Freund-Feind-Unterscheidungen in der Säure der täglichen Entscheidungsnot ganz einfach auf. Oder weniger drastisch: *Direkt-partizipatorische Demokratie ist die Zivilisierung des Feindes und des Freundes gleichermaßen.* Die Kultur der Jetztzeit als Möglichkeitskultur ist viel zu wendig, als dass wir es uns noch leisten könnten, wie jeder andere Primat mit Freund und Feind zu operieren. Es gibt keine Freunde und keine Feinde mehr, sondern nur wechselnde und wechselnd interessierte Spielteilnehmerinnen und -teilnehmer. (Selbst-)Aufklärung verlangt, dass wir im Feld der Politik von der Leitidee persönlicher Bindung wegkommen – Politik ist eben nicht Familie. Der politische Raum soll nicht länger personalistisch besetzt werden, sondern sachthematisch motiviert. Ein wesentliches Wie des politischen Teilhabens sind weder Krieg noch Kampf. Die dezidierte Dissensmarkierung ist es hingegen schon.

Deliberationszwang

Menschliche Interaktion erzeugt Spannungen aller Art – mitunter solche, die sich als Konflikt, als Agon, ja als Krieg ausprägen. Mitunter aber auch solche, die zu Freundschaft, Zuneigung, Liebe führen. Braucht man um seiner geisteshygienischen Horizontbeschränkung willen eine eingängige Formel für das „Primäre", das allem Politischen zugrunde liegt, so wäre weder die Freund-Feind-Unterscheidung noch der Agon passend, sehr wohl jedoch die Spannung. „Tonos" heißt sie bei den Stoikern – und hält alles, was ist, zusammen. Politik ist gemeinsamer Umgang mit Spannung, wobei das Gemeinsame unentwegt neu bestimmt werden muss.

Zwar ist auch Krieg ein gemeinsamer Umgang mit Spannung, aber doch weder der Normal- noch der Idealfall eines solchen Umgangs. Viel öfter läuft die Spannung nicht bloß wegen ängstlich bemühter Kriegsvermeidung und Konfliktschlichtung auf das hinaus, was man halb abschätzig, halb anerkennend „Diskussionen" nennt. Es bedeutet, sich gegenseitig zu verstehen zu geben, was denn die jeweils leitenden Perspektiven, Interessen, Ideen, Erwartungen sind. Man gerät – wenn man in der Schlange vor der Kasse steht, wenn man sich in der Straßenbahn anrempelt, wenn man sich über philosophische Theorien austauscht oder dem anderen sein Verliebtsein eingesteht – ständig in Prozesse der Erörterung und der Erwägung. Spannung wird nicht zwingend abgebaut (in vielen Fällen, nicht nur in der Liebe, ist Spannungsabbau gar nicht wünschenswert), sondern kultiviert durch Erörterung und Erwägung. Die sich auf Erörterung und Erwägung stützende politische Theorie heißt seit einigen Jahren vornehm „deliberative Demokratietheorie".

In Deutschland hat sich bekanntlich vor allem Jürgen Habermas für „deliberative Politik" als „Verfahrensbegriff der Demokratie" starkgemacht.[26] Deliberation bedeutet Erwägung, Erörterung, mit sich und mit anderen zu Rate zu gehen. Habermas will die repräsentative Demokratie und den Rechtsstaat in seine gesellschaftliche Gesamtvision integrieren. Und doch werde, so der Philosoph Henning Ottmann, von den „Befürwortern der ‚deliberativen Demokratie'" noch immer „mit starken Idealisierungen gearbeitet. Die politische Kommunikation wird nicht so beschrieben, wie sie ist. Sie wird vielmehr so dargestellt, wie sie sein könnte, wenn freie und gleiche Personen keinem anderen Zwang als dem des ‚besseren' Argumentes folgen würden, wenn jeder gleiche Redechancen besäße, niemand vom öffentlichen Diskurs ausgeschlossen wäre".[27]

Dass in jeder uns bekannten menschlichen Gesellschaft die Rede- und Machtanteile der Akteure ungleich verteilt sind, würde freilich auch Habermas nicht bestreiten – ebenso wenig, dass viele potenzielle Akteure auf das politische Agieren und Deliberieren verzichten, aus welchen Gründen auch immer. Eine direkt-partizipatorische Demokratie würde allerdings auch funktionieren, ohne dass sich das beste Argument oder eine übergeordnete Vernunft durchsetzt, zumal sich die Akteure ja keineswegs nur als Vernunftwesen einbringen, sondern mit ihren womöglich irrational anmutenden Wünschen, Trieben und Vorurteilen.

Tatsächlich ist in der direkt-partizipatorischen Demokratie die Deliberation ein wesentliches Wie des Teilhabens. In einer solchen Demokratie sind alle einem ständigen *Deliberationszwang* unterworfen, weil ständig Sachentscheidungen anstehen, über die das Stimmvolk – wir alle – zu befinden hat. Die Deliberation verwandelt sich in Aktion und die Aktion wieder in Deliberation. Gerade die Sachpolitik zwingt zu steter Erörterung, Erwägung, Mit-sich-und-anderen-zu-Rate-Gehen. Selbst bei einer ideologisch sehr gefestigten Position kann man der Deliberation nicht entgehen, wenn man vor Sachentscheidungen gestellt wird, muss doch jeweils neu das Welt- und Selbstbild mit der zu treffenden Entscheidung abgeglichen werden. Auch in einer hektischen digitalen Simultanmedienwirklichkeit ist man zum Innehalten gezwungen. Zwar passieren scheinbar ständig überaus aufregende Dinge, die medial so vermittelt werden, als ob politisch unmittelbar darauf reagiert werden müsste. Aber in den meisten Fällen ist dem nicht so: Das direktdemokratische Erörterungs- und Entscheidungsgeschäft verzögert diese Reaktionswege. Die Entscheidungen werden nicht gleich getroffen, sondern am Abstimmungswochenende in zwei Monaten. Bis dahin ist viel

Zeit zum Reden und Nachdenken. *Direkt-partizipatorische Demokratie entschleunigt* – was im Übrigen auch der individuellen Lebensführung zugutekommt. Direkt-partizipatorische Demokratie ist Erörterungsdemokratie, Erwägungsdemokratie.

In einer Gesellschaft aus Individuen gehören alle Akteure einer Minderheit an.[28] Wenn es keine Mehrheiten, jedenfalls keine definitiven gibt, sondern immer nur Minderheiten, die für ein jeweiliges Anliegen andere Minderheiten gewinnen müssen, um so zu Mehrheiten zu gelangen, ist ständiges Deliberieren unvermeidlich (und die Gefahr einer Tyrannei der Mehrheit gebannt). Ein exemplarischer Konfliktfall ist in der Nordwestschweiz zu besichtigen, als sich in den 1970er Jahren der katholische und französischsprachige Teil vom Kanton Bern abspaltete und durch direktdemokratische Entscheidungen auf allen Ebenen von der einzelnen Gemeinde bis zum Bund den neuen Kanton Jura aus der Taufe hob, so dass die militante Befreiungsbewegung der Béliers, die selbst vor Bombenanschlägen nicht zurückschreckte, schließlich kollabierte. Jedes Dorf musste selbst entscheiden, ob es sich dem neuen Kanton anschließen wollte. Dieses Verfahren zeigt die Tauglichkeit direkt-partizipatorischer Demokratie auch im Konfliktfall – dann, wenn einzelne Gruppen (Ethnien) ihr eigenes Ding machen wollen. Das geht, wenn man darauf verzichtet, alles und alle über einen Kamm zu scheren – manche wollten und wollen bei Bern bleiben, andere nicht. Direkt-partizipatorische Demokratie heißt Diversifikation, gerade auch in der Entscheidungsfindung. Diese Diversifikation entspricht der Diversität der Akteure. Entsprechend ist auch nicht zu erwarten, dass mit den konkret getroffenen Entscheidungen alle zufrieden sind. Sicher ist das nicht der Fall – und das ist sowohl entscheidend als auch gut: *Unzufriedenheit ist das Triebmittel direkt-partizipatorischer Demokratie.* Man stellt den Status quo in Frage und sucht nach Neuem, das man zur Abstimmung stellt und Deliberation erzwingt. Das Nichtdefinitive ist ein Kennzeichen des Politischen. „Deliberative Demokratie ist anstrengend und zeitraubend."[29] Direkt-partizipatorische Demokratie ist deliberativ und zielführend, wobei die Ziele stets vorläufig bleiben.

Losverfahren und Bürgerräte

Jacob Burckhardt hielt die moderne Demokratie für eine „Weltanschauung", die „[a]lles beständig discutabel und beweglich erhalten will".[30] Das war beim Basler Kulturhistoriker, der die Demokratie wegen ihrer Staatsmachtausdehnungsgelüste nicht schätzte, zwar nicht als Kompliment gemeint. Münzt man es aber zu einem solchen um, hält Diskussionsfreudigkeit, Beweglichkeit und Deliberationszwang für etwas Wünschenswertes, folgt daraus noch nicht, wo und auf welche Weise sie konkretisiert werden sollen. Erwägung und Erörterung – schön und gut. Aber könnten wir nicht einfach andere für uns erörtern und erwägen lassen – solche, die man wählt? Dass gewählte Parlamente diesen Anspruch nicht hinreichend abdecken können, kam auf diesen Seiten ja schon hinlänglich zur Sprache – ihr Mangel an Repräsentationskraft ist unübersehbar. Gewählte Parlamente reichen offensichtlich nicht, um dem Diskussions-, dem Beweglichkeits- und dem Deliberationsbedürfnis Genüge zu tun. Also wird von einigen etwas Neues aufs Tapet gebracht, das in Wahrheit schon ziemlich alt ist, nämlich die Idee geloster Erörterungs- und Erwägungsdelegierter.

Manche sehen in den Wahlen selbst das Unglück moderner Demokratie. Für den belgischen Historiker David Van Reybrouck beispielsweise sind wir der Demokratie müde geworden, weil die Wahlen nichts als Farce seien – ausgeklüngelt von undurchsichtigen Eliten, die sich selbst gegenseitig an die Macht brächten, um die sie das Volk gebracht haben. Viel gerechter ginge es zu, wenn statt der Wahlen mit Stimmenmehrheit das Los über die Besetzung von Ämtern entschiede und das Los die Zusammensetzung der Erwägungs- und Entscheidungsgremien festlegte.[31] Schaut man sich die historischen Konstellationen an, die Van Reybrouck als Fixsterne und Gegenfiguren zur versumpften Gegenwart glänzend hell an den politischen Ideenhimmel pinselt, stellt sich freilich Ernüchterung schnell ein. Eine Reihe von Beiträgen in einem instruktiven Sammelband von Antoine Chollet und Alexandre Fontaine macht deutlich, wie etwa in Genua und Venedig ebenso wie in den Dreizehn

Alten Orten der Eidgenossenschaft die Bestellung hoher politischer Funktionäre mittels Los dazu diente, einerseits das oligarchische System zu stabilisieren, andererseits die Machtkonzentration einzelner Familien oder Akteure zu unterbinden. Das Verfahren sollte Manipulation und Korruption verringern. Dass dadurch gesamtgesellschaftliche „Repräsentation" oder „Akzeptanz" erhöht würde, wie die Gegenwart sie denkt und wünscht, ist damit beileibe nicht gesagt.[32] Es folgt aus den frühneuzeitlichen Lospraktiken jedenfalls nicht, dass die nichtgeloste Bevölkerungsmasse sich durch die wenigen Gelosten besser „repräsentiert" fühlen muss als durch gewählte Parlamentarier. Auch diejenigen, die sich heute für Losämter zur Verfügung stellen würden, gehören wohl zum Quorum derer, die sich auch wählen lassen würden, also politisch bereits überproportional engagiert sind.

Aus den frühneuzeitlichen Erfahrungen ist der Schluss nicht zulässig, dass das Losverfahren zu einer breiteren demokratischen Abstützung von Personen und Entscheidungen führen muss. Aber immerhin: Es ist nicht ausgeschlossen, dass es das tut. Warum also nicht damit experimentieren? In Ermangelung eines Besseren könnte man es zu tun geneigt sein, beispielsweise wie Sahra Wagenknecht ein „demokratisches Oberhaus" einzurichten, „in dem mittels Losverfahren zufällig ausgewählte Bürger über Politik nicht nur mitreden, sondern im Sinne eines Vetorechts auch mitentscheiden können".[33] Aber auch beim Los deliberieren und agieren nur wenige, die Gelosten. Warum sollen nicht alle deliberieren und agieren? Das Losverfahren bleibt immer nur eine Krücke bloß halb gewagter Demokratie. Warum sie nicht ganz wagen?

In den letzten Jahren sind in unterschiedlichen Weltgegenden Bürgerräte Mode geworden – in Oregon oder Irland beispielsweise oder in Ostbelgien, wo Bürgerinnen und Bürger nach dem Zufallsprinzip, aber auch nach Repräsentativkriterien – Geschlecht, Alter, sozioökonomischer Status usw. – ausgelost und eingeladen werden, bei regelmäßig tagenden Bürgerdialogen mitzumachen. In diesen Dialogen werden die die Menschen umtreibenden Probleme auf den Punkt gebracht und danach dem gewählten Parlament und der Regierung vorgetragen, die, falls sie nicht darauf eingehen, ihr Nichteingehen zumindest begründen müssen. Mit dem Losverfahren will man verhindern, dass immer dieselben, ohnehin schon engagierten Bürger am Tisch sitzen. Im Unterschied zum vormodernen Losverfahren billigt man hier den Ausgelosten kein Entscheidungs-, sondern nur ein Beratungs-, ein Problemartikulationsrecht zu. Aber ist das Problemartikulationsrecht überhaupt das Problem? In der medial-digitalen Moderne kann sich ohnehin jede und jeder im Netz ständig zu Wort melden, hat die Möglichkeit, gehört zu werden. Besteht das Problem nicht vielmehr darin, nicht mitentscheiden zu dürfen – dass man zwar gehört wird, dies aber keinen Einfluss auf die Entscheidungen hat?

Immerhin hat man selbst dort, wo direktdemokratische Instrumente lang erprobt sind, in der Walliser Kantonshauptstadt Sitten, 2019 mit einer per Los gewählten Bürgerversammlung experimentiert, die eine Abstimmungsempfehlung zu einer Volksinitiative („Mehr bezahlbare Wohnungen“) formulierte und beim Stimmvolk so viel Gehör fand wie das gewählte Parlament auch.[34] Man darf sich freilich fragen, ob die Vermehrung von Gremien eine Demokratie partizipatorischer macht, solange der Repräsentationsgedanke noch herumgeistert.

Die theoretischen Verteidiger der ausgelosten Bürgerräte weisen ihnen gern eine bestimmte Funktion zu, nämlich die Anliegen der Zukunft auf die politische Tagesordnung zu bringen. Die Politikwissenschaftler Patrizia Nanz und Claus Leggewie beispielsweise schlagen auf allen Entscheidungsebenen eine „Konsultative“ vor, die als vierte Gewalt an die Seite von Legislative, Exekutive und Judikative zu treten habe – ein Gremium mit jeweils zweijähriger Amtszeit aus zufällig ausgewählten Menschen, die Zukunftsfragen identifizieren und zu lösen helfen sollen.[35] Auch der Philosoph Bernward Gesang empfiehlt, angesichts der Gegenwartsorientierung gewählter Parlamentarier, aber auch des Stimmvolks die Zukunft zu Gehör zu bringen, und zwar mit einem „Zukunftsrat“, der die Stimme der Zukunft hat. „Gemeint sind dritte Kammern im parlamentarischen System. Deren Mitglieder sollen unabhängig von den herrschenden Parteien nominiert und dann für lange Perioden demokratisch gewählt werden. Sie sollen das Recht haben, Gesetzesinitiativen zu starten, Informationen zu sammeln und die Öffentlichkeit zu informieren. Ihre Befugnisse sollen in einem Vetorecht bei Gesetzen gipfeln, welche die Nachhaltigkeit betreffen."[36]

Im Unterschied zu Nanz und Leggewie würde es sich bei diesen Zukunftsräten also nicht um ausgeloste Zufallsbürger mit ziemlich kurzer Einsatzdauer handeln, sondern um langfristig gewählte Personen, „die in der Öffentlichkeit bereits durch Engagement für eine zukunftsfähige Lebensweise aufgefallen sind. Ideal wäre wohl ein Rat, der sich aus bekannten Wissenschaftlern, Künstlern, Literaten, Journalisten usw. zusammensetzt."[37] Dabei sollte dieser epistemokratisch, also mit Experten besetzte Zukunftsrat weitreichende Machtbefugnisse besitzen, alles im Dienste einer nachhaltigen Zukunft selbstverständlich. Damit wäre immerhin ein Hauptproblem der Bürger- und Zukunftsräte beseitigt, wie sie mittlerweile landauf, landab erprobt werden – etwa auch seit 2019 der Bürgerrat Demokratie, zu dem deutschlandweit ausgeloste Bürgerinnen und Bürger zusammentreten –, nämlich bloß zu beraten, Empfehlungen zu formulieren, aber nicht direkt an Entscheidungen beteiligt zu sein. Gesangs Zukunftsrat ist jedoch seinerseits ein demokratisch abgefederter Neuaufguss von Platons Philosophenkönigtum,[38] der von der etwas dünkelhaften Idee lebt, dass Intellektuelle einen privilegierten Zugang zur Zukunft hätten und dafür besonders geeignete Experten seien. Impliziert ist überdies, dass man nur jene Persönlichkeiten zur Wahl stellt, die eine bestimmte „nachhaltige" Vision der Zukunft haben – aber zum Beispiel nicht die, die die Zukunft in einem völkischen Staat zu erkennen wähnen. Es ist offensichtlich nicht gedacht, dass Gesangs Zukunftsrat verschiedene Versionen von Zukunft verhandelt, sondern dass nur eine Version der Zukunft, die „nachhaltige", zum Zug kommen soll. Dafür gibt es viele gute Gründe – aber demokratisch ist es nicht, den Radius möglicher Zukünfte epistemokratisch von vornherein einzuschränken.

Zurück zu den zufällig ausgelosten Zukunftsräten, die die Repräsentation und die Partizipation erhöhen sollen: Warum sollte ich das Gefühl haben, von zufällig Gelosten besser repräsentiert zu werden als von denen, die ich gewählt habe? Warum sollten die Gelosten das allgemeine Interesse gegen die Partikularinteressen besser vertreten, zumal „die Bürgerräte", wie der Politikwissenschaftler Wolfgang Jäger herausstellt, im Unterschied zu gewählten Parlamentariern „niemandem verantwortlich sind"?[39] Und bleibt es, wie Frank Decker scharfsichtig beobachtet hat, im Fall der Bürgerratsempfehlungen in Deutschland nicht ohnehin bei unverbindlichen Gemeinplätzen, so dass die ganze Prozedur nur als „Alibiveranstaltung" erscheint[40] – als Feigenblatt, um den berufspolitischen Unwillen zu kaschieren, tatsächlich alle Bürgerinnen und Bürger an Sachentscheidungen teilhaben zu lassen?

Ließe man Letzteres zu, wäre die „selbstgewählte Selbstentmündigung" (Michael Reinhard) womöglich ebenso schnell aus der Welt wie die „Politikmüdigkeit", die nur eine Müdigkeit sein dürfte, ständig mit Politik konfrontiert zu sein, ohne sie gestalten zu können. Eine Müdigkeit, Politik immer nur zu erleiden, statt sie zu machen. Die Erwartung von Wirksamkeit entscheidet darüber, ob sich jemand engagieren will. Deshalb ist es müßig zu behaupten, uns stünden längst genügend Möglichkeiten offen, uns politisch einzubringen. Denn, was wir da an Wirksamkeit erwarten können – siehe Bürgerräte –, ist meist gering. Direkt-partizipatorische Demokratie zwingt hingegen zur Politisierung, all die Entscheidungen rollen direkt auf mich zu. *Was direkt-partizipatorische Demokratie ausmacht, ist ihr Wirksamkeitsversprechen. Wirksamkeit von uns allen.*

Sicher, Bürgerräte und Losen bei Ämtervergaben können durchaus ein Wie des Teilhabens werden. Aber sie dienen doch nur der Vorbereitung, der Einübung, damit sich alle eines Tages selbst ermächtigen und – mitentscheiden.

Abstimmungen

„Die direkte Demokratie ist kein Exportprodukt."[41] So ließ sich 2018 der schweizerische Bundespräsident Alain Berset in einem Interview anlässlich eines Staatsbesuchs seines deutschen Amtskollegen Frank-Walter Steinmeier vernehmen. Sich selbst kleinzureden, ist eine politische Strategie, die meine helvetischen Landleute über Jahrhunderte perfektioniert haben, und zwar als eine Art der umgekehrten Mimikry: Man gibt sich harmlos, unschuldig, provinziell, um, gerade auf politischem Feld, die Sprengkraft der eigenen Errungenschaften zu tarnen. Auf diese Mimikry fallen übrigens auch Schweizer Intellektuelle gern herein, ja sie pflegen die Inbrunst der Selbstgeißelung noch koketter als spätmittelalterliche Bußenthusiasten und Weltuntergangsprediger.

Ein renommierter Historiker lässt beispielsweise wissen: „Seit ich begonnen habe, mich zu fragen, ob die Zukunft eine Schweiz haben wird, muss ich antworten: Das politische System ist museal, seine Themen kommen folkloristisch daher und die Personaldecke wirkt auffällig dünn."[42] Dass die „Personaldecke" immerhin 5 488 371 Personen umfasst – so viele Stimm- und damit Sachentscheidungsberechtigte weist die Statistik für 2020 aus[43] –, von denen bei jeder Abstimmung rund die Hälfte beteiligt ist, scheint mir verglichen mit den paar Tausend Sachentscheidungsberechtigten in repräsentativen Demokratien, sprich: Berufspolitikern, doch noch ziemlich hoch. Und gerade das „Folkloristische" – prinzipiell über alles befinden zu können, ist ebenso zukunftsweisend wie museal. Die Frage ist nicht, ob die Zukunft eine Schweiz haben wird, sondern ob es eine Zukunft der Demokratie in einem ernsthaften Sinn des Wortes ohne allgemeine Verschweizerung geben kann.[44]

Was keineswegs heißt, dass in einer direkt-partizipatorischen Demokratie jede einzelne Entscheidung von allen mitgetroffen werden muss. Bundesrat Berset gibt im zitierten Interview in typisch helvetischer Mimikrymanier zu Protokoll, die Schweiz sei ja nur eine „halbdirekte Demokratie" mit bestens funktionierendem Parlament.[45] Und der Schweizer Politikwissenschaftler Wolf Linder wirft ein: „Ein Blick in die Statistik zeigt, dass [in der Schweiz] 93 von 100 Bundesgesetzen ohne Volksabstimmung in Kraft treten. Nur sieben Prozent aller Gesetze werden also durch das fakultative Referendum herausgefordert. Direkte Demokratie ist also tatsächlich kein Ersatz, sondern eine Ergänzung parlamentarischer Demokratie."[46] Auch diese Rede von „Ergänzung" gehört zur Topik helvetischer Mimikry. Denn das Charakteristikum einer direkt-partizipatorischen Demokratie ist nicht, dass faktisch alles zum Entscheidungsgegenstand aller wird, sondern, dass prinzipiell alles zu einem solchen Entscheidungsgegenstand gemacht werden kann, wenn eine entsprechende Anzahl von Bürgerinnen und Bürgern das will. Was bei Linder „Ergänzung" heißt, ist die Basis, das unerschütterliche Fundament.

Schließlich ist Bersets deutscher Gast gern bereit, in den Chor der Mimikryisten einzustimmen. An der Universität Fribourg ließ Bundespräsident Steinmeier sein studentisches Publikum wissen, dass er das Schweizer Modell zwar „mit einiger Bewunderung und Riesenrespekt" betrachte, jedoch sei dieses „Schweizer Modell von Volksabstimmungen auch auf Bundesebene […] so nicht exportierbar, weil es in Deutschland und der Schweiz eine ‚unterschiedliche politische DNA' gebe. […] Es bestehe das Risiko, dass dann die Legitimität parlamentarischer Entscheidungen gegen Elemente der direkten Demokratie ausgespielt werde."[47]

Die Metapher von der „unterschiedlichen politischen DNA" soll unangenehme Fragen und weitere Debatten offensichtlich abblocken. Freilich hat dieser modernistisch aufgehübschte Biologismus im Feld der politischen Reflexion eigentlich nichts verloren, ist doch die zugrunde liegende Annahme ersichtlich falsch: Politische Gebilde entstehen nicht wie Pflanzen oder Tiere aus einem gegebenen (freilich ebenfalls ständig mutierenden) Erbgut, sondern sind immer schon Verschmelzungs- und Abscheidungsprodukte, Konglomerate aus Heterogenem. Der bundesrepublikanische Repräsentativismus spult weder ein genetisches Programm ab, noch ist er aus einem Nukleus entstanden, der sich substanziell vom Nukleus helvetischer direkt- oder halbdirekter Demokratie unterscheidet. Die DNA-Metapher, wie sie Steinmeier dem Agenturbericht zufolge gebraucht hat, suggeriert eine Unveränderlichkeit, die im politischen Raum nicht gegeben ist – es sei denn, man würde politikevolutionär die ständige Veränderung der Erbsubstanz ins Kalkül nehmen. Dann jedoch müsste man zugestehen, dass eine einmal gegebene DNA sich sehr wohl verändern kann

– dass also ein repräsentatives System sich beispielsweise in ein direktdemokratisch-partizipatorisches verwandeln könnte.

Steinmeiers Rede verweist auf sehr deutsche Traumata, die womöglich aber nur imaginierte Traumata sind. „Deutschland habe mit dem Grundgesetz die Lehren aus dem Scheitern der ersten Demokratie von 1918 bis 1933 gezogen, sagte Steinmeier weiter."[48] Im Berichtskontext könnte dies den Anschein erwecken, es sei gerade das plebiszitär-direktdemokratische Moment gewesen, das die Weimarer Republik in den Untergang getrieben habe. Beim Historiker Heinrich August Winkler ist nachzulesen, dass der Parlamentarische Rat 1948/49 bei dem von ihm erarbeiteten Grundgesetz die repräsentative Demokratie gestärkt habe, „indem er eine konkurrierende Gesetzgebung des Volkes ausschloss", wie sie die Weimarer Verfassung mit der Möglichkeit von Volksbegehren und Volksentscheiden vorgesehen hatte.[49] Auf Reichsebene sei diese Möglichkeit zwar nur zwei Mal genutzt worden, nämlich beim Volksentscheid über die Enteignung der Fürsten 1926 sowie beim Volksentscheid über den Young-Plan 1929. Jedoch habe sich „die Gefahr, dass es bei einem Volksentscheid zu einer Allianz der Antipoden, also einem Bündnis von Kräften kommen kann, die sich nur in der Negation einig sind," 1931 in Preußen gezeigt, als die Nationalsozialisten und die Kommunisten gemeinsam auf diesem Wege die Landesregierung stürzen wollten. „Der Versuch scheiterte; seine abschreckende Wirkung aber hielt auch noch nach dem Zweiten Weltkrieg an." Historisch mag das zutreffen, nur normativ folgt aus den Ereignissen von 1931 nichts für die Gegenwart oder gar die Zukunft. Nüchtern betrachtet ist die Weimarer Republik keineswegs daran gescheitert, dass sie zu direktdemokratisch oder partizipatorisch angelegt gewesen wäre;[50] Hitler ist nicht durch einen Volksentscheid, sondern durch eine Reichstagswahl an die Macht gekommen.

Die womöglich nur imaginierten direktdemokratischen Traumata der deutschen Geschichte rechtfertigen Winklers Schlussfolgerung jedenfalls nicht: „Was immer zugunsten direkter Demokratie auf kommunaler und Länderebene spricht, auf die Bundesebene lässt sich diese Variante von Demokratie nicht ohne weiteres übertragen. Politische Streitfragen auf ein schlichtes Ja oder Nein zu reduzieren ist häufig riskant. […] Gegen eine konkurrierende Gesetzgebung von Volk und Volksvertretung aber sprechen nicht nur die Weimarer Erfahrungen, sondern auch die aus jüngster Zeit."[51] Vermutlich denkt Winkler bei der „jüngsten Zeit" wohl weniger an spezifisch deutsche Erfahrungen als an den Brexit, der ihm missfallen haben dürfte. Abgesehen davon, dass die „Weimarer Erfahrungen" eigentlich kaum welche sind, ist sachlogisch überhaupt nicht einzusehen, warum Volksentscheide „ein schlichtes Ja oder Nein" erzwingen sollten: In einer reifen direkt-partizipatorischen Demokratie kann selbstverständlich bei jeder Abstimmung mit direkten oder indirekten Gegenvorschlägen operiert werden, die den Bürgerinnen und Bürgern mehrere Alternativen zu Auswahl stellen. Und der Prozess der Deliberation funktioniert in einem System, in dem alle zu Wort kommen dürfen, erheblich besser als in einem, das die Deliberation auf gewählte „Repräsentanten" beschränkt. Liegt die Vermutung nicht viel näher, dass der eigentlich zu heilende Fehler in der „DNA" realexistierender Demokratien – einschließlich Weimar – der schrankenlose Repräsentativismus ist? Jetzt jedenfalls wollen die Bürgerinnen und Bürger partizipieren und nicht mehr bloß repräsentiert werden, weil es niemanden mehr gibt, der sie stabil und langfristig repräsentieren könnte. Die Krise der Demokratie ist eben nichts anderes als die Krise der Repräsentation.

Immerhin sind manche anderen deutschen Berufspolitikerinnen und -politiker mutiger als der Bundespräsident. Der sächsische Ministerpräsident Michael Kretschmer beispielsweise sympathisiert mit der Idee eines „Volkseinwands": „Bürgerinnen und Bürger sollen nicht nur am Wahlsonntag verbindliche Entscheidungen treffen, sondern auch bei Gesetzen das letzte Wort haben. Sie sollen die Möglichkeit haben, nachdem eine bestimmte Zahl von Unterschriften gesammelt ist, über vom Landtag erlassene Gesetze noch einmal abstimmen zu können."[52] Aber so richtig durchgedrungen ist Kretschmer bisher mit seinem Vorschlag weder in Sachsen noch bei seinen Amtskolleginnen und Amtskollegen, geschweige denn auf Bundesebene.

Dabei scheint zumindest der Wortlaut des Grundgesetzes dem juristischen Laien eindeutig: „Alle Staatsgewalt geht vom Volke aus. Sie wird vom Volke in Wahlen und Abstimmungen und durch besondere Organe der Gesetzgebung, der vollziehenden Gewalt und der Rechtsprechung ausgeübt.“[53] Abstimmungen sieht das Grundgesetz also neben den Wahlen als die eigentliche Form an, mit der das „Volk“ seine exklusiv von ihm ausgehende „Staatsgewalt“ nutzt und geltend macht. Die parlamentarische Legislative, die Exekutive und die Judikative werden nachgeordnet.

Die Verfassung der Bundesrepublik macht mit Artikel 20 (2) große Versprechen im Ausblick auf eine direkt-partizipatorische Demokratie. Allerdings sind diese Versprechen weder in der juristischen noch in der politischen Realität bislang eingelöst worden. Neben der Wahl von Repräsentanten sieht das Grundgesetz sehr wohl Abstimmungen vor, in denen wir alle Sachentscheidungen treffen können. „Wie Art. 20 GG zeigt, kennt unsere Verfassung also durchaus beide Formen. Sie gestaltet aber nur die repräsentative Demokratie in weiteren Normen näher aus und weist keinen einzigen Anwendungsfall für direkte Demokratie im Sinne von Volksgesetzgebung auf.“[54]

Höchste Zeit, solche Anwendungsbeispiele zu schaffen! Warum dabei, wie es Kretschmer vorschwebt, die Macht von uns allen auf das Neinsagendürfen beschränken, anstatt uns positive Gestaltungsmacht zuzubilligen? Die Zeiten der Römischen Republik, als der Volkstribun nur mit dem Vetorecht die Sache des Volkes gegen das Übergewicht der Optimaten wahren konnte, sollten endgültig vorbei sein.

Aber beweist nicht gerade der Umstand, dass dort, wo sich die Bürgerinnen und Bürgern diese positive Gestaltungsmacht selbst gewähren, die Abstimmungsbeteiligung bedenklich niedrig ist, dass es mit direkt-partizipatorischer Demokratie am Ende nichts wird? Tatsächlich lag die Stimmbeteiligung in der Schweiz während des letzten Jahrzehnts im Durchschnitt meist zwischen 40 und 50 Prozent – mit bemerkenswerten Schwankungen: 2019 betrug sie 40,9 Prozent, 2020 hingegen 49,3 Prozent.[55] Liegt da der Schluss nicht nahe, dass die Mehrheit der Berechtigten sich fatalerweise um ihr Recht nicht schert? Warum also dieses Recht einer solchen Mehrheit zubilligen?

Ein zweiter Blick auf die Zahlen belehrt bereits eines Besseren: Die starken Schwankungen in der Stimmbeteiligung legen nahe, dass die Stimmberechtigten von ihrer Berechtigung einen selektiven Gebrauch machen. Sie bringen sich da ein, wo sie sich interessiert und kompetent wähnen, und klinken sich dort aus, wo sie entweder mit einer satten Mehrheit für ihre eigene Position rechnen oder wo sie darauf verzichten, eine eigene Position zu haben. Diese Deutung wird gestützt von demoskopischen Untersuchungen, die belegen, dass es keineswegs stets dieselbe Stimmberechtigtenhälfte ist, die zur Urne schreitet. So zeigt der Politikwissenschaftler Clau Dermont am Beispiel von St. Gallen, dass dort rund ein Viertel der Stimmberechtigten an allen Abstimmungen teilgenommen hat und ein anderes Viertel nie, während rund die Hälfte gelegentlich und selektiv ihre Stimme abgegeben haben. Das legt den Schluss nahe, dass zumindest 75 Prozent der Entscheidungsberechtigten ihr Recht nutzen – auch, indem sie bewusst nicht zur Abstimmung schreiten.[56]

Direkt-partizipatorische Demokratie wird keine Stimmzwänge verordnen. Niemand muss zu allem, was es zu entscheiden gibt, eine Meinung haben. Auch wenn die Gesamtheit der Bürgerinnen und Bürger einem Zwang zur Entscheidung unterliegt – der oder die Einzelne tut es nicht. Das Wissen darum, sich beteiligen zu können, bildet die Grundlage selektiver, fein abgestufter Teilhabeakte. Situative Partizipation ist kein Unglück, sondern der Normalfall: Ich bringe mich immer wieder und immer da ein, wo ich es für wichtig und richtig halte, bin also nicht ständig überall dabei, sondern punktuell, anlassbezogen. Zugleich steht mir die Möglichkeit des Rückzugs auch jederzeit offen. Menschen sind in einer direkt-partizipatorischen Demokratie Wesen mit einem fundamentalen Rückzugsrecht – mit dem Recht, sich vom Politischen, von der Gestaltung der Bedingungen der Möglichkeit gemeinsamen Seins zu distanzieren. Man muss es dann freilich in Kauf nehmen, dass andere es für einen gestalten.

Letzteres kann man auch positiv wenden. Etwa dann, wenn ich neidlos anerkenne, dass ein anderer von einer bestimmten Sache mehr versteht, als ich es tue. Da ist an Verfahren zu denken, wie sie einst die Piratenpartei unter den etwas hochtrabenden Stichworten „liquid democracy“ und „delegated voting“ ins Spiel brachte: Statt feste Repräsentanten zu wählen, die mich in allen Sachgeschäften vertreten – auch dort, wo ich gänzlich anderer Meinung bin –, bestimme ich nur bei bestimmten Belangen meine situative Vertreterin. Will ich mich beispielsweise nicht in Fragen der Rüstungsexporte oder des Länderfinanzausgleichs vertiefen, übertrage ich Frau Müller oder Herrn Schmidt meine Stimme, weil sie mir kompetent erscheinen. Die Stimmendelegation erfolgt nur für diese spezifischen Fragen, während ich überall dort, wo ich mich selbst kompetent fühle, meine Stimme selbstverständlich behalte – und überdies dafür werben kann, dass mir andere ihre Stimme abtreten. Ein solches Verfahren mag helfen, die starre repräsentative Demokratie zu verflüssigen, und gleichzeitig die direktdemokratische Zumutung verringern, mich überall mit eigener Stimme einzubringen. Und es verstärkt meine politische Wirkmächtigkeit, sei es, indem ich andere Stimmen auf mich vereinige, sei es, indem ich mit meiner Stimme die Handlungsreichweite meiner situativen Partialrepräsentanten erhöhe. Das könnte den Partizipationsenthusiasmus beflügeln. Auch Partizipation ist nichts starr Schematisches, sondern etwas, was sich dynamisch immer wieder neu formiert. Vielleicht habe ich morgen ja Lust, mich der Rüstungsexporte oder des Länderfinanzausgleichs anzunehmen. Die Delegation meiner Stimme kann ich jederzeit widerrufen.

Ebenso wenig ist es zwingend, sich bei Abstimmungen immer auf ein Ja oder ein Nein festzulegen. Auch die Möglichkeit des „range voting“, der Bewertungswahl, wäre in der politischen Entscheidungsfindung nicht ganz abwegig. Oft ist mir eine Entscheidung nicht so wichtig, so dass ich mein Urteil auf einer Skala von -5 bis +5 vielleicht mit 0 oder 1 angebe, während dezidierte Gegner -4 oder -5 wählen und ebenso dezidierte Befürworter +4 oder +5. Wenn man dann alle gewichteten Stimmen bei einer Entscheidungsvorlage zusammenzählt – und vielleicht noch vergleicht mit einem ebenfalls zur Abstimmung vorgelegten Gegenvorschlag –, erkennt man rasch, wie sehr sich die Stimmberechtigten dafür begeistern; eine Punktzahl im positiven Bereich wird für eine Umsetzung jedenfalls unerlässlich sein. Ähnlich wie das „delegated voting" erhöht auch das „range voting" meine politische Wirkmächtigkeit: Durch die Gewichtung meiner Stimme kann ich zum Ausdruck bringen, wie sehr mir an einer Vorlage liegt. Aber wie immer man das Verfahren verfeinert: Um Abstimmungsentscheidungen, an denen möglichst alle mitwirken – auch durch Delegation oder durch Enthaltung der Stimme –, wird eine Demokratie der Zukunft schwerlich herumkommen.

Elektronische Demokratie

Sowohl Stimmendelegation als auch Stimmengewichtung lassen sich auf digitalem Weg vorzüglich organisieren, auch wenn sie im Prinzip – allerdings mit großem Aufwand – auch auf analogem Weg zu bewerkstelligen sind. In den noch immer an der Richtschnur analoger Massenkommunikation hängenden Leitmedien – eine Richtschnur, die Sender und Empfänger klar unterscheidet und hierarchisch trennt – blickt man auf die Digitalisierung des Politischen jedoch mit einiger Reserve und kaum verhehltem Missmut. Jedenfalls solange Digitalisierung nicht einfach heißt, seine eigenen Absatzmärkte als Medienunternehmen zu erweitern und seine Inhalte eben auch im Netz zu verbreiten. Gewiss, Digitalisierung bringt Gefahren mit sich – etwa die einer repressiven Gängelung der Meinungen, wenn nur wenige Akteure das digitale Feld kontrollieren.[57] Wenn das Internet keine öffentliche, freie Domäne ist, sondern von privaten Firmen organisiert wird, drohen sich seine Rahmenbedingungen einer demokratischen Kontrolle zu entziehen – es sei denn, der Markt spiele so, dass Informations- und Digitalmonopole verhindert werden. Dass man als Nutzerin oder Nutzer leicht in algorithmisch eng abgezirkelte Horizonte eingesperrt werden könnte, beweist schon die alltägliche Erfahrung: Interessiere ich mich für Partei X oder das politische Thema Y einmal ein bisschen näher, werde ich die auf meinem Nutzerverhalten gründenden, aber ungewünschten Werbeeinblendungen kaum mehr los, so dass ich vor wichtigen Wahlen womöglich nur die Wahlwerbung der Partei X in meinem elektronischen Briefkasten finde. Eine Vergesellschaftung der Ressource Internet und die Entmachtung der privatwirtschaftlichen Akteure würden das Problem allerdings nur verlagern: Staatliche Inhalts- und Rahmenkontrolle wäre schwerlich der Freiheit dienlich oder der Mündigkeit der Menschen – von uns allen – angemessen. Dass das Internet weder selbst die beste aller möglichen Welten ist noch eine solche schnurstracks der Verwirklichung entgegenführt, wird man in Kauf nehmen müssen.

Greifen wir nur fünf Aspekte heraus, die digitales Demokratiegefährdungspotenzial zu belegen scheinen, nämlich das Wegfallen von Vermittlungsinstanzen, die Gefährdung von Minderheiten, die Gefährdung aktiver Partizipation, die Meinungsverklumpung und die Schnelligkeit.

Erstens: Der ehemalige Verfassungsgerichtspräsident Andreas Voßkuhle, von Untergangszenarien freilich weit entfernt, hält es für „problematisch", „dass teilweise die Mediatoren – insbesondere die Presse und das Fernsehen – wegfallen, weil Politiker direkt mit den Bürgern kommunizieren, etwa über Twitter wie der Präsident der Vereinigten Staaten. Wenn wegfällt, was Mediatoren leisten können – das Reflektieren von Meinungen, das Herstellen von Zusammenhängen, das Einordnen und Ausleuchten –, wird Demokratie auch schwieriger. [...] Insofern erweist sich das, was auf den ersten Blick demokratischer erscheint – nämlich eine direkte Kommunikation zwischen dem ‚Herrscher' und den ‚Beherrschten'–, aus Sicht der repräsentativen parlamentarischen Demokratie eher als negativ."[58] Zugegeben: Ohne „Mediatoren" wird diese Kommunikation schwierig – solange das Paradigma ein repräsentativistisches bleibt. Internet ergibt dann politisch Sinn, wenn keine prinzipiellen Unterschiede von Herrschern und Beherrschten mehr existieren – wenn wir alle entscheiden dürfen. Dann sind alle gezwungen, miteinander zu reden, und alle dazu verurteilt, sich im Reflektieren, Einordnen und Ausleuchten selbst zu üben. Keine einfache Lösung.

Zweitens: Der Schutz von Minderheiten und ihren Rechten scheint im Internet chronisch gefährdet. Es ist offensichtlich keine Wohlfühlzone, wo nur die Hüter der goldenen Mitte sich zu Wort melden. Müssen wir die Extreme ertragen – jedenfalls, soweit sie nicht strafrechtlich relevant werden? Reicht es, dass der Rechtsstaat da Grenzen zieht? Oder sind selbst die Extreme der politischen Wegfindung dienlich, wenn in einer direkt-partizipatorischen Demokratie die Entscheidungen so gefällt werden, dass die Extreme nicht zum Zug kommen? In eine moralische Anstalt wird sich das Internet jedenfalls nicht so leicht verwandeln lassen. Also auch hier keine einfache Lösung.

Drittens: Führen denn, fragt der Journalist Thomas Fricker, Mobbing und Shitstorm im Internet nicht dazu, dass sich die drangsalierten Leute ganz aus der Öffentlichkeit zurückziehen, sich nicht mehr außerdigital-öffentlich engagieren wollen, als ehrenamtliche Lokalpolitiker beispielsweise? Kann denn nicht gerade die realweltliche politische Öffentlichkeit dem Wüten im Netz zum Opfer fallen?[59] Man kann, wie ich es eingangs getan habe,[60] die digitale Hochemotionalisierung als Affektabfuhrventil zu deuten geneigt sein: Viele verschaffen sich im Netz lautstark und unflätig Luft, weil sie zwar ihre Stimme zu Gehör bringen können, aber nicht direkt mitbestimmen dürfen. Dass dieses Verhalten freilich, wenn es sich gegen konkrete Personen richtet, auch eine überaus abschreckende Wirkung entfalten kann, ist die Kehrseite der Medaille. Dann gräbt die digitale Öffentlichkeit der analogen das Wasser ab. Auch dafür gibt es keine einfache Lösung.

Viertens: Der Philosoph Wolfram Eilenberger findet das Wort „Netzgemeinde" verräterisch, da doch Gemeinde für „[d]ie engmaschigste und in der Regel auch engstirnigste Form menschlicher Kollektivität" steht, „die ideologische Form entdifferenzierter Meinungsverklumpung par excellence".[61] Aus dem verräterischen Ausdruck könnte man die Folgerung ziehen, mit der Demokratiefähigkeit des Internets sei es nicht weit her. Meinungsverklumpung ist allerdings kein spezifisches Netzproblem – und aus der Tatsache, dass sie im Netz auftritt, folgt nicht, dass das ganze Netz davon angesteckt wäre. Als Wegklick- und Wegwischmedium ist es davon strukturell sogar noch weniger betroffen als andere Formen der menschlichen Vergemeinschaftung: Denn mit einem Klick bin ich, trotz Tracking-Algorithmen, dann mal weg. Und manche Studien wollen sogar plausibel machen, dass die Suchmaschinen und sozialen Netzwerke eigentlich niemanden in „Filterblasen" einsperren, sondern zur „Meinungsvielfalt" beitragen.[62] Aber zweifellos gilt: Das Internet ist nur ein Mittel, es kann für dieses oder für jenes benutzt werden. Netzöffentlichkeit als Gegenstück zur Netzgemeinde ist immerhin auch eine Option. Lösungen sind zumindest nicht ausgeschlossen.

Fünftens: Das Beschleunigungsmoment macht digitale Kommunikation wesentlich aus; sie ist der Inbegriff von Schnelligkeit. Demgegenüber ist, wie der Politikwissenschaftler Herfried Münkler herausstellt, „[d]emokratische Partizipation [...] auf Entschleunigung zwecks Reflexion und Deliberation angewiesen".[63] Tut sich da nicht eine unüberwindliche Kluft auf zwischen den Verzögerungserfordernissen menschlicher Meinungs- und Entscheidungsfindung und den Geschwindigkeitserfordernissen digitaler Technologie? Zeigt nicht die tägliche Netzerfahrung, wie sehr wir uns diesen Geschwindigkeitserfordernissen unterwerfen, indem wir uns von Augenblicksstimmungen auf dieser oder jener Seite mitreißen lassen, kopflos moralisieren, rasch ein Urteil abgeben, ohne einen Augenblick nachdenkenden Innehaltens? Ja, auf der einen Seite. Auf der anderen aber eröffnet gerade das Digitale ungeheure Räume der Kommunikation und der Deliberation: Wir können uns mit zahllosen Menschen austauschen und beratschlagen, mit denen wir in der physischen Welt nie in Kontakt gekommen wären. Das Internet ist nicht nur eine Deliberationsvernichtungsmaschine, sondern auch eine Deliberationserzeugungsmaschine. Die Kluft ist keineswegs unüberwindlich. Vielmehr macht die Übung – wie in der direktpartizipatorischen Demokratie – auch hier die Meisterin und den

Brückenbauer. Lösungen sind nicht immer leicht, aber möglich, ja sogar absehbar.

So kann man sich etwa vor Augen führen, was die Digitalministerin Taiwans, Audrey Tang, über die seit 2015 in ihrem Land gebräuchliche Open-Source-Software Polis erzählt, mit deren Hilfe kollektiv-konsultativ politische Entscheidungen getroffen werden. Da gab es beispielsweise die Entscheidung über UberX: „Die Plattform operierte damals in Taiwan mit nichtprofessionellen, unlizenzierten Fahrern. Als User [sc. der Software Polis] sehe ich meine Freunde und Familie in diesen verschiedenen Clustern. Jeder Cluster repräsentiert eine andere Einstellung zu UberX. Ich schrieb beispielsweise, wer auch immer am Steuer sitze, solle eine Haftpflichtversicherung abschließen müssen. Wenn Sie damit einverstanden sind, rücken Sie Ihren Avatar in meine Nähe, wenn nicht, entfernen Sie sich von mir. Es gibt aber keinen Reply-Button, also keinen Raum für Trolle. Nach drei Wochen der Online-Konsultation zeigt sich jeweils ein ähnliches Bild: Polarisierende Ansichten sind immer noch da, aber machen nur etwa fünf Prozent aus. Die meisten Leute sind in den meisten Fragen mit den meisten anderen einverstanden. Dieses Bild steht in Kontrast zu dem, was wir auf den antisozialen Social Media sehen. Die Leute entdecken, wo ein Konsens mit anderen besteht. Diese allgemein akzeptierten Normen übernehmen wir dann für die Regulierung."[64]

Die Digitalisierung ließe sich also durchaus klug und fruchtbringend in einer direkt-partizipatorischen Demokratie nutzbar machen. Sie kann die Schwellen des Teilhabens senken und den Pegel der Erörterung heben. Selbst wenn sie Arbeitsplätze abschaffen sollte, bekämen wir als von mühsamer Arbeit entlastete Individuen mehr Zeit, uns politisch zu betätigen. Digitalisierung bietet eine eminente Politisierungschance. Auch dadurch, dass alle immerzu überall digital mitreden können.

Allerdings ist der Digitalisierung der Demokratie auch ein wesentlicher Sicherheitsschalter einzubauen: Auch nichtdigitalisierte Bürger müssen ihre Mitsprache- und Mitentscheidungsmöglichkeiten ungeschmälert behalten. Dem Recht auf digitale Teilhabe ist gleichberechtigt ein Recht auf digitale Abstinenz zur Seite zu stellen.

Amateurisierung der Politik und Revidierbarkeit der Entscheidungen

Gegenstand direkt-partizipatorischer Entscheidung muss im Prinzip jedes politische Geschäft sein können, sofern es die Bedingungen der Möglichkeit des gemeinsamen Seins betrifft. Für exekutive Aufgaben wird man freilich auch dann eine Regierung beauftragen, die eben im Rahmen der von allen gesetzten Bedingungen kurzfristig agiert, während es die Aufgabe des Parlamentes bleiben wird, die Regierung zu überwachen und nach Maßgabe der Entscheidungen aller Bürgerinnen und Bürger Gesetze zu erlassen. Eine direkt-partizipatorische Demokratie wird ihren Bürgerinnen und Bürgern jede Form der Grundsatzentscheidung zubilligen – wobei im Prinzip alles zur Grundsatzentscheidung erhoben werden kann. Einige Hunderttausend gesammelte Unterschriften sollten reichen, um per Referendum eine Abstimmung über ein parlamentarisch erlassenes Gesetz herbeizuführen, um per Initiative selbst einen Gesetzesentwurf einzubringen oder Verfassungsänderungen zu beschließen. Der Ruf nach „Professionalisierung der Politik" hat in jenen Sphären seine Berechtigung, wo es um die Umsetzung und Ausführung dessen geht, was diese Abstimmungen dann ergeben. Und Berufspolitiker dürfen und sollen ihre Stimme im Prozess der allgemeinen Entscheidungsfindung einbringen; sie sollen moderieren und abwägen helfen. Berufspolitiker sind Entscheidungshelfer.

Jenseits dieser engen Sphären, in denen Berufspolitiker agieren, ist demgegenüber die Amateurisierung der Politik das eigentliche Gebot der Stunde. Amateurisierung bedeutet nicht, dass Politik zum Spielball wechselnder Launen werden soll, sondern zum Anliegen aller – von uns allen, die wir unsere Leidenschaft in die Gestaltung des Gemeinsamen einbringen sollen. Der Amateur macht aus seinem Tun keinen Beruf und begeistert sich doch sehr ernsthaft dafür; sie oder er nimmt dafür kein Geld und ist damit nicht käuflich; sie oder er widmet diesem Tun auch nicht das ganze Leben, sondern nur Lebensportionen. Der politische Amateur hat noch Existenzschwerpunkte jenseits der Politik und versteht es darum, die Grenzen des Politischen scharf zu ziehen. Der politische Amateur verhindert, dass alles politisch wird.

Als Andreas Voßkuhle, noch als Präsident des Bundesverfassungsgerichts, beklagt hat, dass Politik zu wenig Zeit habe, sie „mehr Momente der Entschleunigung, Reflexionsschleifen“ bräuchte, „um über grundlegende Entscheidungen nachzudenken, aber auch, um bereits getroffene Entscheidungen zu evaluieren“, benannte er das Bundesverfassungsgericht als einen „der ganz wenigen Orte, an denen man abgeschirmt von äußeren Einflüssen Entscheidungen so intensiv durchdenken kann, wie man es für erforderlich hält“.[65] Die Diagnose trifft auch ein Jahrzehnt später noch zu, wenn man „Politik“ mit „Berufspolitik“ übersetzt und hinzufügt, dass das Bundesverfassungsgericht zwar noch immer als Reflexionsschleife agiert, aber eben stets erst im Nachhinein, nachdem die politischen Entscheidungen (und oft mit ihnen das Kind in den Brunnen) gefallen sind. Demgegenüber würde in einer direkt-partizipatorischen Demokratie die Reflexion *vor* den jeweiligen Entscheidungen stattfinden. Und genau dies kann und soll im gesamtgesellschaftlichen Deliberationsprozess geschehen, vor den jeweiligen Volksentscheiden. Mit der Amateurisierung, der Verbürgerlichung der Politik geht auch eine *Reflexivierung* einher: Jeder und jede ist vor der Entscheidung zum abwägenden Diskurs gezwungen, egal, ob sie oder er am Ende an der Abstimmung teilnimmt oder nicht.

Indes ist der Reflexionsprozess mit der Abstimmung nicht zu Ende. Denn keine Entscheidung muss zwingend eine definitive Entscheidung sein. Zwar pflegt man zu behaupten, dass direkte Demokratien viel weniger effektiv Politik machen könnten als repräsentative, da die Entscheidungswege viel zu lange dauerten. Aber das entscheidende Problem ist doch, dass der parlamentaristische Repräsentativismus traditionellen Zuschnitts es gerade verunmöglicht, schnell auf veränderte Bedingungen zu reagieren. Für vier oder fünf Jahre ist X meine Repräsentantin und exekutiert im besten Fall, was ich ihr aufgetragen habe. Wenn sie davon abweicht und auf veränderte Bedingungen reagiert, weicht sie vom Wählerauftrag ab. Parlamentarische Repräsentation ist viel zu starr, um in einer fluiden Welt gesamtgesellschaftliche Willensbildungsprozesse abzubilden. Also gehören alle wesentlichen Sachentscheidungen vors Volk. Und diese Sachentscheidungen können auch immer wieder neu zur Disposition gestellt werden. Direkt-partizipatorische Demokratie lebt von der prinzipiellen Revidierbarkeit einmal getroffener Entscheidungen. Sie ist, weil keine Berufspolitiker und keine Experten diktieren, wohin es gehen muss, ein spielerisches Nach-vorne-Irren. Da uns die Herren des Überblicks fehlen,[66] gibt es dazu keine Alternative.

Revidierbarkeit bedeutet, immer wieder einen neuen Anfang setzen zu können. Oder um es mit Hannah Arendt anthropologisch zu begründen: „Im Sinne von Initiative – ein initium setzen – steckt ein Element von Handeln in allen menschlichen Tätigkeiten, was nichts anderes besagt, als daß diese Tätigkeiten eben von Wesen geübt werden, die durch Geburt zur Welt gekommen sind, unter der Bedingung der Natalität stehen."[67] *Das politische Initiativrecht, das jedem Menschen zukommt, bedeutet, immer wieder neu anfangen zu können.* Und das macht direkt-partizipatorische Demokratie wesentlich aus.[68]

Politik als Spannungsgefüge

Eine relationale, relativistische und neutralistische Anthropologie[69] kann sich, ins Praktisch-Politische gewendet, durchaus ein wenig Zuversicht leisten. Dass nämlich der Mensch ein Wesen sei, das sich im Zusammenspiel und im Abgleich mit anderen zu Entscheidungen und Handlungsweisen durchringt, die weder den eigenen Interessen noch den Interessen des Großen und Ganzen (gemäß eigener Einschätzung) grundlegend und permanent widersprechen.

Wenn alle mitentscheiden dürfen, neutralisiert sich der individuelle Egoismus – ein Kooperationsgeschehen zu gegenseitigem Nutzen. Dabei ist das politisch Allgemeine nichts Gegebenes, sondern etwas, was sich dynamisch immer wieder herausbildet, situativ und kontingent, und für die Beteiligten und Betroffenen prinzipiell die Möglichkeit bietet, weiterzumachen. Als ein listiges und lernfähiges Tier habitualisiert und zivilisiert sich der Mensch auch als politisch entscheidungsfähiges Wesen durch Übung.

Dabei ist weder der Konflikt, der Wettstreit, der Kampf oder gar die Freund-Feind-Unterscheidung die fundamentale politische Kategorie, sondern die Spannung. *Politik ist ein Spannungsgefüge.* Wenn immer mehr Menschen immer mehr Möglichkeiten haben, muss man sich nicht nur von der Idee der Repräsentation verabschieden, sondern einsehen, dass die Spannung zwischen dem Verschiedenartigen immer mehr zunimmt. Der Bogen spannt sich notwendig immer weiter, weil immer mehr und immer Unterschiedlichere am Ganzen mitbestimmend beteiligt sind.

Eine solche systemisch erzwungene Zunahme von Spannung durch Zunahme von Partizipation und durch Vermehrung der Partizipanten kann in Angst und Schrecken versetzen. Man müsse doch zumindest einen „Grundkonsens" voraussetzen, damit nicht alles auseinanderfliegt. Was aber wäre, wenn dieser Grundkonsens nur darin bestünde, möglichst vielen möglichst viele Möglichkeiten zu ermöglichen? Könnte das spezifisch Politische nicht gerade im Bestreben bestehen, den Zugang zu Möglichkeiten zu organisieren und zu regulieren? Dann wäre ebendies das Spezifikum direkt-partizipatorischer Demokratie.

Der möglichkeitsanthropologische Ansatz leugnet keineswegs die Unversöhnlichkeit mancher Gegensätze, beispielsweise der Gegensätze von Weltanschauungen. Der Atheist und der Islamist werden in diesem Leben ideologisch nicht mehr zusammenfinden, wenn sie ihrer Ideologie treu bleiben. Der Ansatz geht aber vom Faktum aus, dass selbst wer sich weltanschaulich spinnefeind ist gemeinhin mit dem anderen in Ruhe koexistieren will. Zumindest meistens und wenn die Unversöhnlichen nicht zu Krieg oder Mordtat aufgeputscht werden. Direktdemokratisch-partizipatorische Politik sollte weder die Gegensätze aufheben wollen noch behaupten, wir befänden uns in einem unauflöslichen Kampf der Möglichkeiten, und es gehe darum, die „Hegemonie“ zu erkämpfen. Sondern darum, die Möglichkeitsspielräume für alle Akteure zu erweitern – für all jene Akteure, die nicht die Möglichkeiten von anderen prinzipiell beschneiden wollen.

Eine möglichkeitsanthropologisch fundierte, politische Philosophie geht von der Unterschiedlichkeit der Interessen, aber keineswegs von ihrer prinzipiellen Gegensätzlichkeit aus. Der Zugang zu Möglichkeiten ist keineswegs durch unversöhnliche Gegensätze bestimmt (beispielsweise von Rassen oder Klassen), sondern nur durch Differenzen und Ungleichgewichte. Menschen befinden sich gewöhnlich nicht in prinzipieller Frontstellung zu anderen ihresgleichen, sondern positionieren sich immer wieder neu. Direkt-partizipatorische Demokratie equilibriert diese Positionen immer wieder neu. *Alle wesentlichen politischen Probleme sind Beteiligungsprobleme.*

Geteilte Herausforderungen, geteilte Macht[70]

Geteilte Werte wird man in einer direkt-partizipatorischen Demokratie nicht voraussetzen können – oder doch nur den „Wert“, andere Werte anderer Menschen gelten zu lassen. Der Rechtswissenschaftler Hans Kelsen hat seine „relativistische Wertelehre“ auf „das Prinzip der Toleranz“ gründen wollen. „Es versteht sich von selbst, daß sich aus einer relativistischen Weltanschauung kein Recht auf absolute Toleranz ergibt; Toleranz nur im Rahmen einer positiven Rechtsordnung, die den Frieden unter den Rechtsunterworfenen garantiert, indem sie ihnen jede Gewaltanwendung verbietet, nicht aber die friedliche Äußerung ihrer Meinungen einschränkt.“[71] Mit Kelsens Hilfe könnte man den Grundwert der direkt-partizipatorischen Demokratie einerseits negativ in einer solchen Form der Toleranz suchen[72] und andererseits hinzufügen, dass die Achtung vor der Entscheidungsfähigkeit und Entscheidungsmacht jedes anderen

Menschen und die Bereitschaft, ihm dieselbe Teilhabe zuzugestehen, die man selbst genießen will, dessen positive Seite sei.

In einer direkt-partizipatorischen Demokratie stehen weniger geteilte Werte als vielmehr geteilte Herausforderungen im Zentrum. Diese Art der Demokratie bildet Gemeinschaft nicht durch Werte, sondern durch die gemeinsame Bewältigung von Aufgaben. Diese Aufgaben müssen keineswegs globaler Natur sein.[73] Oft sind sie vielmehr ganz partikular: Wollen wir in unserem Dorf einen neuen Sportplatz haben oder doch lieber eine Bienenwiese? Brauchen wir in der Hauptstadt unseres Bundeslandes einen neuen Bahnhof oder doch eher eine neue achtspurige Autobahn? Soll unser Land eine Mietpreisbremse einführen oder Wohneigentum fördern?

Geteilte Herausforderungen führen keineswegs dazu, dass am Ende alle von derselben Antwort auf diese Herausforderungen überzeugt sind. Vielmehr werden die Antworten auf die Herausforderungen unaufhebbar plural bleiben. Und viele werden der Auffassung sein, das, was sie als die eigentliche Herausforderung zu erkennen wähnen, werde politisch nicht oder nicht genügend zur Geltung gebracht. Kennzeichen einer direkt-partizipatorischen Demokratie ist es, dass jede und jeder artikulieren und auf die politische Bühne bringen kann, was sie oder er für die Herausforderung hält. *Eine direkt-partizipatorische Demokratie ist keine Werte- und keine Antwortgemeinschaft; sie ist vielmehr eine Problemgemeinschaft, eine Herausforderungsgemeinschaft.*

Aber gerade dies, eine Problem- und Herausforderungsgemeinschaft zu sein, vielleicht wider Willen, zwingt all die Differenten und Divergenten zusammen, bricht die Identitätsmilieus und Empfindlichkeitsschutzräume auf. Es kommt, wenn man Herausforderungen teilt, nicht darauf an, welcher Gruppe man angehört, ob man schwul ist oder hetero, Frau oder Mann, Migrantin oder Ortsverbliebener, schwarz oder weiß. Direkt-partizipatorische Demokratie zwingt dazu, sich mit dem auseinanderzusetzen, was andere umtreibt, mit denen man sich nicht in der Wohlfühlgruppe tummelt. Direkt-partizipatorische Demokratie ist radikal antiidentitär und stellt alle Gruppenansprüche fortwährend in Frage, lässt aber zugleich die fortwährende Formulierung von Gruppenansprüchen zu: Ich kann beispielsweise den Schutz von Minderheiten oder die Emanzipation der Frauen als eine Herausforderung geltend machen, die alle angeht. Dann müssen sich alle damit beschäftigen, ob sie wollen oder nicht.

Es gibt keine natürlich gegebenen, an sich geteilten Herausforderungen, sondern die Herausforderungen müssen zuallererst identifiziert, evaluiert, hierarchisiert, sichtbar gemacht werden. Und unterschiedliche Menschen können ganz Unterschiedliches für eine Herausforderung halten: die einen die „Klimakatastrophe", die andern den „Asylmissbrauch". Direkt-partizipatorische Demokratie funktioniert als Wettbewerb, gemeinsame, geteilte Herausforderungen zu finden und Lösungsvorschläge zu unterbreiten, die schließlich mehrheitsfähig werden können. Was die Probleme und die Herausforderungen sind, legt niemand zentral und autoritär fest. Wir alle tun das. Und wir sehen nicht nur die eigenen Probleme und Herausforderungen. Sondern sind, da wir stets mitentscheiden müssen, immer auch mit den Problemen und Herausforderungen der andern konfrontiert.

Eine direkt-partizipatorische Demokratie wirkt damit jenen „radikalen Phänomenen der Privativisierung" entgegen, von denen Hannah Arendt spricht, nämlich „eingesperrt" zu sein „in seine Subjektivität wie in eine Isolierzelle": „Eine gemeinsame Welt verschwindet, wenn sie nur noch unter einem Aspekt gesehen wird; sie existiert überhaupt nur in der Vielfalt ihrer Perspektiven."[74] Direkt-partizipatorische Demokratie ist jene Organisationsform des Politischen, die dieser Perspektivenvielfalt angemessen ist. Die in ihr erreichbaren Konsense sind nicht statisch, sondern dynamische Gleichgewichte situativer Antworten auf situative Aufgaben.

1952 hat der Ökonom Felix Somary die 20 „Sozialgesetze der verkehrten Proportion" formuliert. Das erste lautet: *„Je stärker die Gewalt konzentriert ist, desto geringer ist die Verantwortung."*[75] Auch wenn man dieses „Sozialgesetz" nur für eine noch der Beglaubigung bedürftige Hypothese hält, ergäbe sich daraus doch eine für die direkt-partizipatorische Demokratie naheliegende Folgerung: Je geringer die Machtkonzentration ist, desto größer wäre die Verantwortung, und zwar die Verantwortung von uns allen als Teilhabern der Macht. Spalten wir also die Macht und üben uns so in Verantwortung! Dass sich Verantwortung verflüchtigt, wenn man sie auf zu vielen Schultern verteilt, ist ein gern gegen direkt-partizipatorische Demokratie erhobener Einwand. Er geht in die Irre, denn was wir gemeinsam entscheiden, fällt auf uns zurück, beispielsweise in der Klimapolitik, während der Berufspolitiker, der angeblich „die Verantwortung trägt", dies gerade nicht zu gewärtigen hat, muss er doch für seine Entscheidung nicht einstehen, sondern lässt andere, uns Nichtentscheider, die Folgen tragen, während er nur das Risiko der Nichtwiederwahl auf sich nimmt. Um eine Wendung des chinesischen Philosophen Zhao Tingyang aufzugreifen und gegen dessen eigenen Antidemokratismus zu wenden: „Die Minimierung der Möglichkeit, sich gegenseitig Schaden zuzufügen" und „[d]ie Maximierung wechselseitigen Nutzens"[76] sind beide möglich – aber sie sind nur möglich in einer direkt-partizipatorischen Demokratie, wo jede und jeder für sich Sitz und Stimme haben. „Demokratie als Kooperation ist nicht primär über kollektive Akteure konstituiert. Die staatlichen Institutionen dienen der Stabilisierung kooperativer Handlungsstrukturen."[77]

Diese Kooperation im Ringen um die zu teilenden Herausforderungen wird freilich nur im Grenzfall die Gestalt eines allseits geteilten Konsenses annehmen. Der Dissens ist meist unausweichlich und der Motor weiterer politischer Bewegung. *Direkt-partizipatorische Demokratie ist auch, und zwar zu ihrem Besten, eine Dissensdemokratie.*[78] Oder mit Wilhelm Traugott Krug: „Die Natur selbst scheint es auf Mannichfaltigkeit ihrer Erzeugnisse angelegt zu haben, also auch auf Mannichfaltigkeit menschlicher Vorstellungen und Bestrebungen, die doch zum Theil wenigstens auch Naturprodukte sind. Die Geister müssen ein Reibzeug haben, das Funken aus ihnen hervorlockt."[79] Vielfalt ist gut und sinnvoll, weil wir selbst daran wachsen. Wir brauchen das Reibzeug der Diversität.

Daraus folgt für jeden und jede eine *Weltgestaltungspflicht.* Scharf formuliert: Politisch sind wir alle Täter – oder sollen es wenigstens sein. Jeder ist aufgefordert, aus seinem Leben etwas zu machen, seine Sicht einzubringen, seine Welt zu gestalten. Direkt-partizipatorische Demokratie setzt dafür den Rahmen. Niemand kann mich in meinem politischen Tun vertreten.

Geteilte Fiktionen

Wenn schon keine geteilten Werte existieren und wenn über die geteilten Herausforderungen immer wieder neu verhandelt werden muss, so könnte es doch sein, dass in einer direkt-partizipatorischen Demokratie ein allseits geteiltes Narrativ zur Geltung käme. Narrativ nennt der Jetztzeitjargon eine Erzählung, die Menschen einzeln oder in Gruppen als sinnstiftend und haltgebend ansehen – eine Erzählung, die den Rahmen für unser Denken, Fühlen und Handeln abgibt. Narrative sind in Mode gekommen, seit man Jean-François Lyotards 1979 breit eingeführten Begriff des „métarécit" auf Englisch mit „master narrative" zu übersetzen begann und sich der englische Begriff auch als deutsches Substantiv einbürgerte.[80] Lyotard hatte als spezifisch postmodern herausstellen wollen, dass die alten „métarécits" der Aufklärung und der spekulativ-universalistischen Geschichtsphilosophie ihre Glaubwürdigkeit verloren hätten.[81] Lyotards These besagte also, dass es heutzutage gerade keine allseits verbindlichen „Narrative" mehr gäbe. Seither bemühen sich Soziologinnen und Philosophen, Historiker und Literaturwissenschaftlerinnen um den Nachweis aller möglichen Narrative mit unterschiedlicher Reichweite und Verbindlichkeit – in der Vergangenheit, in der Gegenwart und für die Zukunft.

Über Narrative wollen wir hier jedoch nicht reden, und zwar aus drei Gründen nicht. Der erste liegt auf der Hand: Die Inflation des Wortgebrauchs geht mit seiner galoppierenden inhaltlichen Entleerung einher. Der zweite Grund hängt damit zusammen: Als Narrativ gilt alles Mögliche, was gar keine erzählerische Struktur im engeren Sinne hat – all das, was früher einmal Ideologie, Leitvorstellung, Weltanschauung geheißen hat. Zur Erzählkommunikation gehört jedoch nun einmal eine zwischen der Gegenwart des Erzählvorgangs und einer erzählten Welt bestehende Zeitdifferenz; sie ist überdies ein rückblickender Umgang mit kontingenten Begebenheiten (die natürlich – Stichwort Science-Fiction – auch in der Zukunft angesiedelt werden können, aber so behandelt werden, als wären sie bereits geschehen), und schließlich beansprucht sie Gegenwartsrelevanz; sie hat ein Gegenwartspublikum im Blick.[82] Mag die als Narrativ aufgeputzte Ideologie auch auf solche Gegenwartsrelevanz und Kontingenzbewältigungskompetenz pochen – die Zeitdifferenz zwischen Erzählvorgang und erzählter Welt geht ihr ab. Weltanschauungen haben mitunter keine erzählerische Struktur.[83] Aber selbst wenn sie sie hätten: Der dritte Grund, warum nicht nur Narrativ, sondern auch Narration, Erzählung in einem engeren, technischen Sinn uns hier nicht weiterhilft: Oft genug bringt eine Erzählung nur zum Ausdruck, was der Fall ist, oder besser: was der Fall war (oder der Fall hätte sein können). Erzählungen sind oft genug feststellend und beschreibend, handeln vom letzten Krieg oder von der letzten Autopanne. Viele Erzählungen entfalten keinerlei motivatorische Kraft, bewegen nichts und niemanden.

Anders der Begriff der Fiktion, der sowohl den Vorteil der Ehrlichkeit als auch den der geringen Abnutzung bietet. Fiktion ist, das Wort sagt es, etwas, was sich im Unterschied zur Erzählung nicht auf etwas wirklich Gegebenes beziehen kann – den letzten Krieg oder die letzte Autopanne; Fiktion kann nicht bloß feststellend oder beschreibend sein. Zwingend ist sie – vom lateinischen Verb *fingere* abgeleitet – bildend, formend, gestaltend. Fiktion ist dem Worte nach ehrlich, weil sie kein Sein vorgibt, wo es um ein Sollen, etwas Erdachtes, Ausgemaltes, Erwünschtes geht. Fiktionen werden nicht vorgefunden, sondern gemacht – von Menschen für Menschen.[84] Repräsentation und Gemeinwillen beispielsweise sind solche politischen Fiktionen, aber auch die Partizipation aller ist es.[85]

In einschlägigen Handbüchern wird die Sentenz „*Qui nescit fingere* nescit vivere", „Wer nicht zu fingieren weiß, weiß nicht zu leben", dem italienischen Philosophen Torquato Accetto zugeschrieben. In Accettos 1641 erschienenem Traktat *Della dissimulatione honesta* wird der Satz zwar tatsächlich zitiert,[86] aber ohne Anspruch, sein Urheber zu sein. Vielmehr ist er schon in Spruchsammlungen zu Beginn des 17. Jahrhunderts präsent, und zwar als Übersetzung der italienischen Wendung: „Chi non sà fingere, non sà viuere".[87] „Fingere", fingieren meint in diesem Zusammenhang täuschen, etwas vorgeben und ist auf die frühneuzeitliche Herrschertugend der Listigkeit und Verschlagenheit gemünzt. Fasst man „fingere" hingegen weiter, hat die Sentenz durchaus auch in einer direkt-partizipatorischen Demokratie ihr Recht: „Wer sich nichts auszumalen weiß, weiß nicht zu leben." „Wer nicht zu gestalten versteht, versteht nicht zu leben."

Das in diesem Buch vorgetragene Plädoyer für eine solche Form der Demokratie zehrt von leitenden Fiktionen. Etwa von der Fiktion mündiger, selbstverantwortlicher und freier Bürgerinnen und Bürger. Hält man die Angehörigen unserer Gattung hingegen nicht für mündigkeitsfähig und nicht für freiheitsfähig, wird man sich mit der Idee einer direkt-partizipatorischen Demokratie nicht anfreunden können.

Nun ist freilich nicht zu bestreiten, dass politische Fiktionen auch grausame Verheerungen angerichtet haben. Die Geschichte der Totalitarismen ist eine Geschichte absolut gesetzter Fiktionen. Wenn eine Fiktion zum Dogma wird, ordnet sie sich entweder alle anderen Fiktionen unter oder versucht sie zu vernichten – oft genug auch einschließlich der Menschen, die den Konkurrenzfiktionen anhängen. Ein besonnener Umgang mit politischen Fiktionen muss daher ein paar Sicherungen einbauen:

Erstens. Politische Fiktionen sind nützlich, wenn und solange sie dynamisieren. Das soll nicht heißen: solange sie Menschen zu allen möglichen Handlungen aufstacheln, denn das tun gerade auch totalitäre Fiktionen. Dynamisieren meint hier: den Möglichkeitsspielraum erweitern,[88] ohne den Möglichkeitsspielraum anderer zu beschränken. Politische Fiktionen sind nützlich, wenn sie den Horizont aufreißen und neue Perspektiven eröffnen, solange sie nicht die Horizonte anderer verschließen und ihnen die eigenen Perspektiven aufzwingen.

Zweitens. Eine politische Fiktion darf daher nie im Singular auftreten, sondern bedarf anderer politischer Fiktionen sowie der unausgesetzten kritischen Reflexion, die sie in Schach halten. Eine sich aufklärende Kultur benötigt keine Metafiktion, kein alles überschattendes Fiktionsgewölbe, sondern eine ständige Verständigung darüber, welche Fiktionen gerade tunlich sind.

Drittens. Die vielen politischen Fiktionen erfüllen auf ganz unterschiedlichen Ebenen unterschiedliche Bedürfnisse. Sie sind in ihrem Geltungsanspruch und in ihrer Reichweite nicht universell, sondern situativ und nutzen sich mitunter auch sehr schnell ab. So ist es etwa der 2020 gepflegten politischen Fiktion ergangen, wonach die Deutschen in der Pandemie plötzlich den Altruismus und die Selbstzurücknahme zugunsten der Schwächsten gelernt hätten.

Viertens. Das zuletzt genannte Beispiel zeigt auch, dass die Frage nach der Wahrheit einer Fiktion nicht zielführend ist. Fiktionen als Erfindungen sind per se nicht wahrheitsfähig, sondern – im politischen Feld – einfach je nach Gegebenheiten mehr oder weniger hilfreich. Im außerpolitischen Feld sind sie mitunter nur schön oder ansprechend. Was wiederum über ihren politischen Wert nichts aussagt.

Fünftens. Die Pluralität der politischen Fiktionen soll und kann – vielleicht ist das aber selbst eine politische Fiktion? – zur gegenseitigen Neutralisierung, zur produktiven Geltungseinschränkung führen.[89] Die Pluralität und die Konkurrenz politischer Fiktionen zeigen die Vorläufigkeit aller politischen Positionsbezüge, die stets nur in einem konkreten Raum möglich sind. Verändert sich der, verändern sich die Positionen und die zugehörigen Fiktionen. Politische Fiktionen stehen nicht in einem permanenten Verdrängungskampf miteinander; es gibt zwischen ihnen keine notwendigen Antagonismen. Aber es gibt Reibungen, Relativierungen, die dafür sorgen, dass eine politische Fiktion nicht in Ideologie erstarrt.

Sechstens. Politische Fiktionen erscheinen also nicht als allumfassende Metaerzählungen, sondern als Erzählungsknäuel, als Gewirr von Stimmen. Politische Fiktionen sind lebensmotivierende

Erzählungen, die immer endlich, immer vorläufig sind und nichts definitiv festlegen, solange sie nicht ideologisch festgefroren werden. Entsprechend unterfüttern sie unsere Entscheidungen, für die wir zwar verantwortlich sind oder nach einem direktdemokratisch-partizipatorischen Verständnis wenigstens sein sollen, die aber selbst immer nur vorläufige, revidierbare Entscheidungen sind.

Siebtens. Was wiederum bedeutet, dass politische Fiktionen durch politische Handlungen vielleicht nicht verwirklicht, aber doch einer Verwirklichung nähergebracht werden. Man muss sich, auch durch Tun, an politische Fiktionen gewöhnen. Es kommt auf Einübung, auf Habitualisierung an. Hänge ich beispielsweise der politischen Fiktion eines mündigen, selbstverantwortlichen und freien Bürgers an, so werde ich mein politisches Tun an dieser Fiktion ausrichten. Durch Training realisiert sie sich dann im besten Fall allmählich. Wir können durch Übung werden, was wir sein sollen. Die von Walt Whitman 1860 auf Amerika gemünzte Fügung der „athletischen Demokratie" hat Universalisierungspotenzial.[90] Oder um es mit dem Politikwissenschaftler und Politiker Andreas Gross zu sagen: „In einer Direkten Demokratie hat niemand die Macht, nicht lernen zu müssen."[91]

Dieser Abschnitt verspricht laut Titel von „geteilten Fiktionen" zu handeln. Das könnte suggerieren, es ginge darum, allen dieselbe politische Fiktion aufzudrücken. Das aber wäre im unaufgebbar pluralen Kontext der Jetztzeit nicht nur faktisch eine Don-Quijoterie, sondern liefe auch der Pluralitätsbefürwortung direkt-partizipatorischer Demokratie normativ entgegen. Wir brauchen keine kollektive Teilhabe an der einen und einzigen politischen Fiktion, kein Umgreifendes. Vielmehr teilen wir unsere Fiktionen formlos im alltäglichen Umgang miteinander. Jeder nimmt davon, was er braucht; und jede gestaltet daran um, was ihr tunlich erscheint. Wir teilen politische Fiktionen und depotenzieren sie damit auch. Geteilte Fiktionen sind bessere Fiktionen – genauso wie geteilte Macht bessere Macht ist. „Geteilte Fiktionen" heißt keineswegs, dass alle von denselben Fiktionen angetrieben werden. Direkt-partizipatorische Demokratie bedeutet gerade, dass jeder seine Fiktionen einbringen darf. Jede gefällte politische Entscheidung ist auch eine Wasserstandsmeldung darüber, welche Fiktionen gerade dominieren – welche Vorstellungen vom Zusammen- und Alleinleben. Morgen kann es anders sein.

Demokratiewende durch Selbstzweifel und Teilnahmetraining

Selbstzweifel sind unter Europäern, die über sich und ihre Kultur nachdenken, weit verbreitet. Gegenwärtig nehmen sie öfter die Gestalt der Selbstanklage an, die Europa (einschließlich Nordamerika) für alle Übel dieser Welt – Kolonialismus und Imperialismus, gnadenlose Ausbeutung der natürlichen Ressourcen, Rassismus und Diskriminierung – exklusiv verantwortlich macht. Die moralische Selbstzerfleischung ist derzeit das Mittel der Wahl dieser Selbstzweifel. Aber die Selbstzweifel reichen viel tiefer in die Vergangenheit unserer Kultur zurück, mindestens bis zur griechischen Erfindung der Philosophie. Sokrates war nicht mehr bereit, das kulturell Gegebene einfach als gegeben anzunehmen, und unterzog es der peinlichen Befragung. Seither gehören die Selbstzweifel zum Identitätskern der abendländischen Selbstverständigung – unübersehbar seit dem 16. Jahrhundert, vehement seit dem 19. Jahrhundert –, sooft man diese Selbstzweifel auch religiös zu überkleistern und politisch zu unterdrücken versucht hat.

Eine dereinst zu schreibende *Geschichte der abendländischen Selbstzweifel* wird ihre Doppelgesichtigkeit nachzuzeichnen haben: Auf der einen Seite untergraben sie die Kraft, den Selbstbehauptungswillen – sie verzärteln uns und machen uns schwankend, entscheidungsschwach, überempfindlich. Die Selbstzweifel zerfressen den Gestaltungswillen. Auf der anderen Seite befreien sie, indem sie den Überhang des angeblich zeitlos Wahren und Gültigen abräumen, indem sie uns neue Luft zum Atmen schenken, Raum zum Gliederstrecken. Und auf dieser Seite sind die Selbstzweifel auch für die direkt-partizipatorische Demokratie nicht nur wünschenswert, sondern unerlässlich. Sie zwingen die Gesellschaft zur ständigen Selbstrevision, zur Selbstrelativierung.

Aber wie, fragt der selbstzweiflerische Beobachter, soll sich eine mit Selbstzweifeln beschäftigte Möglichkeitskultur wie die abendländische gegen ungleich robustere Konkurrenzkulturen wie die chinesische behaupten, der Selbstzweifel womöglich fremd sind? Muss es ihr da nicht ergehen wie den Fußgängern und Radfahrern, die sich 1989 auf dem Tian'anmen-Platz den Panzern des Regimes entgegenstellten? Könnte es nicht sein, dass viele sich demokratisch gebende Länder auf den Geschmack kommen und nicht nur das rigide chinesische Überwachungsregime während der Coronapandemie kopieren? „Die Gefahr ist riesig, dass China auch in weiteren Bereichen zum Vorbild für Staatenlenker wird: Abschaffung des Bargelds, Gesichtserkennung, Social Scoring – es droht eine staatliche Kontrolle und Überwachung in allen Bereichen des Lebens."[92] Und da wäre noch das chinesische Prestigeprojekt einer „Neuen Seidenstraße", mit dem Waren-, Dienstleistungs- und Gedankenströme auf volksrepublikanische Mühlen gelenkt werden sollen.

In einer illusionslosen Analyse führt der Politikwissenschaftler Sebastian Heilmann aus, dass diese Seidenstraßenidee vor allem ein chinesischer Propagandaerfolg war – und dass die EU gerade in der Gegenpropaganda bedenklich hinterherhinkt. „Nötig ist vielmehr ein offensives, selbstbewusstes ‚Branding' der Leistungen Europas, auch in Abgrenzung zu China."[93] Das Problem stellt sich nicht nur bei der Seidenstraße, sondern im globalen Maßstab: Was hat ein selbstzweiflerisches Europa als Antwort auf plattwalzende Robustheit parat? Vielleicht gerade ein großes Versprechen – gar nicht so sehr das Versprechen der individuellen ökonomischen Freiheit (die haben die Chinesen mittlerweile auch, womöglich sogar im Übermaß). Nämlich das große Versprechen der Partizipation: *Europa ist jener Teil der Welt, wo jeder das Gemeinsame aktiv mitprägen darf.* Wo jede nicht nur Stimme, sondern auch Gestaltungsmacht hat. Wo es auf den Gestaltungswillen des Einzelnen ankommt. Es ist der Erdteil der großen, gestaltenden Individuen. Jedenfalls dann, wenn es mit der der Möglichkeitskultur angemessenen politischen Form, der direkt-partizipatorischen Demokratie ernstmachen sollte.

Womöglich gelingt es mit diesem Partizipationsversprechen, die heilsamen Selbstzweifel in die Keimbahnen robusterer Kulturen einzuspeisen. Partizipation aller ist nur möglich, wenn Macht immer wieder von Zweifeln zersetzt wird. Partizipation aller ist nur möglich, wenn keiner die Weisheit mit Löffeln gefressen hat, es kein Wahrheitsmonopol gibt. Alle sollen mitmachen, weil niemand weiß, was die letzte und eigentliche politische Wahrheit ist. Also sollen alle mitreden können. Die Perspektivität unseres Erkennens, Fühlens, Denkens und die Beschränktheit unseres Wissens drängen uns die direkt-partizipatorische Demokratie auf. Sie ist die Staatsform unvollkommener Wesen, die um ihre Unvollkommenheit und perspektivische Gebundenheit wissen und daher ihre Ansichten ständig mit denen anderer Leute abgleichen müssen. Wir brauchen direkt-partizipatorische Demokratie, weil wir nicht allwissend sind – und niemand es sein kann.

In der Idee direkt-partizipatorischer Demokratie liegt es, den Möglichkeitsradius möglichst aller möglichst weit zu stecken. Sie will keine Tyrannei der Mehrheit etablieren, sondern dafür sorgen, dass möglichst viele Menschen möglichst viele Möglichkeiten haben, und zwar nicht nur die jetzt, sondern auch die künftig lebenden Menschen.

Faktisch schwimmt jede und jeder von uns in einem Meer von Möglichkeiten. Aber wir sind ihnen oft nicht gewachsen, weil wir nicht einüben, sie auch zu nutzen. Daher brauchen wir unausgesetztes Teilnahmetraining. Wir müssen uns erziehen, Möglichkeiten zu ergreifen. Genau dazu nötigt uns direkt-partizipatorische Demokratie. Die in ihr angelegten Selbstzweifel rufen Selbstvergewisserungsprozesse auf den Plan. *Die direkt-partizipatorische Demokratie ist eine Selbstbefragungs- und Selbstvergewisserungsdemokratie.*[94] Man muss immer wieder herausfinden, wofür man stehen will. Und wofür das Ganze steht. Wir müssen uns den direkt teilhabenden Demokraten, die direkt teilhabende Demokratin als einen glücklichen Menschen vorstellen.

Die Rechten und die direkte Demokratie. Ein Rückblick

Die eigentliche Tragödie (oder Tragikomödie) ist, dass sich die gemäßigten Parteien die direkte Demokratie von den Rechten haben abluchsen lassen, für die sie nur ein Feigenblatt ist. Das muss anders werden.

Die Welt wird entweder untergehen oder verschweizern.
Friedrich Dürrenmatt: *Justiz. Roman* (1985)

Vor einigen Jahren durfte ich eine Stelle an einer süddeutschen Hochschule vertreten; ich kam dabei ins Gespräch mit dem Assistenten des dortigen Rektors, eines fernsehbekannten Vorzeigephilosophen. Nachmittage lang erörterten der Assistent und ich die Vor-, weniger die Nachteile des politischen Modells der Schweizerischen Eidgenossenschaft, mit seinen Referenden und Volksabstimmungen. Der Nachwuchsphilosoph aus Norditalien war umtriebiges Mitglied einer damals kürzlich gegründeten Partei, die sich vornehmlich aus euro(pa)kritischen Professoren (kaum Professorinnen) rekrutierte und dabei einen etwas behäbig-altväterlichen Eindruck machte. Es waren dieser Partei noch keine Flügel gewachsen; es gab für die Linke und für die bürgerliche Mitte zu ihren Mitgliedern und Repräsentanten noch keine Kontakt- oder Denksperre.

Nun, die Partei und der Nachwuchsphilosoph mauserten sich. Er war maßgeblich an der Formulierung eines Parteiprogramms beteiligt, das sich die Einführung von „Volksabstimmungen nach Schweizer Modell“ auf die Fahnen schrieb. Und bald saß er im Bundestag, will dort die „Entsiffung des Kulturbetriebs“ betreiben und den „Rassismus gegen Deutsche“ unterbinden.

Im Programm derselben Partei für die Bundestagswahl 2021 steht die Forderung noch immer an prominenter Stelle gleich zu Beginn: „Die Regierungspolitiker in Bund und Ländern haben mit ihrer Flüchtlings-, Europa- und Corona-Politik die Prinzipien der deutschen Staatlichkeit, des Rechts und der Verfassung vielfach verletzt. [...] Deshalb halten wir die unmittelbare Demokratie für ein unverzichtbares Mittel, um dem autoritären und teilweise totalitären Gebaren der Regierungspolitiker Einhalt zu gebieten."[1] Eine „politische Klasse" habe die Macht veruntreut, die allein dem Volk gehöre, das sie sich jetzt wieder zurückholen müsse, und zwar auf dem Wege der Volksabstimmung. Das Parteiprogramm lässt durchblicken, dass „das Volk" dann, wenn es zum Schwure käme, so abstimmen würde, wie es der Partei genehm ist.

Auf der Hand liegt, worin sich dieser AfD-Plebiszitarismus vom einer direkt-partizipatorischen Demokratie unterscheidet, wie dieses Buch sie vorstellt: Die rechte Usurpation der Volksabstimmungsidee zehrt von der Vorstellung eines verborgenen Gemeinwillens, der von seinen angeblich falschen Repräsentanten in eigennütziger Weise verunstaltet und verkehrt würde und der sich erst durch Volksabstimmungen Gehör verschaffen könne. Ein solcher gleichbleibender Gemeinwille gehört aber ins Reich der frommen und wenig hilfreichen politischen Mythologie.[2] Für eine Befürworterin direkt-partizipatorischer Demokratie gibt es keinen solchen Gemeinwillen, sondern bei jeder Sachfrage eine Fülle verschiedener Willensäußerungen, die dann in der schließlich gemeinsam gefällten Entscheidung zu einem situativen Ausgleich kommen. Der gemeinschaftliche Wille bildet sich, indem er sich artikuliert – und er ist wie alle irdischen Dinge steter Veränderung unterworfen. Gerade weil es unmöglich ist, das Volk und seinen Gemeinwillen zu erkennen, bleibt gar nichts anderes übrig, als immer wieder jeden und jede zu befragen, was denn zu tun sei. Wir brauchen die Volksabstimmungen, weil wir nie wissen, was das Volk und sein Wille sind. Das Resultat der Volksabstimmung ist keine Willenskundgabe des Volkes, sondern der momentane Stand des Selbstreflexionsprozesses von uns allen. Volksabstimmungen sind der Versuch von uns allen – „Volk“ ist nur eine Metapher dafür –, uns über uns selbst und darüber zu verständigen, was Sache sein soll. Direkt-partizipatorische Demokratie ist das unablässige Mit-sich-selbst-Verhandeln nicht eines ominösen Volkes, sondern von uns allen. Gerade weil es keinen rousseauistischen Gemeinwillen gibt, brauchen wir die direkt-partizipatorische Demokratie.

Und das ist auch der Grund, warum die Schweizerische Eidgenossenschaft leidlich funktioniert: weil sie den breiten Weg zum einheitlichen Nationalstaat mit einem einheitlichen Volk verschlafen hat, weil sie aus höchst heterogenen sprachlichen, konfessionellen, kulturellen Elementen mosaikartig zusammengesetzt ist und sich deshalb immer wieder neu und anders zusammenraufen muss. Oder, um es mit dem Historiker Herbert Lüthy zu sagen: „Die Schweiz ist in den lebendigen oder erstarrten Formen ihres Regierungssystems tatsächlich das archaischste Land des Westens, und gewisse Züge ihrer Mentalität und ihrer Einrichtungen wären vielleicht einem Kongolesen, dem sein Stamm oder Dorf die Welt ist, leichter verständlich als einem Nachbarn aus der Einen und Unteilbaren Französischen Republik […]. Doch die Eigenart der Schweiz liegt nicht so sehr in diesen mittelalterlichen Anfängen ihrer Existenz als vielmehr darin, dass die alten Grundformen den Umwälzungen der modernen Zeit standhielten und biegsam genug waren, um sich den neuen Erfordernissen anzupassen.“[3]

Nicht Einheitlichkeit, Geschlossenheit, sondern Verschiedenheit, Individualisierung heischen nach direkt-partizipatorischer Demokratie. Die irreduzible Diversität dessen, was manche Volk nennen, fordert immer wieder neue Abstimmungen. Und dem Phantasma, dass die gewählten Repräsentanten bloß in ihre eigene Tasche wirtschaften und damit gegen das Volk agieren, wird man bei einiger Nüchternheit ebenfalls keinen Glauben schenken. Parlamentarier und Regierungsmitglieder sind keine Feinde des Volkes, sondern erfüllen ihren Job, von Ausnahmen abgesehen, nach bestem Wissen und Gewissen. Das Problem ist nur, dass sie die Vielfalt der Repräsentierten weder abbilden noch vertreten können.

Es ist allerdings bemerkenswert, dass die rechten Bewegungen der Gegenwart, denen Linke und Moderate eine starke Neigung zum Autoritären zu attestieren pflegen, ausgerechnet fürs Plebiszitäre Stimmung machen. Der Politikwissenschaftler Torben Lütjen hat herausgearbeitet, dass diese Bewegungen in Deutschland, in England oder in den USA heute im Unterschied etwa zu faschistischen Parteien im 20. Jahrhundert weder ein nach unbedingter Autorität heischendes, charismatisches Führungspersonal haben (wer würde für Donald Trump in den Tod gehen, wer für Alexander Gauland oder Björn Höcke?) noch überhaupt mit einer autoritären Vision politisieren. Vielmehr treten sie antiautoritär auf, stellen alle Autorität – der etablierten Wissenschaft, der etablierten Politik – in Frage. „Während die ultimativen politischen Ziele von AfD und anderen durchaus autoritär sind, ist es die tieferliegende Geisteshaltung nicht. Im Kern des modernen Rechtspopulismus steht im Gegenteil ein antiautoritärer Impuls."[4] „In Wahrheit ist er – wie andere antiautoritäre Gruppen vor ihm – eine Bewegung des institutionalisierten Misstrauens."[5] Sein Erfolg wäre dann ein Frustrationserfolg, geboren aus der Ohnmacht verweigerter Partizipation: Ich darf nicht mitbestimmen, also mache ich Rabatz. Ich spiele den Störenfried und verschaffe mir wenigstens so Gehör.[6] Je lauter und schriller, desto besser.

„Als einzige der im Bundestag vertretenen Parteien halten wir das deutsche Volk für ebenso mündig wie das der Schweizer. Entgegen anderslautenden Behauptungen entscheiden Bürger in Schicksalsfragen der Nation weitsichtiger, friedfertiger und gemeinwohlorientierter als Berufspolitiker."[7] Dieser Satz aus dem AfD-Bundestagswahlprogramm enthüllt die ganze Tragik eines einseitig auf Repräsentation getrimmten politischen Systems. Denn tatsächlich hat das Husarenstück der AfD, das Pochen auf Volksentscheidungen zum eigenen Markenkern zu machen, andere Parteien nachhaltig eingeschüchtert. Selbst die Grünen, einst basisdemokratisch bewegt, haben 2020 von der Forderung nach bundesweiten Volksentscheiden kleinlaut und ängstlich Abschied genommen, um ja ihre Regierungsaussichten nicht zu verbauen.[8] Das ist der ganz falsche

Weg: Man muss den Rechten das Instrument der Volksabstimmung wieder aus der Hand nehmen. Es ist der Markenkern politischer Individualisierung, politischer Teilhabe, politischer Freiheit.

Ein letztes Mal: Die Krise besteht nicht darin, dass wir unserer Mitbestimmung müde geworden wären, sondern darin, dass wir zur Mitbestimmung noch nicht wirklich die Möglichkeit haben – noch nicht die Möglichkeit haben, gemeinsam mit unseresgleichen zu entscheiden. Diese Möglichkeit sollten wir uns gönnen.

Die Demokratie im Jahr 2072. Ein Ausblick

Ich schone niemand.
Inschrift auf der Klinge eines Richtschwerts, Lübeck (1729)

Im Jahr 2025 konnten alle Griechisch. Jedenfalls beherrschten die Deutschen das griechische Alphabet, hatte Corona mit ihren diversen Varianten es doch mittlerweile zwei Mal durchlaufen – jedes Schulkind kannte inzwischen die feinen, aber tödlichen Unterschiede zwischen Omikron und Omega, zwischen Delta2 und Zeta2. Nun war die Pandemie mit all ihren Mutationen abgeklungen. Eine Erkenntnis hatte sich nach fünfjähriger kollektiver Ohnmachtserfahrung vor allem durchgesetzt, egal, welcher Fraktion man sich beispielsweise in der Impffrage zurechnete: dass es fatal sei, die Entscheidungen über die Art und Weise, wie man zusammenleben will und soll, Berufspolitikern zu überlassen – nicht, weil die das Böse und Falsche wollen, sondern weil sie noch viel weniger wissen, was sie wollen, als die Bürgerinnen und Bürger. Es lag 2025 etwas Griechisches in der Luft, aber keine Virenversion, sondern ein allgemeiner Ermündigungsdurst, ein allgemeiner Demokratiehunger, wie ihn die Athener im fünften Jahrhundert vor Christus nach den Perserkriegen empfunden hatten. Der Ermündigungsdurst und der Demokratiehunger paarten sich zu einer großen Partizipationslust, die sich zunächst – in den letzten Coronamonaten – hauptsächlich elektronische Wege bahnte: Viele Menschen begannen, sich online über die Lobbybindungen ihrer Abgeordneten aufzuklären; sie fingen an, sich auf den entsprechenden Plattformen kundig zu machen, welche Repräsentanten wirklich zu ihnen passten. Jene digitalen Dienste kamen in Mode, die es auf einfache Art und Weise ermöglichten, politische Vorstöße bei den Entscheidungsträgern zu platzieren. Vor allen auch jene, die beispielsweise als Migrantinnen von politischen Rechten ausgeschlossen waren, entdeckten für sich die neuen digitalen, oft auch vielsprachig verfügbaren Instrumente der Beteiligung.

Eine erste auch jenseits des virtuellen Raums für alle sichtbare Veränderung der politischen Landschaft erfolgte 2027 durch die Einführung des Volkseinwands in Sachsen und in Thüringen. Kamen genügend Unterschriften zusammen, konnten die Bürger so ein vom Landtag beschlossenes Gesetz in Frage stellen und mit einer Mehrheit der Stimmen an der Urne kippen. Das machte den landespolitischen Alltag freilich beschwerlich, da sich immer jemand fand, der ein Gesetz torpedieren wollte und die nötigen Unterschriften zusammenbrachte, bei den Abstimmungen selbst aber keine Mehrheit fand.

Viel erfolgreicher war die Etablierung direktdemokratischer Entscheidungsprozeduren auf kommunaler Ebene zunächst in kleineren Gemeinden. Zwar wirkten manche Bürgermeisterinnen und Gemeinderäte einigermaßen verdutzt, als die Bürger ausgelassen wie beim Narrentreiben am 11.11. die Rathausschlüssel und ihre neuen Rechte einforderten, schickten sich dann aber meist in ihr Schicksal, nunmehr Ausführungsorgane des Bürgerinnenwillens zu sein. Verdienen ließ sich auch auf diesen Posten noch immer ordentlich, auch wenn manche Bürgerschaft den Geldhahn zudrehte.

2031 sollte der Ermündigungszug nach dem Willen der Bundespräsidentin raschere Fahrt aufnehmen, als sie, wegen ihres Migrationshintergrunds bestens vertraut mit den egalitär-demokratischen Dorfgemeinschaften im östlichen Afrika, erstmals den Nationalen Demokratisierungsrat einberief. Der setzte sich zusammen aus ausgelosten Zufallsbürgern und herausragenden Fachwissenschaftlerinnen. Zunächst lief die Arbeit des Demokratisierungsrats jedoch nur schleppend an, denn das Gespräch zwischen Zufallsbürgerinnen und Fachwissenschaftlern kam nicht so leicht zustande – und vor allem durfte der Rat nur reden, nicht aber entscheiden. Daher verlegte er sich auf die Produktion politischer Gemeinplätze, gegen die ernstlich niemand etwas vorbringen konnte, aber auch niemandem mehr als ein Achselzucken entlockte.

Unterdessen begannen auch größere Städte, sich direktdemokratisch zu organisieren. Zur Überraschung der überregionalen Medien wurde das Modell der alle wesentlichen Beschlüsse fassenden Gemeindeversammlung nicht im Süden, sondern zuallererst im Osten der Republik ein Erfolgsmodell – Dresden, Erfurt, Naumburg, „die Perlen der Volksherrschaft“ –, während der mittlerweile in allen Bundesländern (außer Bayern) eingeführte Volkseinwand mehr und mehr zur Quelle der Frustration wurde, weil er den Bürgern immer nur das Neinsagen zu bereits gemachten Gesetzen, nicht aber das Jasagen gestattete. Schweren Herzens rangen sich 2036 die Ministerpräsidentinnen Sachsen-Anhalts, Mecklenburg-Vorpommerns und Baden-Württembergs dazu durch, den Bürgerinnen und Bürgern auch das Initiativrecht zuzugestehen. Zunächst kamen ein paar absonderliche Initiativen zustande – die Abspaltung des Burgenlandkreises und Vorpommerns vom Rest der Bundesrepublik; die Errichtung einer Magnetschwebebahn zwischen Freiburg über Titisee-Neustadt bis München. Die Qualitätspresse sprach von „fahrlässig entfesselter Mobherrschaft“, die Regenbogenpresse machte „denen da unten“ ihre neue Zwingmacht „gegen die da oben“ schmackhaft. Anstrengungen, die direkt-partizipatorische Demokratie über die Gerichte zu blockieren, scheiterten in den höheren und höchsten Instanzen am Bollwerk von Artikel 20 (2) des Grundgesetzes.

Im politischen Feld machte sich neue, allerdings heilsame Unübersichtlichkeit breit. Im Bundestag – auf 350 Abgeordnete verkleinert – waren zunächst 12, schließlich 19 Parteien vertreten, die bei Gesetzesvorhaben regelmäßig am Postenschacher und multimedialen Resonanzgezänk scheiterten, so dass das Parlament schließlich gar keine Gesetze mehr erlassen konnte. Daraufhin schlug der Nationale Demokratisierungsrat in seltener Einhelligkeit von Expertinnen und Laien trotz starker Gegenstimmen in der Qualitätspresse die Einführung des Referendums- und Initiativrechts auf Bundesebene vor, die 2038 umgesetzt wurde. Seither kann jede

Bürgerin ein neues Gesetz oder eine neue Grundgesetzbestimmung lancieren, wenn sie die nötige Anzahl von 500 000 Unterschriften – selbstverständlich auch auf digitalem Weg – binnen sechs Monaten sammelt. Ist die Sammlung erfolgreich, muss binnen eines Jahres eine Volksabstimmung erfolgen, an der sich in den ersten Jahren die meisten Bürger im Internet beteiligten. Seit etwa 2055 gilt der physische Gang ins Wahllokal wiederum als schick, während der politische Gebrauch elektronischer Geräte als typisches Großelternverhalten immerhin noch geduldet wird.

Die erste erfolgreiche, 2039 an der Urne angenommene bundesweite Volksinitiative verlangte und verwirklichte die Verstaatlichung der wichtigsten digitalen Meinungsbildungs- und Entscheidungsfindungsplattformen. Seither ist sichergestellt, dass sie ohne private ökonomische Einflussnahme und unter fortlaufender (wenn auch mühsamer) Ausmendelung von Fake News funktionieren. Im Folgejahr kam auch die Volksinitiative zur Wiedereinführung der Todesstrafe durch, wurde dann aber, weil völkerrechtswidrig, vom Bundesverfassungsgericht kassiert, im Unterschied zur ebenfalls erfolgreichen Initiative „Für eine negative Klimabilanz", die statt der mittlerweile einigermaßen erreichten Klimaneutralität den Abbau des in der Atmosphäre vorkommenden CO2 um jährlich 1,5 Prozent verlangte (was seither auf dem Papier steht, aber bis heute, 2072, nicht wirklich erreicht wurde. Die CO2-Abbauraten liegen aktuell bei 0,22 Prozent).

In den späten 2030er Jahren begann die Bundesregierung, sich aggressiv für weltumspannende Demokratisierungsinitiativen einzusetzen und jede Form der ökonomischen Kooperation an demokratische Mindeststandards zu binden („no deals without democracy"). Dazu verbündete sich Deutschland (auch dank der Herkunftsbeziehungen der Bundespräsidentin) mit den Staaten Afrikas sowie Mittelamerikas, die ihre eigenen, ursprünglichen demokratischen Institutionen („Palaver") auf dem Weltparkett sichtbar machen wollten. Die UNO rief 2042 als „Jahr der globalen Demokratisierung" aus und verankerte das Recht auf direkte politische Partizipation in der Allgemeinen Erklärung der Menschenrechte. Deren Artikel 21 (1) lautet seither bekanntlich: „Jeder Mensch hat das Recht und die moralische Pflicht, an der Gestaltung der öffentlichen Angelegenheiten des eigenen Landes und der Welt insgesamt unmittelbar und ohne Rückgriff auf gewählte Vertreter mitzuwirken." Im selben Jahr wurde im Entwurf zur neuen EU-Verfassung das allgemeine Initiativ- und Referendumsrecht festgeschrieben; 2043 wurde die europäische Verfassung von der Bevölkerung der 17 verbliebenen EU-Länder mit einer Mehrheit von 71,44 Prozent angenommen; seither stehen die beitritts- und wiederbeitrittswilligen Länder bei der EU Schlange.

Überraschend implodierte 2048 die Herrschaft der KP Chinas unter dem globalen Demokratisierungsdruck. Die Angst vor Bürgerkrieg und vor der Zersplitterung des Reichs der Mitte (globaler Börsencrash, Dow Jones mit einem Minus von 87 Prozent) bewahrheitete sich glücklicherweise nicht: Ein von taoistischer Gelassenheit und konfuzianischer Disziplin geleiteter, friedlicher Übergang zu demokratischer Zivilität gelang ziemlich geräuschlos. Das lag vor allem daran, dass sich die Chinesen die alteidgenössische Institution der Landsgemeinde zu eigen machten und fortan alle politischen Entscheidungen in öffentlicher Volksversammlung mit öffentlicher Abstimmung unter dem wachsamen Auge aller vollzogen wurden und werden. Obwohl westliche Kritiker monierten, mit den chinesischen Landsgemeinden würde das Prinzip der geheimen und freien Wahl verletzt, scheint diese Einrichtung dem chinesischen Bedürfnis nach sozialer Kohäsion so sehr entgegenzukommen, dass bislang dort niemand daran Anstoß zu nehmen wagte.

Hingegen stellte und stellt sich in China dasselbe Problem wie im Rest der demokratisierten Welt: Wohin mit den bisherigen Berufspolitikern, die keinen ordentlichen Beruf wie Philosoph, Bäcker oder Tiefseeforscherin gelernt haben und selbst für Verwaltungsaufgaben nichts taugen? Ein zweites sozialpolitisches Problem wurde in seiner Dringlichkeit erst allmählich, um das Jahr 2060 bewusst: Wohin mit den Demoskopen, für die es in einer politischen Wirklichkeit, wo nicht mehr die Stimmung „des Volkes" per Umfrage ausgespäht werden muss, weil „das Volk" ohnehin selbst entscheidet, keinen Bedarf mehr gibt? Bei der Bewältigung dieser beiden

Probleme haben die meisten Länder erfreulicherweise darauf verzichtet, den erwartungsgemäß robusten chinesischen Weg zu gehen. Stattdessen wurden beispielsweise in Deutschland im Jahr 2064 nach einer entsprechenden Volksinitiative (lanciert von einem Ex-Bundeskanzler, der eine Agentur zum Aufspüren lupenreiner Demokraten betrieb) geschützte Werkstätten für ausgedientes berufspolitisches und demoskopisches Personal eingerichtet, in denen es seither den alten Zeiten nachtrauern und in bester Handarbeitstradition Ränke schmieden kann. Diese Absonderungseinrichtungen für die notorisch streitlustige, ehemalige berufspolitisch-demoskopische Belegschaft haben wesentlich zur allgemeinen sozialen Befriedung beigetragen.

Heute, im Jahr 2072, stellt sich die Weltlage insgesamt doch recht erfreulich dar. Zwar wurde das klimatische Zwei-Grad-Ziel zunächst dramatisch verfehlt, seit einigen Jahren sinkt jedoch die globale Temperatur kontinuierlich, und das Meer gibt wieder Landmassen frei, die für die Menschheit, die sich auch unter den neuen Bedingungen einzurichten verstand, auf immer verloren schienen. Auch die politische Betriebstemperatur hat sich nach der sehr erhitzten Anfangsphase direkt-partizipatorischer Demokratie merklich abgekühlt. Man blickt mit aufgeklärter, beinahe nostalgischer Heiterkeit auf die chaotischen Debatten zurück, als 2055 das vierte Mal über die Einführung des Bedingungslosen Grundeinkommens an der Urne befunden und die Initiative von einer großen Mehrheit angenommen wurde. Dramatisch verlief 2058 auch der Abstimmungskampf um die schließlich verworfene Einführung der Erbenlotterie, wonach niemand mehr automatisch von seinen Eltern erben sollte, sondern jeweils das Losglück darüber zu bestimmen gehabt hätte, ob jemand ein Riesenvermögen oder Riesenschulden erbt. Im Jahr 2072 leben immerhin 73,8 Prozent der Weltbevölkerung in Staaten, in denen sie das Recht auf direkte politische Partizipation allseits ungehindert in Initiativen und Referenden ausüben können. Sorgenkind bleiben die USA, die mit einer schreckenerregenden Beharrlichkeit an ihrem Steinzeit-Repräsentativismus und ihrer manisch-euphorischen Zweiparteien-Bipolarität festhalten. Es hat sich doch längst erwiesen, dass Parteien im politischen Leben keine bestimmende, sondern bestenfalls eine beratende Rolle spielen sollten und sie wie die längst verblichenen Kirchen (das waren einst kollektive Heilsbedürfnisanstalten, bevor man entdeckt hat, dass jeder und jede für das eigene Glück verantwortlich ist) ein zivilisationsgeschichtliches Auslaufmodell sind.

Die erneute Zunahme der biologischen Artenvielfalt, die sich namentlich seit der erfolgreichen Weltabstimmung über den strengen, militärisch abgesicherten Schutz sämtlicher Regenwälder, Tundren und Wüsten im Jahr 2060 noch einmal exponentiell beschleunigt hat, wird begleitet von der nicht ganz so rasanten Zunahme politischer Artenvielfalt: Nicht mehr in Ideologie- und Parteizwänge eingepfercht, kann jede und jeder sich selbst als politischer Persönlichkeit Profil geben. Die Mechanismen direkt-partizipatorischer Demokratie sind bestens eingeölt und funktionieren heute nach langer, mitunter harziger Einübung ganz vorzüglich. Die Gefahr, die der direkt-partizipatorischen Demokratie heute, im Jahr 2072 droht, ist die gepflegte Langeweile – die Partizipationsübersättigung.

Nachwort

Dieses für Partizipation plädierende Buch ist ein partizipatives Projekt. Die erste Idee kam bei einem Mittagessen mit Gerhard Kempter, der mir erzählte, wie sehr er mit einer mündlichen Stellungnahme zugunsten direkter Demokratie öffentliches Ärgernis erregt hatte. Für Kempters Jahrhundertalphabet *Zeitlupe* entstand dann eine kleine Partizipationsglosse – im selben Verlag erschienen wie dieses Buch –,[1] ein paar Radio- und Zeitschriftenbeiträge schlossen sich an, zumal nachdem Matthias Politycki und ich uns freundschaftlich streitend zum politisch-poetisch-philosophischen Thema der „Haltung" hatten vernehmen lassen.[2] Im Sommersemester 2019 habe ich ein Hauptseminar an der Albert-Ludwigs-Universität Freiburg unter den Titel *Partizipation und Repräsentation* gestellt – es war experimentell-partizipativ gestaltet und verdankte die meisten seiner Einsichten nicht dem Frontalunterricht, sondern der Reflexionsarbeit mit den Studentinnen und Studenten. Im digitalen Corona-Wintersemester 2020/21 erwuchs daraus eine Vorlesung über die *Politische Philosophie der Gegenwart*, der erste Textentwürfe zu diesem Buch zugrunde lagen. Die ersten Sätze wurden übrigens am Freitag, 13. September 2019, in der Eisenbahn auf dem Weg zum Monte Verità (Ascona, Tessin) niedergeschrieben.

Zu danken habe ich all den geduldig Partizipationswilligen, vor allem meiner Frau Annette und dann namentlich Christopher Albrecht, Tobias Böck, Nils Bohnert, Maxim Gorki, Andreas Gross, Leon Hartmann, Otis Hein, Julia Hoerschelmann, Alban Hospach, Rita Imwinkelried, Peter Jantscheff, Martin Jösel, Cathleen Jürges, Tim Kapp, Gudrun Kaufmann, Sebastian Kaufmann, Sören Knör, Robert Krause, Lara Krönke, Julian Kügelgen, Benjamin Morris, Karl Justus Bernhard Neumärker, Jessica Pape, Matthias Politycki, Mira Preusse, Michael Reinhard, Lucy Roellecke, Jannik Rombold,

Enno Schmidt, Paul Stephan, Hubert Treiber, Jakob Ulmer, Alexander Vögeli, Milan Wenner und Thomas Arne Winter. Die Frage des Titels hat Mitdenkenden einiges Kopfzerbrechen bereitet, namentlich Ursula Kampmann, Kurt Wyprächtiger und vor allem Luise Wilkens, deren Vorschlag *Wenn die Freiheit IHRE Stimme fordert* mein Favorit gewesen ist. Anja Keil hat sich mit ihrer Literatur-Agentur Keil & Keil von Anfang an für die Buchidee begeistert und mit Beharrlichkeit dafür gesorgt, dass das Manuskript in die Hände des richtigen Verlags gelangt ist. Meiner Lektorin Miriam Eisleb und dem Programmleiter Patrick Oelze danke ich sehr für ihre umfassende partizipierende Text- und Titelfürsorge.

Dieses Buch ist kein politikwissenschaftliches. Es ist auch kein „demokratietheoretisches“. Sein Verfasser hat mit souveräner Gleichgültigkeit all die Studien nicht gelesen, die die empirische Sozial- und Politikforschung in den letzten Jahrzehnten hervorgebracht hat, um stattdessen den einen oder anderen gut abgehangenen Klassiker wieder zur Hand zu nehmen. Dieses Buch verlässt sich auf eigene Anschauung, das eigene Denkvermögen und vor allem auf das Gespräch mit anderen „Nichtfachleuten“. Das ist riskant. Aber das gilt für die hier vorgetragene Idee direkt-partizipatorischer Demokratie ebenso wie für das Leben überhaupt.

A. U. S., Broggingen, Anfang 2022

Anhang

Anmerkungen

Aufriss

1 Repräsentativ: Thomas Bauer: *Die Vereindeutigung der Welt. Über den Verlust an Mehrdeutigkeit und Vielfalt.* Stuttgart 2018; Judith Butler: Warum jetzt Hegel lesen. In: *Zeitschrift für Ideengeschichte* XIV/2 (Sommer 2020): Hegel, S. 39–56, hier S. 40 spricht von der „Ungewissheit, in welcher Zeit wir leben", von „Desorientierung", und erklärt: „Was ich als ‚Desorientierung' bezeichne, ist zugleich ein Gefühl von Schock, Verlust, Niederlage und Desillusionierung" (S. 41). Charakteristisch für die gegenwärtige breit empfundene Lust am Untergang ist auch Pankaj Mishra: *Das Zeitalter des Zorns. Eine Geschichte der Gegenwart.* Frankfurt am Main 2017.

2 Vgl. Andreas Urs Sommer: Wo geht's hier zum Abgrund? Auch wenn wir es nicht wahrhaben wollen: Wir leben in der besten aller möglichen Kulturwelten. In: *Neue Zürcher Zeitung*, Jg. 238, 19. Juli 2017, S. 33.

3 Zur Metaphorik des Schiffbruchs siehe Peter Burschel/Hole Rößler (Hg.): *Schiffbruch = Zeitschrift für Ideengeschichte* XIV/3 (Herbst 2020); zu seiner (Para-)Metaphysik Andreas Urs Sommer: Some Reflections on the Metaphysics of Decline and Fall. In: Jan Hecker-Stampehl/Aino Bannwart/Dörte Brekenfeld/Ulrike Plath (Hg.): *Perceptions of Loss, Decline and Doom in the Baltic Sea Region. Untergangsvorstellungen im Ostseeraum.* Berlin 2004, S. 27–31.

4 Der Althistoriker Christian Meier weist darauf hin, dass die Athener einst die Demokratie in Zeiten größter Not, der eminenten äußeren Bedrohung durch die Perser erfunden haben (Was unsere Demokratie von den alten Griechen lernen kann. Christian Meier im Gespräch mit Winfried Sträter. *Deutschlandfunk Kultur*, 1. Januar 2020, https://www.deutschlandfunkkultur.de/althistoriker-christian-meier-was-unsere-demokratie-von-den.976.de.html?dram:article_id=466613&utm_source=pocket-newtab, abgerufen am 5. Oktober 2021).

Wer spricht? Wer darf sprechen? Und wie?

1 Eine erste Fassung dieses Kapitels ist unter dem Titel Die Sprache, die Politik, das Netz. Wider das wohlfeile Kulturverfallsgeschwätz. In: *Zeitschrift für Kulturphilosophie* 14 (2020), Heft 1, S. 27–37 erschienen.

2 Durs Grünbein: Sprachliche Radikalisierung. Wie aus Sprache Gewalt wird. Dem Mund, der Hassparolen brüllt, folgt die Faust: Über die Brutalisierung der öffentlichen Rede und die dramatischen Konsequenzen für die Demokratie. In: *Die Zeit*, 10. Januar 2019, auch unter https://www.zeit.de/2019/03/sprachliche-radikalisierung-brutalisierung-gewalt/komplettansicht, abgerufen am 17. September 2019.

3 „WAR IS PEACE / FREEDOM IS SLAVERY / IGNORANCE IS STRENGTH.“ George Orwell: *Nineteen Eighty-Four* [1949]. Sidney 2001, S. 7.

4 Grünbein: Sprachliche Radikalisierung, ebd.

5 https://www.sueddeutsche.de/politik/luebcke-generalbundesanwalt-steinmeier-1.4490227, abgerufen am 18. Juni 2019.

6 Die aktuellen Zahlen gibt es hier: https://www.bka.de/DE/AktuelleInformationen/StatistikenLagebilder/PolizeilicheKriminalstatistik/PKS2020/pks2020_node.html, abgerufen am 5. Oktober 2021.

7 Siehe z. B. die Müsterchen in https://www.youtube.com/watch?v=Qdbreayg2Ko, abgerufen am 27. September 2019.

8 Die Geschichte der (literarischen) Polemik, die Dirk Rose umfassend und farbig nachzeichnet, scheint nach 1945 vielmehr auf eine „Neutralisierung der Polemik“ hinausgelaufen zu sein (Dirk Rose: *Polemische Moderne. Stationen einer literarischen Kommunikationsform vom 18. Jahrhundert bis zur Gegenwart*. Göttingen 2020, S. 609–616). Dem gegenüber steht die berechtigte Feststellung: „Kontroversen sollten generell als ein zentrales Moment offener und pluraler Gesellschaften verstanden werden.“ (S. 623)

9 Glänzend zu den Sprachstrategien der neuen Rechten Heinrich Detering: *Was heißt hier „wir“? Zur Rhetorik der parlamentarischen Rechten*. Stuttgart 2019.

10 Vgl. z. B. Constantin van Lijnden: Erlaubt ist alles. Hass-Posts gegen Renate Künast. In: *Frankfurter Allgemeine Zeitung*, 19. September 2019, https://www.faz.net/aktuell/politik/inland/landgericht-berlin-erlaubt-beleidigungen-gegen-renate-kuenast-16392690.html, abgerufen am 26. September 2019. 2022 hat das Bundesverfassungsgericht das Urteil des Berliner Landgerichts allerdings aufgehoben.

11 Dazu Peter Strohschneider: POTUS als Twitterer. In: *Zeitschrift für Ideengeschichte* XII/3 (Herbst 2018): ICH, S. 61–75.

12 Deshalb empfiehlt es sich, die gegenwärtig grassierende Aufgeregtheit über die finanzökonomisch-digitaltechnischen Allianzen um einige Grad herunterzukühlen. Die Hitze des Gefechts verschleiert, wie Joseph Vogl: *Kapital und Ressentiment. Eine kurze Theorie der Gegenwart.* München 2021 anschaulich macht, mitunter die Klarheit selbst des schärfsten Blicks.

13 „Ich wünsche euch allen, jedem Einzelnen von euch einen Grund zur Empörung. Das ist kostbar." Stéphane Hessel: *Empört euch!* Berlin 2010, S. 10.

14 Dazu gibt es, wie der Philosoph Urs Siegfried nach der Lektüre der ersten Fassung dieses Textes bemerkt hat, eine Parallele in der Reformationszeit mit dem verhältnismäßig neuen Medium des Buchdrucks: „Die Reformation als Ermächtigung zum Lesen und das Internet als Ermächtigung zum Sprechen für das Individuum, ohne dass eine Partei, ein Verband, eine Gewerkschaft, die Intellektuellen, die etablierten Medien usw. als mächtige Zwischeninstanz den Gatekeeper spielen können." (Urs Siegfried elektrobrieflich an den Verfasser, 24. August 2020) Die Parallele drängt sich auf, zumal, wenn man den oft ausgesprochen ruppigen Umgangston mit in Rechnung stellt, die der polemische Gebrauch des neuen Mediums mit sich brachte. Jemand, der so grob und undifferenziert wie Luther über seine Gegner herzieht, könnte man heute zu keiner Podiumsdiskussion einladen, ohne einen Shitstorm seitens der Empfindlichen zu provozieren. Aber die Lauten und Brachialen werden gehört, heute wie damals.

15 Vgl. David Weinberger: *Everything Is Miscellaneous. The Power of the New Digital Disorder.* New York 2007.

16 Wolfgang Steinitz: *Deutsche Volkslieder demokratischen Charakters aus sechs Jahrhunderten.* Gekürzte Ausgabe in einem Band hg. von Hermann Strobach. Berlin 1978, S. 233. Fatalerweise wurde das Hecker-Lied bald auch antisemitisch umgeschrieben.

17 Bernhard Pörksen: Die Hölle der Desinformation. Zu den Spielregeln der Wirklichkeitsordnung im digitalen Zeitalter. In: *Schweizer Monat* 1063 (2019), S. 8–14, hier S. 13. „Das ist also das eigentümliche Paradox der digitalen Wahrheitsordnung, ihre ambivalente Gestalt. Sie erlaubt die kognitive Schliessung und eine höchst wirksame Selbstdogmatisierung eben *aufgrund* ihrer Offenheit und einfachen Formbarkeit." (S. 14)

18 Was im Übrigen auch von sozialpsychologischen Studien bestätigt wird, wie Nicole Krämer ausführt: „Die Mehrheit der Bevölkerung ist online häufiger mit Ansichten konfrontiert, die von ihrer Meinung abweichen, als im täglichen ‚Offline-Leben'. Dort stehen wir überwiegend im Austausch mit Gleichgesinnten." Nicole Krämer: „Die Algorithmen sind wir". Wie Social Media die öffentliche Debattenkultur verändern. In: *Forschung & Lehre* 2/2021, S. 106–107, hier S. 106.

19 Warren Breckman: Der Raum des Politischen. Occupy und die Demokratie des Protestes. In: *Zeitschrift für Ideengeschichte* XIII/3 (Herbst 2019): Widerstand, S. 51–64, hier S. 53.

20 Die gekrönten Dichter, die überhaupt gern den um seinen Anteil am Weltganzen betrogenen Kollegen in Friedrich Schillers *Die Teilung der Erde* mimen. Der komische Effekt ist ihnen jeweils sicher.

21 Sandra Richter: Öffentliche Urteilskräfte und ihr Literaturarchiv. Neue Töne. In: *Zeitschrift für Ideengeschichte* XIII/3 (Herbst 2019): Widerstand, S. 123–127, hier S. 124.

22 Vgl. Matthias Politycki/Andreas Urs Sommer: *Haltung finden. Weshalb wir sie brauchen und trotzdem nie haben werden*. Stuttgart 2019.

23 Sie sind ein Motto dieses Buches.

Was heißt Repräsentation?

1 Brecht freilich will keiner der von mir Befragten „Repräsentanten" gekannt haben: *„Die Staatsgewalt geht vom Volke aus. /* — Aber wo geht sie hin? / Ja, wo geht sie wohl hin / Irgendwo geht sie doch hin!" (Bertolt Brecht: Drei Paragraphen der Weimarer Verfassung, Paragraph I. In: ders.: *Gesammelte Werke*. Hg. vom Suhrkamp Verlag in Zusammenarbeit mit Elisabeth Hauptmann. Frankfurt am Main 1982, Bd. 8, S. 378). Das Gedicht stammt von 1931. Darin hallt „Ein älterer, aber leicht besoffener Herr" wider, den Kaspar Hauser alias Kurt Tucholsky in der *Weltbühne* vom 9. September 1930 hat auftreten lassen: „‚Der Reichstach muß uffjelöst wern, das Volk muß rejiern, denn alle Rechte jehn vom Volke aus. Na, un wenn eener ausjejang is, denn kommt a ja sobald nich wieda!' sahre ick. […] Die Wahl is der Rummelplatz des kleinen Mannes!" (Kurt Tucholsky: *Gesammelte Werke*, hg. von Mary Gerold-Tucholsky und Fritz J. Raddatz, Bd. 3: 1929–1932. Zürich 1960, S. 525.)

2 Vgl. Peter Graf Kielmansegg: *Repräsentation und Partizipation. Überlegungen zur Zukunft der repräsentativen Demokratie*. Stuttgart 2016,

S. 11f.: „Repräsentation ist auf Partizipation, Partizipation auf Repräsentation angewiesen."

3 *Grundgesetz für die Bundesrepublik Deutschland*, Artikel 28.

4 Ebd.

5 Ebd., Artikel 22 (1).

6 Hanna Fenichel Pitkin: *The Concept of Representation*. Berkeley/Los Angeles 1967, S. 8f.: „Representation, taken generally, means the making present *in some sense* of something which is nevertheless *not* present literally or in fact".

7 Christoph Horn: *Einführung in die Politische Philosophie*. Darmstadt 2003, S. 79.

8 Vgl. Nadia Urbinati: *Representative Democracy. Principles and Genealogy*. Chicago/London 2006, S. 44–48.

9 Edmund Burke: To the Electors of Bristol. In: ders.: *The Works*, vol. 1. London 1854, S. 442–449, hier S. 447.

10 *Grundgesetz für die Bundesrepublik Deutschland*, Artikel 38 (1).

11 Vgl. auch Peter Sloterdijk: Von pseudonymer Politik. Über einige weit verbreitete Mißverständnisse der Demokratie. In: Friedrich Wilhelm Graf/Heinrich Meier (Hg.): *Die Zukunft der Demokratie*. München 2018, S. 171–202, hier S. 178 zur „Mystik der Repräsentation": „Sie nimmt die Vorstellung einer Vertretung durch Verdichtung für sich in Anspruch. In modernen Großpopulationen soll jeweils ein parlamentarischer Abgeordneter imstande sein, die Intentionen von 100 000 Personen zu ‚repräsentieren'."

12 Michael Saward: *The Representative Claim*. Oxford/New York 2010, S. 8.

13 Entsprechend fragen Vertreterinnen und Vertreter eines traditionellen Repräsentationsverständnisses nach Thunbergs demokratischer Legitimation: Warum darf sie vor der UNO reden, aber andere nicht? Siehe: „Bei Greta Thunberg stellt sich die Frage nach der demokratischen Legitimierung". Karin Ingold im Interview mit Ruben Hollinger. In: *Horizonte. Das Schweizer Forschungsmagazin* 125 (Juni 2020), S. 24f.

14 Horst Dreier: Vom Schwinden der Demokratie. In: Friedrich Wilhelm Graf/Heinrich Meier (Hg.): *Die Zukunft der Demokratie*. München 2018, S. 29–81, hier S. 38.

15 Das war die Argumentationslinie von Martin Morlok in seinem Vortrag über den parlamentarischen Fraktionszwang bei der Carl Friedrich von Siemens Stiftung in München am 4. Juli 2018.

16 Dieter Thomä: *Warum Demokratien Helden brauchen. Plädoyer für einen zeitgemäßen Heroismus.* Berlin 2019, S. 52.

17 Ebd., S. 111.

18 Alexander Hamilton/James Madison/John Jay: *The Federalist with Letters of „Brutus"*. Edited by Terence Ball. Cambridge 2012, S. 44. Zu dem zugrunde liegenden Veredelungskonzept, das sich auch bei Hume und Kant wiederfindet, vgl. Horst Dreier: Demokratische Repräsentation und vernünftiger Allgemeinwille: die Theorie der amerikanischen Federalists im Vergleich mit der Staatsphilosophie Kants. In: *Archiv des öffentlichen Rechts* 113 (1988), S. 450–483, hier S. 461–464.

19 https://www.bfs.admin.ch/bfs/de/home/statistiken/bevoelkerung/migration-integration/auslandschweizer.assetdetail.16324643.html, abgerufen am 5. Oktober 2021.

20 Iris Marion Young: *Inclusion and Democracy.* Oxford 2000, S. 127.

21 Iris Marion Young: Deferring Group Representation. In: Will Kymlicka/Ian Shapiro (Hg.): *Ethnicity and Group Rights.* New York/London 1997, S. 349–376, hier S. 350.

22 Jorge Luis Borges/Adolfo Bioy Casares: *Chroniken von Bustos Domecq.* In: dies.: *Zwielicht und Pomp* = Jorge Luis Borges: *Werke in 20 Bänden*, hg. von Gisbert Haefs und Fritz Arnold, Bd. 20. Frankfurt am Main 1994, S. 9–112, hier S. 52.

23 Ebd., S. 53.

24 Ebd., S. 54.

25 Ebd., S. 53.

26 Das heißt keineswegs, dass wir einen „als Meta-Governor konzipierte[n] nachhaltige[n] Staat" bräuchten, der „Nachhaltigkeit zum allgegenwärtigen Referenzpunkt seines Handelns" macht (Basil Bornemann/Marius Christen: Verantwortung und die Rolle des nachhaltigen Staates. In: *Bulletin der Schweizerischen Akademie der Geistes- und Sozialwissenschaften* 26/3 (2020) (auch https://doi.org/10.5281/zenodo.4084656), S. 20–24, hier S. 23) – einen „Staat, der sein Handeln auf die Realisierung eines guten Lebens für alle heute und in Zukunft lebenden Generationen […] ausrichtet" (ebd., S. 21). So populär solche Formen des ökologischen Jakobinismus mancherorts auch sind, so wenig ist die Liberalisierungserrungenschaft preiszugeben, dass das gute Leben nicht Sache des Staates, sondern des einzelnen Menschen in von ihm gewählter Gesellschaft ist. Überdies ist Nachhaltigkeit keineswegs das einzige Gut, das zählt, wie Ivo Wallimann-Helmer: Institutionen einer Nachhaltigen Demokratie. In: *Bulletin der Schwei-*

zerischen Akademie der Geistes- und Sozialwissenschaften 26/3 (2020), S. 33–36 (auch http://doi.org/10.5281/zenodo.4071919), hier S. 36 sehr richtig festhält.

27 Vgl. die bei Sotheby's in London am 22. April 1984 versteigerte *Most Important Collection of Philosophical and Political Theories*, gewürdigt in: Andreas Urs Sommer: *Lexikon der imaginären philosophischen Werke*. Berlin 2012, S. 197–201.

28 Angesichts des Umstandes, dass jeder von der eigenen Wahrheit und Wahrhaftigkeit überzeugt zu sein pflegt, geht das von Ferdinand von Schirach: *Jeder Mensch*. München 2021, Artikel 4 eingeforderte Grundrecht auf Wahrheit ins Leere: „Jeder Mensch hat das Recht, dass Äußerungen von Amtsträgern der Wahrheit entsprechen." Welcher Wahrheit? Wessen Wahrheit?

29 John Stuart Mill: *On Liberty/Über die Freiheit*. Deutsch – englisch. Mit Anhang und Nachwort hg. von Bernd Gräfrath. Stuttgart 2009, S. 160.

30 Diesen Gedanken hat Paul Feyerabend zum Prinzip seiner Wissenschaftstheorie erhoben, nach der es keine noch so alte und absurd scheinende Idee gibt, die nicht zur Verbesserung und zum Fortschreiten der Wissenschaft beitragen kann: „There is no idea, however ancient and absurd, that is not capable of improving our knowledge." (Paul Feyerabend: *Against Method*. London/New York [3]1993, S. 33) Diese wissenschaftstheoretische Behauptung ungekürzt auf den Bereich der Politik zu übertragen, wird freilich niemandem einfallen.

31 Thomas von Aquin: *Summa theologiae* I^{a}-IIae, q. 105, a. 1, arg. 2.

32 Gottfried Keller an Wilhelm Baumgartner, 28. Januar 1849. In: ders.: *Gesammelte Briefe*. In vier Bänden hg. von Carl Helbling, Bd. 1. Bern 1950, S. 274.

33 Immanuel Kant: *Metaphysik der Sitten*. In: ders.: *Gesammelte Schriften*, hg. von der Königlich Preußischen Akademie der Wissenschaften, Bd. 6. Berlin 1914, S. 341.

34 Julian Nida-Rümelin: *Demokratie als Kooperation*. Frankfurt am Main 1999, S. 7.

35 Zum Begriff und zur Funktion der Fiktion siehe unten den Abschnitt „Geteilte Fiktionen" im Kapitel „Wie soll man politisch teilhaben?".

36 „Advocates of assembly democracy who know their history are aware that as a democratic device representation has a shady past. […] [R]epresentative government originated not as a democratic practice but as a device by which nondemocratic governments – monarchs,

mainly – could lay their hands on precious revenues and other resources they wanted, particularly for fighting wars. In origin, then, representation was not democratic; it was a nondemocratic institution later grafted on to democratic theory and practice." (Robert A. Dahl: *On Democracy.* London/New Haven 1998, S. 103).

37 Jean-Jacques Rousseau: *Du contrat social ou Principes du droit politique.* In: ders.: *Œuvres complètes.* Édition publiée sous la direction de Bernard Gagnebin et Marcel Raymond, Bd. 3. Paris 1964, S. 351 (Buch I, Vorspann).

38 Ebd., S. 429 (Buch III, Kapitel 15). Zur Interpretation siehe Heinrich Meier: *Politische Philosophie und die Herausforderung der Offenbarungsreligion.* München 2013, S. 206f.

39 Rousseau: *Du contrat social,* S. 429f. (Buch III, Kapitel 15).

40 Ebd., S. 431.

41 Benjamin R. Barber ist mit seinem Buch *Strong Democracy* von 1984 für dieses Echo nur ein Beispiel: „Representation destroys participation and citizenship even as it serves accountability and private rights. Representative democracy is as paradoxical an oxymoron as our political language has produced; its confused and failing practice make this ever more obvious." (Benjamin R. Barber: *Strong Democracy. Participatory Politics for a New Age.* Twentieth Anniversary Edition. Berkeley/Los Angeles/London 2003, S. xxxiv).

42 Rousseau: *Du contrat social,* S. 440f. (Buch IV, Kapitel 2).

43 Partizipation ist damit ein exemplarischer Fall für Werte, deren Wesen es ist, kommunikativ nützliche, regulative Fiktionen zu sein, siehe Andreas Urs Sommer: *Werte. Warum man sie braucht, obwohl es sie nicht gibt.* Stuttgart 2016, S. 134.

44 Vgl. unten den Abschnitt „Mit sich selbst ins Reine kommen" im Kapitel „Warum soll man politisch teilhaben?"

45 Dafür würde ich mir sogar den Titel eines Aufsatzes von Karl-Rudolf Korte leihen: Karl-Rudolf Korte: Unsere Demokratie ist eine optimistische Staatsform. Über die Folgen der Corona-Pandemie für das Gemeinwesen. In: *Philanthropie und Stiftung* 2/2020, S. 8f. Freilich ist Kortes leitende These gerade die einer glänzenden Zukunft des parlamentarischen Repräsentativismus: „Demokratien mit lebendigem Parlamentarismus („goverment by discussion") und einem funktionierenden Parteienwettbewerb haben hier enormes Potential. Sie legitimieren sich durch Kommunikation." (S. 8) Wie viel mehr aber tut dies

eine direkt-partizipatorische Demokratie – in der alle nicht nur reden, sondern mitbestimmen dürfen.

46 So gesteht Rousseau: *Du contrat social*, S. 430 (Buch III, Kapitel 15) zu, dass die Exekutive repräsentieren müsse, aber eben nur ausführen, was der Gemeinwille ist.

47 Charles Taylor: *Wie viel Gemeinschaft braucht die Demokratie? Aufsätze zur politischen Philosophie.* Frankfurt am Main 2002, S. 30.

48 „Die Propagierung und Ausübung von T[error] als Antwort auf selbst empfundenen Schrecken kompensiert die Zukunftsangst des revolutionären Bündnisses aus Sansculotten und Jakobinern und scheint legitimiert durch die universalen humanitären Ziele der Revolutionäre, die durch ein ‚Systeme uniforme de persuasion et de terreur' dazu gelangen wollen, ‚à recréer l'homme de la nature et à annuler le vieil homme de l'éducation'" (Gerd van den Heuvel: Terror. In: *Historisches Wörterbuch der Philosophie*, hg. von Joachim Ritter†, Karlfried Gründer und Gottfried Gabriel, Bd. 10. Basel 1998, Sp. 1020–1027, hier 1022).

49 Es verhält sich übrigens keineswegs, wie oft behauptet, so, dass der deutsche Begriff Identitätspolitik einfach die Übersetzung der „identity politics" wäre, wie sie vom schwarz-lesbisch-feministischen Combahee River Collective 1977 gefordert wurde. Vielmehr stammt das Wort Identitätspolitik oder Identitäts-Politik aus dem 19. Jahrhundert und bezog sich darauf, dass auf antisemitischer Seite die Identität von Christentum und Deutschtum postuliert und damit die Möglichkeit von jüdischen Deutschen bestritten wurde. Dazu hat der Rabbiner Israel Goldschmidt (1849–1924) im Jahr 1883 bereits das Nötige und eigentlich Abschließende gesagt, so dass man sich nicht genug darüber wundern kann, dass der wahrhaft toxische Begriff Identitätspolitik heute noch in affirmativem Sinne verwendet wird: „Wenn die alte Devise lautete: ‚Die Juden sollen Christen werden,' so lautete die Devise des ‚Antisemitismus': ‚Die Juden sollen Deutsche werden!' Staat und Religion, Deutschland und Christentum wurden identifiziert, und der Braten, der mit dieser Sauce appetitlich serviert werden sollte, war: Die Ausschließung des Judentums von der staatlichen Berechtigung. – Wie unlogisch und unberechtigt diese ‚Identitäts-Politik' – wenn ich so sagen darf – aus allgemein staatsrechtlichen, theologischen und Völkerpsychologischen [sic] Gründen ist – das haben die größten Männer deutscher Wissenschaft [...] in allgemein bekannten Schriften zur Genüge gezeigt." (I[srael] Goldschmidt: *Über die Zukunft und Berechtigung des Judentums.* Neuwied/Leipzig 1883, S. 38).

50 Das lässt sich sehr schön besichtigen bei Houria Bouteldja: *Les Blancs, les Juifs et nous. Vers une politique de l'amour révolutionnaire*. Paris 2016. Das Buch ist ein Symptom dafür, wie die Umstände jemanden zu zwingen scheinen, in Beton zu denken. Doch ist niemand gezwungen – weder dazu, so zu denken, noch dazu, das Buch zu lesen.

51 Sun Tzu [Sunzi]: *Die Kunst des Krieges*. Das vollständige Original mit psychologischen Kommentaren von Gitta Peyn. Neuenkirchen 2007, S. 29.

52 Zum Geschwätz über „kulturelle Identität" sagt Ursula Renz: *Was denn bitte ist kulturelle Identität? Eine Orientierung in Zeiten des Populismus*. Basel 2019 das Nötige.

53 Hannah Arendt: *Was ist Politik? Fragmente aus dem Nachlaß*, hg. von Ursula Ludz. München 1992, S. 9. Michael Walzer: *Zivile Gesellschaft und amerikanische Demokratie*. Hg. und mit einer Einleitung von Otto Kallscheuer. Frankfurt am Main 1996, S. 228–240 tritt für eine „Politik der Differenz" ein, vor dem Hintergrund der amerikanischen Erfahrung als Einwanderungsland.

Was heißt Partizipation?

1 Aristoteles: *Topik* IV 2, 122a8–9.

2 Anicius Manlius Severinus Boethius: *De hebdomadibus*, propositio VI (Boethius: *The Theological Tractates. The Consolation of Philosophy*. Revised by H. F. Stewart. Cambridge, MA/London 1968, S. 42): „Omne quod est participat eo quod est esse ut sit".

3 Entsprechend groß ist die Empörung mancher Christen über den Gott des Aristoteles und die Götter Epikurs, siehe Andreas Urs Sommer: Der Gott des Aristoteles bei Martin Luther. Anmerkungen zu antithetischen Konzepten theologischer Metaphysik. In: *Prima philosophia* 8/2 (1995), S. 175–186.

4 Karl Marx: *Zur Kritik der Hegelschen Rechtsphilosophie. Kritik des Hegelschen Staatsrechts*. In: ders./Friedrich Engels: Werke, Bd. 1. Ost-Berlin 1976, S. 203–333, hier S. 310.

5 Samuel P. Huntington/Joan M. Nelson: *No Easy Choice. Political Participation in Developing Countries*. Cambridge, MA 1976, S. 3.

6 Max Kaase: Vergleichende Politische Partizipationsforschung. In: Dirk Berg-Schlosser/Ferdinand Müller-Rommel (Hg.): *Vergleichende Politikwissenschaft. Ein einführendes Studienhandbuch*. Opladen [3]1997, S. 159–174, hier S. 160.

7 Aristoteles: *Metaphysik* 1003a33; *Politik* 1328b33: „in den Demokratien haben alle an allem teil“.

8 Friedrich Dürrenmatt: *Der Mitmacher. Ein Komplex. Nachwort zu einer Komödie* [1976]. In: ders.: *Gesammelte Werke in sieben Bänden.* Zürich 1996, Bd. 7: Essays – Gedichte, S. 157–283, hier S. 167.

9 Vgl. Aristoteles: *Nikomachische Ethik* 1095a5–6.

10 In Kants *Grundlegung zur Metaphysik der Sitten* heißt es: „Handle so, dass du die Menschheit sowohl in deiner Person, als in der Person eines jeden anderen jederzeit zugleich als Zweck, niemals bloß als Mittel brauchst.“ (Immanuel Kant: *Gesammelte Schriften*, hg. von der Königlich Preußischen Akademie der Wissenschaften, Bd. 4. Berlin 1911, S. 429).

11 *Verhandlungen der Versammlung zur Vereinbarung der Preußischen Staats-Verfassung.* Erster Band: Enthaltend die Sitzungen 1 bis 39, Berlin 1848, S. 159.

12 Jean-Paul Sartre: *Das Sein und das Nichts. Versuch einer phänomenologischen Ontologie.* Reinbek bei Hamburg 1962, S. 614.

13 Das geht so weit, dass vieles, was bisher im Bereich des Unmöglichen oder Notwendigen lag, nun in Reichweite unserer Möglichkeiten gerät, vgl. Hans-Ulrich Gumbrecht: An der Schwelle zum Übermenschen – oder in die Gegenrichtung? In: *Schweizer Monat* 1083 (2021), S. 56–59, hier S. 58.

14 So verhält es sich bei Nietzsche in lockerer Gefolgschaft von Spinoza, vgl. Andreas Urs Sommer: Nietzsche's Readings on Spinoza. A Contextualist Study, Particularly on the Reception of Kuno Fischer. In: *Journal of Nietzsche Studies* 43/2 (2012), S. 156–184.

15 Max Weber: *Wirtschaft und Gesellschaft. Grundriß der verstehenden Soziologie.* 5., revidierte Auflage besorgt von Johannes Winckelmann, Studienausgabe. Tübingen 1980, S. 28.

16 Jean-Jacques Rousseau: *Du contrat social ou Principes du droit politique.* In: ders.: *Œuvres complètes.* Édition publiée sous la direction de Bernard Gagnebin et Marcel Raymond, Bd. 3. Paris 1964, S. 360: Es gehe im Gesellschaftsvertrag darum „de former par aggrégation une somme de forces“ (Buch I, Kapitel 6).

17 Leonhard Emmerling: *Erlösungsmaschinen. Moraldiskurse in der Kunst.* Wien/Berlin 2020, S. 153.

18 Christian Meier: *Die parlamentarische Demokratie.* München/Wien 1999, S. 18.

19 Benjamin Constant: *De l'esprit de conquête et de l'usurpation, dans leurs rapports avec la civilisation européenne*. In: ders.: *Œuvres*. Texte présenté et annoté par Alfred Roulin. Paris 1957, S. 1044 (2. Teil, Kapitel 6).

20 Ebd., S. 1044f.

21 Wolfgang Fach: Partizipation. In: Ulrich Bröckling/Susanne Krasmann/Thomas Lemke (Hg.): *Glossar der Gegenwart*. Frankfurt am Main 2004, S. 197–203, hier S. 200, schreibt diese Auffassung auch Constant selbst zu.

22 Jacques Rancière: *Das Unvernehmen. Politik und Philosophie*. Frankfurt am Main 2002, S. 22, wo es weiter heißt: „Das Volk ist nicht eine Klasse unter anderen. Es ist die Klasse des Unrechts, das der Gemeinschaft Unrecht zufügt und sie als ‚Gemeinschaft' des Gerechten und des Ungerechten einrichtet."

23 Ebd., S. 24.

24 Daniel Damler: Der Vorhang des Dr. Mabuse. In: *Zeitschrift für Ideengeschichte* XIII/4 (Winter 2019): Unverhoffte Begegnung, S. 79–94, hier S. 79. Zur Notwendigkeit der Ambivalenz erzeugenden Anonymität in modernen Gesellschaften siehe Felix Keller: *Anonymität und Gesellschaft*. Bd. 1: *Die Beschreibung der Anarchie*. Bd. 2: *Wissenschaft, Utopie, Mythos*. Weilerswist 2021.

25 Dass die Ökonomie als vermeintliche Wissenschaft in Wahrheit eine mit Gespenstern oder Fiktionen operierende Disziplin sei, macht Joseph Vogl: *Das Gespenst des Kapitals*. Zürich 2010 anschaulich.

26 Vgl. Ulrich Bröckling: *Postheroische Helden. Ein Zeitbild*. Berlin 2020.

27 Thomas Piketty: *Capital et Idéologie*. Paris 2019.

28 Im Übrigen macht der „Armuts- und Reichtumsbericht" aus dem Bundessozialministerium von 2021 deutlich, dass wenigstens in Deutschland während des vergangenen Jahrzehnts alle Einkommensgruppen von Einkommenswachstum und damit von ökonomischem Partizipationszuwachs profitieren konnten: „In starkem Kontrast dazu stehen Ergebnisse einer Repräsentativstudie, die das 537-Seiten-Werk in einem Kapitel über subjektive Wahrnehmungen darstellt: 80 Prozent der Befragten haben demnach in den vergangenen fünf Jahren wachsende Armut in Deutschland wahrgenommen […]. Von großer Bedeutung ist dabei offenbar, was man unter Armut versteht. In politischen Debatten wird oft nicht klar zwischen Armut und Ungleichheit unterschieden – ihre statistisch messbaren Entwicklungen unterscheiden sich aber sehr stark, wie amtliche Daten zeigen, die der Bericht aus dem Sozialministerium zitiert. Der Anteil der Menschen, die im Alltag

mit ernsten finanziellen Nöten kämpfen, ist demnach stark gesunken: Er hat sich von 5,1 Prozent 2005 auf 2,6 Prozent im Jahr 2019 fast halbiert. Gemessen wird dabei, wer in ‚erheblicher materieller Deprivation' lebt. Das sind Personen, die angeben, sich beispielsweise kein Auto und keine Waschmaschine leisten zu können, und die zugleich größere Probleme haben, Miet- und Heizkosten zu bezahlen. [...] Eine politische Schlüsselrolle spielen indes Kennziffern, die etwas über die Verteilung der Einkommen aussagen – darunter die sogenannte Armutsgefährdungsquote: Sie besagt, welcher Anteil der Bevölkerung mit seinem Einkommen weniger als 60 Prozent des mittleren Einkommens der Gesellschaft erreicht. Steigen nur die mittleren Einkommen, erhöht sich das so gemessene Armutsrisiko." (Dietrich Creutzburg: Armut im Land sinkt – Angst vor Armut steigt. In: *Frankfurter Allgemeine Zeitung*, 9. April 2021, https://www.faz.net/aktuell/wirtschaft/bundessozialministerium-ueber-steigendes-einkommen-und-wahrnehmung-17283905.html, abgerufen am 9. April 2021.)

Warum soll man politisch teilhaben?

1 Aristoteles: *Politik* 1275a23.

2 Vgl. Fernando Pessoa: *Das Buch der Unruhe des Hilfsbuchhalters Bernardo Soares*, hg. von Richard Zenith. Zürich 2003.

3 Dass scheinbar passive Nostrifizierungsverweigerung durchaus ein heroischer Akt sein kann – beispielsweise als Widerstand, in diktatorischen Regimen –, liegt auf der Hand. Die Unterscheidung von aktiver und passiver Partizipation ist ohnehin nur eine graduelle und keine prinzipielle. Aber Demokratien, auch parlamentarische, zeichnet es aus, dass sie im Unterschied zu autoritären Regimen eine Nostrifizierungsverweigerungstoleranz gegenüber denjenigen haben, die sich entziehen wollen. Man kann es sich leisten, sie gewähren zu lassen, solange sie nicht den gewähren lassenden Staat aktiv bekämpfen – solange also beispielsweise „Reichsbürger" keine Bomben bauen.

4 Vgl. Andreas Urs Sommer: *Die Kunst der Seelenruhe. Anleitung zum stoischen Denken.* München 2009, S. 64.

5 Andreas Reckwitz: Zeitoptimierung und „Flow". Zeit in soziologischer Perspektive. In: *Forschung & Lehre* 12/2020, S. 986–987, hier S. 987. Vgl. Barbara Adam: *Time and Social Theory.* Cambridge/Oxford 1990, S. 138f. und Andreas Reckwitz: Zukunftspraktiken. Die Zeitlichkeit des Sozialen und die Krise der modernen Rationalisierung der Zukunft. In: ders.: *Kreativität und soziale Praxis. Studien zur So-*

zial- und Gesellschaftstheorie. Bielefeld 2016, S. 115–135, besonders S. 129–132.

6 Ein charakteristisches Beispiel für diese Auffassung gibt Karin Ingold: Demokratie in Zeiten der Krise. Ist dieses Regime effizient, wirkungsvoll und nachhaltig? In: *Bulletin der Schweizerischen Akademie der Geistes- und Sozialwissenschaften* 26/3 (2020), S. 29–32 (auch https://doi.org/10.5281/zenodo.4045891), hier S. 31: „Eine Kehrseite solcher partizipativen Formen ist der immense Zeit- und Ressourcenverbrauch […]. Darüber hinaus neigen direkte und deliberative Demokratien dazu, eine Politik zu betreiben, die zwar verhandelt, aber selten radikal oder innovativ ist. Meistens sind es nicht die besten, sondern nur die zweitbesten Lösungen, die breite Unterstützung finden." Wer aber verfügt über die höhere platonische Einsicht, was denn die eigentlich beste Lösung wäre?

7 Alle Zahlen und Zitate aus Jochen Buchsteiner: Internationale Umfrage. Bürger beurteilen Demokratien äußerst kritisch. In: *Frankfurter Allgemeine Zeitung*, 21. Juni 2018, auch unter http://www.faz.net/aktuell/politik/ausland/buerger-beurteilen-demokratien-aeusserst-kritisch-15652765.html, abgerufen am 14. Dezember 2020.

8 Colin Crouch: *Postdemokratie*. Frankfurt am Main 2008, S. 10.

9 Vgl. Jason Brennan: *Against Democracy*. Princeton 2016, S. 18, 211 und 235f.

10 Ebd., S. 14: „Epistocracy means the rule of the knowledgeable. More precisely, a political regime is epistocratic to the extent that political power is formally distributed according to competence, skill, and the good faith to act on that skill."

11 Platon: *Politeia* 473c–d.

12 Hans Jonas: *Das Prinzip Verantwortung. Versuch einer Ethik für die technische Zivilisation*. Frankfurt am Main 1979, S. 262.

13 Ebd., S. 269.

14 Zur politischen Theologie, die das bei Jonas grundiert, siehe Andreas Urs Sommer: Gott als Knecht der Geschichte. Hans Jonas' „Gottesbegriff nach Auschwitz". Eine Widerrede. In: *Theologische Zeitschrift*, hg. von der Theologischen Fakultät der Universität Basel 51/4 (1995), S. 340–356.

15 Friedrich Nietzsche: *Die fröhliche Wissenschaft („la gaya scienza")*. In: ders.: *Sämtliche Werke. Kritische Studienausgabe in 15 Einzelbänden*, hg. von Giorgio Colli und Mazzino Montinari. München/Berlin/New York [3]1999, Bd. 3, S. 343–651, hier S. 418.

16 Zum ägyptischen „Herr des Überblicks" wird Joseph in Thomas Manns Romantetralogie *Joseph und seine Brüder* (1933–1943).

17 Vgl. Benjamin R. Barber: *Strong Democracy. Participatory Politics for a New Age*. Twentieth Anniversary Edition. Berkeley/Los Angeles/London 2003, S. 152: „Strong democracy is the politics of amateurs, where every man is compelled to encounter every other man without the intermediary of expertise."

18 Zlatko Valentić: „Je vous ai compris". Hermeneutik des Politischen. Vortrag am DoktorandInnentag des Philosophischen Seminars der Albert-Ludwigs-Universität Freiburg, 6. August 2019.

19 Dieses negativistische Menschenbild vieler KI-Adepten kritisiert Sarah Spiekermann: Der Mensch als Fehler. In: *Süddeutsche Zeitung*, 23. März 2019, auch unter https://www.sueddeutsche.de/kultur/kuenstliche-intelligenz-ethik-menschenbild-philosophie-1.4378898, abgerufen am 17. Dezember 2020.

20 Siehe Roberto Simanowski: *Todesalgorithmus. Das Dilemma der künstlichen Intelligenz*. Wien 2020.

21 Entsprechend groß ist die Aufgeregtheit bei der Frage, ob denn eine dem Menschen überlegene KI noch zu kontrollieren wäre. Manuel Alfonseca et al.: Superintelligence Cannot be Contained. Lessons from Computability Theory. In: *Journal of Artificial Intelligence Research* 70 (2021), S. 65–76, https://doi.org/10.1613/jair.1.12202, abgerufen am 7. Februar 2021, kommen dementsprechend zum Schluss, einer solchen digitalen Superintelligenz wäre nur Einhalt zu gebieten, wenn sie von allen externen Ressourcen und insbesondere vom Internet abgekoppelt würde oder aber, indem man ihr moralische Maßstäbe vorgäbe. Man habe derzeit keinen Algorithmus zur Verfügung, der eine dem Menschen schädliche KI stoppen könne – und überdies könnten wir beschränkten menschlichen Wesen eine superintelligente Maschine womöglich als solche gar nicht erkennen. Die mögliche Lösung wäre also eine ganz analoge: Stecker ziehen.

22 Rüdiger Görner: *Bildung im digitalen Zeitalter* (= *Vontobel-Schriftenreihe* 2360). Zürich 2020, S. 22.

23 Timothy Snyder im Gespräch mit Ronnie Grob und Jannik Belser: „Die Digitalisierung macht uns immer mehr zu Herdentieren". In: *Schweizer Monat* 1084 (2021), S. 10–12, hier S. 12.

24 Martin Gurri: Und plötzlich sprach das Volk. In: *Schweizer Monat* 1083 (2021), S. 10–13, hier S. 13.

25 Vgl. oben den Abschnitt „Partizipationszwänge“ im Kapitel „Was heißt Partizipation?“.

26 Vgl. unten den Abschnitt „Die Verfassung als Rahmenweltanschauung“.

27 Andreas Reckwitz: *Die Gesellschaft der Singularitäten. Zum Strukturwandel der Moderne.* Berlin 2017, S. 441.

28 Ebd., S. 435.

29 Frank Decker: Gefährdungen der Demokratie heute. In: *zur debatte. Themen der Katholischen Akademie in Bayern* 3 (2020), S. 10–12, hier S. 11.

30 Ebd.

31 Vgl. oben den Abschnitt „Das Trugbild der Identität und der Zwang zur Vielfalt“ im Kapitel „Was heißt Repräsentation?“

32 Sehr anschaulich dazu Ross Andersen: *Im Auge der Partei.* In: *Schweizer Monat* 1082 (2020/21), S. 58–69.

33 Petra Gehring: *Probleme politisierter Kraftsemantik.* In: *Zeitschrift für Ideengeschichte* XIII/3 (2019): Widerstand, S. 5–12, hier S. 11.

34 Um eine Formulierung des auch politisch zu Unrecht vergessenen Heinrich Zschokke (1771–1848) auszuleihen (Heinrich Zschokke: *Der tote Gast* [1825]. Aarau/Frankfurt am Main 1961, S. 109).

35 Eine utopisch-politische Imaginationsbereitschaft, die im 20. Jahrhundert versiegt zu sein schien, vgl. Judith N. Shklar: *After Utopia. The Decline of Political Faith* [1957]. Princeton N. J. 1969, S. 272f.: „The grand tradition of political theory that began with Plato is, then, in abeyance. A reasoned skepticism is consequently the sanest attitude for the present. For even skepticism is politically sounder and empirically more justifiable than cultural despair and fatalism.“ Warum nicht diesen Skeptizismus, der um die unbedingte Vorläufigkeit alles politischen Wissens weiß, mit direkt-partizipatorischer Demokratie verbinden, die gelebte Vorläufigkeit allen politischen Handelns ist?

36 Niccolò Machiavelli: *Discorsi sopra la prima deca di Tito Livio* III 9, zitiert nach Niccolò Machiavelli: *Discorsi. Gedanken über Politik und Staatsführung.* Deutsche Gesamtausgabe. Übersetzt, eingeleitet und erläutert von Rudolf Zorn. Stuttgart ^{2}1977, S. 313.

37 Ebd., S. 314f.

38 Jan-Werner Müller: *Die kritische Infrastruktur demokratischer Politik.* Arbeitsvorhaben Wissenschaftskolleg Berlin 2020/21, https://www.wiko-berlin.de/fellows/akademisches-jahr/2020/mueller-jan-werner,

abgerufen am 23. August 2020. Vgl. jetzt auch ders.: *Freiheit, Gleichheit, Ungewissheit. Wie schafft man Demokratie?*, Berlin 2021, S. 117–170.

39 Christian Furrer: *Streiflichter zur NEAT. Zum langen politischen Ringen um die Neue Eisenbahn-Alpentransversale.* Bern ^{2}2020, S. 68.

40 Fritz Scharpf: *Die politischen Kosten des Rechtsstaats. Eine vergleichende Studie der deutschen und amerikanischen Verwaltungskontrollen.* Tübingen 1970, S. 80. Einen guten Überblick der Debatte gibt Hubert Treiber: Politikverflechtung im deutschen Föderalismus. Eine problemorientierte Literaturübersicht, in: Johannes Ch. Traut (Hg.): *Verfassung und Föderalismus Rußlands im internationalen Vergleich.* Baden-Baden 1995, S. 143–170.

41 Nähme man wieder die Schweiz als Beispiellieferantin, wäre an die Jahrzehnte lang vertrödelte Einführung des Frauenstimmrechts oder die ein halbes Jahrhundert aufgeschobene UNO-Mitgliedschaft zu denken.

42 Leon Festinger: *A Theory of Cognitive Dissonance* [1957]. Stanford, CA 1968, S. 246–259. Für den Hinweis auf Festingers Konzept der kognitiven Dissonanz und dessen Fallbeispiel danke ich Thomas Arne Winter ebenso wie für die Entschiedenheit, mit der er das Konzept gegen die von mir den Menschen womöglich allzu naiv unterstellte Bereitschaft zum Sinneswandel verteidigte.

43 Zur radikalen eschatologischen Orientierung des ursprünglichen Christentums noch immer klassisch Franz Overbeck: *Ueber die Christlichkeit unserer heutigen Theologie. Streit- und Friedensschrift.* Leipzig 1873, dazu Andreas Urs Sommer: *Der Geist der Historie und das Ende des Christentums. Zur „Waffengenossenschaft" von Friedrich Nietzsche und Franz Overbeck.* Berlin 1997.

44 Barry Schwartz: *The Paradox of Choice. Why More Is Less.* New York 2004. Auch diesen Hinweis und die entschieden vorgetragene Kritik am vermeintlichen Gut der Möglichkeitsvervielfältigung verdanke ich Thomas Arne Winter.

45 Vgl. Sommer: *Die Kunst des Zweifelns*, S. 19.

46 Siehe dazu umfassend Werner Stegmaier: *Philosophie der Orientierung.* Berlin/New York 2008.

47 Vgl. oben den Abschnitt „Entkolonialisierung der Zukunft".

48 Stephan Lessenich: *Neben uns die Sintflut. Die Externalisierungsgesellschaft und ihr Preis.* Berlin 2016, S. 25.

49 Stephan Lessenich [im Gespräch mit Friederike Tappe-Hornbostel]: *Die Demokratie ist ökologisch nicht unschuldig.* In: *Magazin. Kulturstiftung des Bundes* 34 (Frühling/Sommer 2020), S. 2f., hier S. 2.

50 Ebd., S. 3. Vgl. ders.: *Grenzen der Demokratie. Teilhabe als Verteilungsproblem.* Stuttgart 2019.

51 Siehe oben den Abschnitt „Sein ist Partizipation" im Kapitel „Was heißt Partizipation?".

52 Vgl. unten den Abschnitt „Vertrauenspolitiken".

53 Dazu Miguel Skirl/Andreas Urs Sommer/Dagmar Winter: *Die Hortung. Eine Philosophie des Sammelns.* Düsseldorf 2000.

54 Richard Rorty: *Kontingenz, Ironie und Solidarität.* Frankfurt am Main 1989, S. 12.

55 Peter-Paul Bänziger: *Die Moderne als Erlebnis. Eine Geschichte der Konsum- und Arbeitsgesellschaft 1840–1940.* Göttingen 2020. Eine Auswahldokumentation der von Bänziger ausgewerteten Quellen findet sich im anonymen Artikel: Der Wandel des Tagebuchs von der bürgerlichen Tugenddistanz zum Erlebnistagebuch. In: *Neues aus dem Deutschen Tagebucharchiv* 3/2020, S. 9–13.

56 Decimus Iunius Iuvenalis: *Satura* X 81.

57 Vgl. Karl Marx: *Die deutsche Ideologie* [1845/46]. In: ders.: *Die Frühschriften*, hg. von Siegfried Landshut. Stuttgart 1968, S. 339–485, hier S. 355: „diese Erzeugung neuer Bedürfnisse ist die erste geschichtliche Tat". (Zitiert nach dem Handexemplar des Theologen Fritz Buri, dort unterstrichen und markiert.)

58 Rorty: Kontingenz, Ironie und Solidarität, S. 309.

59 Vincent August: Sehnsucht nach Solidarität? In: *Magazin. Kulturstiftung des Bundes* 35 (2020), S. 6f., hier S. 7.

60 Ebd. Zu den Aporien der Solidarität auch Andreas Urs Sommer: *Die Kunst des Zweifelns. Anleitung zum skeptischen Denken.* München ^{2}2007, S. 38–41.

61 Über agonale Demokratiekonzepte, wie sie etwa Chantal Mouffe vertritt, wird unten im Abschnitt „Dissens und Wettkampf" im Kapitel „Wie soll man politisch teilhaben?" noch zu sprechen sein.

62 Ernst Cassirer: *Der Mythus des Staates. Philosophische Grundlagen politischen Verhaltens* [1945]. Frankfurt am Main 1985, S. 363.

63 Ebd., S. 373.

64 Heinrich Meier: *Warum Politische Philosophie?* Stuttgart/Weimar 2000. Entsprechend müsse sich die philosophische Lebensweise legitimieren. „Die Politische Philosophie ist *der* Teil der Philosophie, in dem das Ganze der Philosophie in Frage steht." (Ebd., S. 27.)

65 Vgl. in diesem Kapitel oben den Abschnitt „Entkolonialisierung der Zukunft".

66 Dass der Begriff der „christlichen Werte" eine nicht freundlich gemeinte Erfindung Nietzsches war, auf die Christen des 19. Jahrhunderts von sich aus nicht verfallen wären, sei nur am Rande vermerkt, vgl. Andreas Urs Sommer: *Werte. Warum man sie braucht, obwohl es sie nicht gibt.* Stuttgart 2016, S. 35f.

67 Umso stärker ist das Empfinden der Kränkung, wenn der Staat wie in der Coronapandemie nicht imstande ist, sich um uns zu kümmern, siehe Konrad Paul Liessmann: Die gekränkte Gesellschaft – in Sachen Corona kommt es nicht darauf an, was die Dinge mit uns, sondern was wir mit den Dingen machen. In: *Neue Zürcher Zeitung*, 31. Dezember 2020, auch unter https://www.nzz.ch/meinung/die-gekraenkte-gesellschaft-corona-zerlegt-unser-modernes-mindset-ld.1594136, abgerufen am 1. Februar 2021, zum coronarisch gesteigerten Ohnmachtsgefühl siehe Andreas Urs Sommer: Die Seuche und die direkte Zukunft der Demokratie. In: *Philosophische Rundschau* 67/2 (2020), S. 101–106.

68 Vgl. oben den Abschnitt „Mangel an Wissen statt Expertokratie".

69 Karl-Rudolf Korte: Demokratische Zukunft. Gestaltungsmacht für das Gemeinwohl. In: *Forschung & Lehre* 2 (2021), S. 96–98, hier S. 96f.

70 Ebd., S. 98.

71 Ebd.

72 Aristoteles: *Politik* 1252a7–1253b20 und 1255b16–20.

73 Thomas Paine: *Rights of Man. Part the Second, Combining Principle and Practice.* Cambridge 2012 [Nachdruck der 2. Auflage, London 1792], S. 40: „All power exercised over a nation, must have some beginning. It must be either delegated or assumed. There are no other sources. All delegated power is trust, and all assumed power is usurpation."

74 Vgl. oben den Abschnitt „Mangel an Wissen statt Expertokratie".

75 Manfred Rommel: *Gesammelte Sprüche.* Gefunden und hg. von Ulrich Frank-Planitz. Stuttgart 1988, S. 66.

76 Marie-Luisa Frick: Gegner, aber keine Feinde. In: *Liberal. Das Magazin für die Freiheit* 3 (2020), S. 25f., hier S. 25.

77 Vgl. oben den Abschnitt „Ohnmacht oder zu viele Möglichkeiten?" und unten den Abschnitt „Das listigste aller Tiere".

78 Vgl. Florian Mühlfried: *Misstrauen. Vom Wert eines Unwertes*. Stuttgart 2019 und Andreas Urs Sommer: Moralinsauer. Lob des Misstrauens. In: *Anders Handeln* 1 (2020): Glaube, S. 41.

79 Hannah Arendt: *Vita activa oder Vom tätigen Leben*. Stuttgart 1960, S. 15f.

80 Ludger Lütkehaus: *Vom Anfang und vom Ende. Zwei Essays*. Frankfurt am Main/Leipzig 2016, S. 17–20.

81 Gertrude Stein, *Tender Buttons. Objects, Food, Rooms*. New York 1914, S. 63.

82 Jacques Derrida: *Schurken. Zwei Essays über die Vernunft*. Frankfurt am Main 2003, S. 24.

83 Vgl. oben den Abschnitt „Vertrauenspolitiken".

84 Siehe schon Wilhelm Schapp: *In Geschichten verstrickt. Zum Sein von Ding und Mensch*. Hamburg 1953.

85 Ken Gemes: *Nietzsche, Trump, and Brexit*. Vortrag an der Albert-Ludwigs-Universität Freiburg, 19. November 2019, https://www.youtube.com/watch?v=JuVFfgTkwn0, abgerufen am 5. Oktober 2021.

86 Alexander Hamilton/James Madison/John Jay: *The Federalist with Letters of „Brutus"*, hg. von Terence Ball. Cambridge 2012, S. 270 (Artikel 55).

87 Siehe Claus Offe: *Strukturprobleme des kapitalistischen Staates. Aufsätze zur politischen Soziologie*. Frankfurt am Main 1973, S. 121.

88 Als Überblick zum Thema z. B. Hugo Mercier: Confirmation Bias – Myside Bias. In: Rüdiger F. Pohl (Hg.): *Cognitive Illusions. Intriguing Phenomena in Judgement, Thinking and Memory*. London/New York [2]2017, S. 99–114.

89 Odo Marquard: *Apologie des Zufälligen. Philosophische Studien*. Stuttgart 1987, S. 11.

90 Ebd., S. 13.

91 Vgl. zur Kritik an Hans Jonas oben den Abschnitt „Mangel an Wissen statt Expertokratie".

92 Thomas Brussig: Mehr Diktatur wagen. In: *Süddeutsche Zeitung*, 9. Februar 2021, https://www.sueddeutsche.de/kultur/corona-diktatur-

thomas-brussig-1.5199495?reduced=true, abgerufen am 5. Oktober 2021.

93 Norbert Bolz: Generation Greta: Wie die Angst vor dem Untergang eine ganze Gesellschaft und ihre Medien bewegt. In: *Neue Zürcher Zeitung*, 28. September 2019, https://www.nzz.ch/feuilleton/norbert-bolz-greta-thunbergs-mission-ld.1504962, abgerufen am 5. Oktober 2021. Zum Thema siehe auch Philipp Hübl: *Die aufgeregte Gesellschaft. Wie Emotionen unsere Moral prägen und die Polarisierung verstärken*. München 2019.

Wer soll politisch teilhaben?

1 Aristoteles: *Politik* 1328b32.

2 Vgl. z. B. phi./pd: Das Rijksmuseum restauriert Rembrandts Nachtwache öffentlich. In: *Neue Zürcher Zeitung*, 16. Oktober 2018, https://www.nzz.ch/feuilleton/das-rijksmuseum-restauriert-rembrandts-nachtwache-oeffentlich-ld.1428609, abgerufen am 5. Oktober 2021.

3 Zur Diskussion z. B. Seyla Benhabib: *Kosmopolitismus und Demokratie. Eine Debatte mit Bonnie Honig, Jeremy Waldron und Will Kymlicka*. Frankfurt am Main/New York 2008.

4 Josef Lang: *Demokratie in der Schweiz. Geschichte und Gegenwart*. Baden/Schweiz 2020, S. 270: „Das grösste Demokratiedefizit der Schweiz ist der Ausschluss eines Viertels der erwachsenen Bevölkerung aus dem Souverän“, nämlich der Ausländer.

5 Ralf Dahrendorf: Über den Bürgerstatus. In: Bert van den Brink/Willem van Reijnen (Hg.): *Bürgergesellschaft, Recht und Demokratie*. Frankfurt am Main 1995, S. 29–43, hier S. 33.

6 Alexander Kissler: Berlin im Quotenwahn: Die deutsche Hauptstadt wird zur Ständegesellschaft. In: *Neue Zürcher Zeitung*, 18. Januar 2021, https://www.nzz.ch/meinung/berlin-im-quotenwahn-die-hauptstadt-wird-zur-staendegesellschaft-ld.1596975, abgerufen am 5. Oktober 2021.

7 Siehe oben den Abschnitt „Gruppenrepräsentation“ im Kapitel „Was heißt Repräsentation?“.

8 Zur geschichtlichen Entwicklung konzis Thomas Würtenberger: Zur Geschichte des allgemeinen Wahlrechts in vergleichender Perspektive. In: Friedhelm Hufen (Hg.): *Verfassungen. Zwischen Recht und Politik. Festschrift zum 70. Geburtstag für Hans-Peter Schneider*. Baden-Baden 2008, S. 537–550.

9 Markus Krall: *Die bürgerliche Revolution: Wie wir unsere Freiheit und unsere Werte erhalten*. Stuttgart 2020.

10 Tom W. Bell: *Your Next Government? From the Nation State to Stateless Nations*. Cambridge/New York 2017, S. 165–167.

11 Gary S. Schaal unter Mitarbeit von Harald G. Teßmer: Oligarchie als bessere Demokratie. Theorien der Elitendemokratie. In: Oliver Lembcke/Claudia Ritzi/Gary S. Schaal (Hg.): *Zeitgenössische Demokratietheorie*. Bd. 1: *Normative Demokratietheorien*. Wiesbaden 2012, S. 445–472, hier S. 445.

12 Elizabeth Anderson: *Private Government. How Employers Rule Our Lives (and Why We don't Talk about it)*. Princeton/Oxford 2017, bes. S. 37–71.

13 Michael Andrick: *Erfolgsleere. Philosophie für die Arbeitswelt*. Freiburg im Breisgau/München 2020.

14 Wolfgang Merkel: „Eine kulturelle Trennlinie durchschneidet Deutschland". Interview von Peter Lindner. In: *Süddeutsche Zeitung*, 25. Juli 2018, https://www.sueddeutsche.de/politik/demokratie-unter-stress-eine-kulturelle-trennlinie-durchschneidet-deutschland-1.4067239, abgerufen am 5. Oktober 2021.

15 Oder vielleicht erst recht, weil sie von diesem Gemeinwohl selbst abhängig ist? John Stuart Mill: *Ueber Frauenemancipation. Plato. Arbeiterfrage. Socialismus*. Uebersetzt von Siegmund [sic] Freud (= ders.: *Gesammelte Werke*. Autorisirte Uebersetzung unter Redaction von Theodor Gomperz, Bd. 12: *Vermischte Schriften* III). Leipzig 1880, S. 160f. diskutiert diese Argumentationsfigur – und Friedrich Nietzsche markiert sie bei seiner Lektüre (dazu Andreas Urs Sommer: Friedrich Nietzsche liest Sigmund Freud. John Stuart Mill und Harriet Taylor Mill als Selbstmodellierungsgehilfen. In: *Freiburger literaturpsychologische Gespräche. Jahrbuch für Literatur und Psychoanalyse* 39: *Nietzsche*, hg. von Dominic Angeloch, Joachim Küchenhoff und Joachim Pfeiffer. Würzburg 2020, S. 267–297).

16 Siehe oben den Abschnitt „Partizipationsüberlasten" im Kapitel „Was heißt Partizipation?".

17 Unterschiedliche Ansätze versammeln Philip Kovce/Birger P. Priddat (Hg.): *Bedingungsloses Grundeinkommen. Grundlagentexte*. Berlin 2019. Interdisziplinäre Forschungen zum Zusammenhang von Partizipation und bedingungslosem Grundeinkommen betreibt vor allem die entsprechende Arbeitsgruppe am Freiburg Institute for Basic Income Studies (https://www.fribis.uni-freiburg.de/project/participation-bge/,

abgerufen am 5. Oktober 2021). Siehe auch Sascha Liebermann: *Aus dem Geist der Demokratie. Bedingungsloses Grundeinkommen.* Frankfurt am Main 2015 und Thomas Straubhaar: *Grundeinkommen jetzt! Nur so ist die Marktwirtschaft zu retten.* Basel 2021.

18 Vgl. z. B. K. J. Bernhard Neumärker: Bedingungsloses Grundeinkommen aus ordnungspolitischer Sicht. In: *WISU. Die Zeitschrift für den Wirtschaftsstudenten* 3 (2018), S. 324–330, hier S. 326.

19 Siehe Andrew Yang: *The War on Normal People. The Truth About America's Disappearing Jobs and Why Universal Basic Income Is Our Future.* New York 2018, S. 11.

20 Friedrich Nietzsche: *Menschliches, Allzumenschliches. Ein Buch für freie Geister.* In: ders.: *Sämtliche Werke. Kritische Studienausgabe in 15 Einzelbänden*, hg. von Giorgio Colli und Mazzino Montinari. München/Berlin/New York [3]1999, Bd. 2, S. 672f.

21 Vgl. oben den Absatz „Das listigste aller Tiere" im Kapitel „Warum soll man politisch teilhaben?".

22 Zum Freiwilligkeitsaspekt der Partizipation in ökonomischem Theorierahmen siehe K. J. Bernhard Neumärker: Partizipation an freiwilligen Vereinbarungen. In: Peter H. Feindt/Jens Newig (Hg.): *Partizipation, Öffentlichkeitsbeteiligung, Nachhaltigkeit. Perspektiven der Politischen Ökonomie.* Marburg 2005, S. 117–134.

23 Vgl. z. B. oben den Abschnitt „Vertrauenspolitiken" im Kapitel „Warum soll man politisch teilhaben?".

24 Bettina Schulte: Welches Profil passt zu diesem Text? Der Streit um die Übersetzung von Amanda Gormans Gedicht. In: *Badische Zeitung*, 12. März 2021, S. 9 analysiert diese Diskriminierung scharfzüngig.

25 Siehe oben den Abschnitt „Mangel an Wissen statt Expertokratie" im Kapitel „Warum soll man politisch teilhaben?".

26 Vgl. z. B. Michael Reder: Demokratie als globales Erfolgsmodell? In: *zur debatte. Themen der Katholischen Akademie in Bayern* 3 (2020), S. 13–15, hier S. 15.

27 Vgl. John Stuart Mill oben im Abschnitt „Ideenrepräsentation", Kapitel „Was heißt Repräsentation?".

28 Gerald Wagner: Wann fühlen sich Menschen wertgeschätzt? In: *Frankfurter Allgemeine Sonntagszeitung*, 13. April 2020, https://www.faz.net/aktuell/wissen/geist-soziales/sozialforschung-wann-fuehlen-sich-menschen-wertgeschaetzt-16668836.html, abgerufen am 5. Oktober 2021.

29 Zur Anerkennung siehe auch oben den 6. Unterpunkt im Abschnitt „Partizipation in sechs Aspekten" des Kapitels „Was heißt Partizipation?".

30 Christian Meier: *Die parlamentarische Demokratie.* München/Wien 1999, S. 16.

31 Erwin Rohde in seinem Brief an Friedrich Nietzsche vom 26. November 1882 zu dessen neuem Werk *Die fröhliche Wissenschaft* (Friedrich Nietzsche: *Briefwechsel. Kritische Gesamtausgabe*, hg. von Giorgio Colli und Mazzino Montinari. Berlin/New York 1975ff., Bd. III/2, S. 307f.).

Wie soll man politisch teilhaben?

1 Birte Förster/Armin Nassehi: Das demokratische Verfahren schützen. In: *Frankfurter Allgemeine Zeitung*, 10. September 2020, S. 6.

2 Wie sich realexistierende, direkte Demokratien aus der Sicht empirischer Politikwissenschaft darstellen, wird bei Wolfgang Merkel/Claudia Ritzi (Hg.): *Die Legitimität direkter Demokratie. Wie demokratisch sind Volksabstimmungen?* Wiesbaden 2017 facettenreich mit Hilfe diverser Ländervergleiche herausgearbeitet – wobei die im Titel gestellte, normative und nichtempirische Frage nach der Legitimität seltsam unterbelichtet bleibt.

3 Svenja Flaßpöhler: *Sensibel. Über moderne Empfindlichkeit und die Grenze des Zumutbaren.* Stuttgart 2021 beschreibt eindringlich die modernitätstypischen Empfindlichkeitsdiskurse und stellt der Sensibilität dialektisch die Resilienz gegenüber.

4 Siehe dazu auch den Abschnitt „Einübung von Entscheidungsfähigkeit" im Kapitel „Warum soll man politisch teilhaben?".

5 Vgl. James Burnham: *The Managerial Revolution or What is Happening in the World Now.* London 1942, S. 160. Carl Schmitt echauffiert sich im *Glossarium. Aufzeichnungen aus den Jahren 1947 bis 1958* über Burnhams „Oppositions-Optimismus", während er doch selbst in der Parlamentarismus-Schrift von 1926 die Opposition für tot erklärt hatte. Zum Zusammenhang und überhaupt dazu, wie man in der frühen Bundesrepublik mit Opposition gedanklich umging, erhellend Florian Meinel: Widerstand gegen die Opposition. Zur geistesgeschichtlichen Lage der frühen Bundesrepublik. In: *Zeitschrift für Ideengeschichte* XIII/3 (2019): Widerstand, S. 36–43.

6 *Grundgesetz für die Bundesrepublik Deutschland*, Artikel 21 (1).

7 Vgl. oben den Abschnitt „Die Fiktion der Repräsentation und die Fiktion des Gemeinwillens“ im Kapitel „Was heißt Repräsentation?“.

8 Danielle Allen: *Politische Gleichheit. Frankfurter Adorno-Vorlesungen 2017*. Berlin 2020, S. 182.

9 Julian Olk: Die jungen Wilden. Repolitisierung der Jugend. In: *Handelsblatt*, 22. März 2019, S. 10.

10 Dirk Jörke: *Die Größe der Demokratie. Über die räumliche Dimension von Herrschaft und Partizipation*. Berlin 2019, S. 10.

11 Otfried Höffe: *Für ein Europa der Bürger!* Tübingen 2020.

12 „Hallo, hier ist Nawalnyj!“. In: *faz.net*, 15. September 2020, https://www.faz.net/aktuell/politik/ausland/russischer-oppositioneller-statement-von-alexej-nawalny-in-charite-16954447.html, abgerufen am 5. Oktober 2021.

13 Robin Celikates: Ziviler Ungehorsam und radikale Demokratie. Konstituierende vs. konstituierte Macht? In: Thomas Bedorf/Kurt Röttgers (Hg.): *Das Politische und die Politik*. Berlin 2010, S. 274–300, hier S. 300.

14 Dazu im Allgemeinen: Andreas Urs Sommer: Streiten. In: Ralf Konersmann (Hg.): *Wörterbuch der philosophischen Metaphern*. Darmstadt 2007, S. 432–443.

15 Philostratos: *Vita Apollonii* IV 8 (Philostratos: *Das Leben des Apollonios von Tyana*. Griechisch – deutsch, hg., übersetzt und erläutert von Vroni Mumprecht. München/Zürich 1983, S. 359).

16 Ebd., S. 361.

17 Manuel Knoll: Deep Disagreements on Values, Justice, and Moral Issues. Towards an Ethics of Disagreement. In: *Trames* 24/3 (2020), S. 315–338.

18 Carl Schmitt: *Der Begriff des Politischen*. Text von 1932 mit einem Vorwort und drei Corollarien. 3. Auflage der Ausgabe von 1963. Berlin 1991, S. 26: „Die spezifisch politische Unterscheidung, auf welche sich die politischen Handlungen und Motive zurückführen lassen, ist die Unterscheidung von *Freund* und *Feind*.“

19 Vgl. z. B. Ernesto Laclau/Chantal Mouffe: *Hegemony & Socialist Strategy. Towards a Radical Democratic Politics*. London/New York 1985, S. 149–194. Zur Übersicht Dagmar Comtesse et al. (Hg.): *Radikale Demokratietheorie. Ein Handbuch*. Berlin 2019.

20 Chantal Mouffe: Pluralismus, Dissens und demokratische Staatsbürgerschaft. In: Martin Nonhoff (Hg.): *Diskurs – radikale Demokratie*

– *Hegemonie. Zum politischen Denken von Ernesto Laclau und Chantal Mouffe*. Bielefeld 2007, S. 41–53, hier S. 45.

21 Ebd., S. 46.

22 Ebd.

23 „Die Feinde der offenen Gesellschaft erscheinen in den Gewändern der offenen Gesellschaft." (Daniel Hornuff: *Die Neue Rechte und ihr Design. Vom ästhetischen Angriff auf die offene Gesellschaft*. Bielefeld 2019, S. 11).

24 Ebd., S. 29.

25 Vgl. auch ebd., S. 119f.

26 Siehe Jürgen Habermas: *Faktizität und Geltung. Beiträge zur Diskurstheorie des Rechts und des demokratischen Verfassungsstaates*. Frankfurt am Main [4]1994, S. 349–398.

27 Henning Ottmann: Liberale, republikanische, deliberative Demokratie. In: *Synthesis philosophica* 21/2 (2006), S. 315–325, hier S. 316. Vgl. Henning Ottmann: *Geschichte des politischen Denkens*. Bd. 4: *Das 20. Jahrhundert*. Teilbd. 2: *Von der Kritischen Theorie bis zu Globalisierung*. Stuttgart/Weimar 2012, S. 113–120.

28 Das hat Herbert Lüthy in seinem Politpsychogramm der Schweiz schon 1961 sehr klar gesehen: „Es gibt nie eine Mehrheit und eine oder mehrere Minderheiten, sondern es gibt sozusagen nur Minderheiten, die sich gegenüber jeder neuen Frage auf unvoraussehbare Art zu Gelegenheitsmehrheiten zusammenfinden" (Herbert Lüthy: Die Schweiz als Antithese [1961]. In: ders.: *Essays I. 1940–1963*, hg. von Irene Riesen und Urs Bitterli. Zürich 2003, S. 410–430, hier S. 413f.).

29 Friedrich Wilhelm Graf: Einleitung. In: ders./Heinrich Meier (Hg.): *Die Zukunft der Demokratie*. München 2018, S. 7–27, hier S. 14.

30 Jacob Burckhardt: *Aesthetik der bildenden Kunst. Über das Studium der Geschichte*. Mit dem Text der „Weltgeschichtlichen Betrachtungen" in der Fassung von 1905. Aus dem Nachlass hg. von Peter Ganz (= *Werke. Kritische Gesamtausgabe*, Bd. 10). München/Basel 2000, S. 268, vgl. S. 491.

31 David Van Reybrouck: *Gegen Wahlen. Warum Abstimmen nicht demokratisch ist*. Göttingen 2016.

32 Antoine Chollet/Alexandre Fontaine (Hg.): *Erfahrungen des Losverfahrens in der Schweiz und in Europa (16. bis 21. Jahrhundert)*. Akten des internationalen Kolloquiums in Lausanne (27.–28. Oktober 2017). Bern 2018.

33 Sahra Wagenknecht: *Die Selbstgerechten. Mein Gegenprogramm – für Gemeinsinn und Zusammenhalt.* Frankfurt am Main/New York 2021, S. 267.

34 Vgl. Nic Ulmi: Reanimation der direkten Demokratie. In: *Horizonte* 126 (2020), S. 47.

35 Patrizia Nanz/Claus Leggewie: *Die Konsultative. Mehr Demokratie durch Bürgerbeteiligung.* Berlin 2016.

36 Bernward Gesang: Einleitung. In: ders. (Hg.): *Kann Demokratie Nachhaltigkeit?* Wiesbaden 2014, S. 13–15, hier S. 14.

37 Bernward Gesang: Demokratie am Scheideweg. In: ders. (Hg.): *Kann Demokratie Nachhaltigkeit?* Wiesbaden 2014, S. 19–37, hier S. 28.

38 Vgl. oben den Abschnitt „Mangel an Wissen statt Expertokratie" im Kapitel „Warum soll man politisch teilhaben?".

39 Wolfgang Jäger: Kein Sprachrohr des Volkes. In: *Badische Zeitung*, 8. Mai 2021, S. 4.

40 Frank Decker: Die Forderung nach mehr direkter Demokratie ist in Deutschland oft eine Alibiveranstaltung. In: *Neue Zürcher Zeitung*, 9. März 2021, https://www.nzz.ch/meinung/republik-der-buergerraete-die-forderung-nach-mehr-direkter-demokratie-ist-in-deutschland-oft-eine-alibiveranstaltung-ld.1604886, abgerufen am 5. Oktober 2021.

41 Alain Berset im Gespräch mit Johannes Ritter: „Die direkte Demokratie ist kein Exportprodukt". In: *Frankfurter Allgemeine Zeitung*, 25. April 2018, S. 5.

42 David Gugerli: Fragen zur zukünftigen Vergangenheit des Computers. Laura Clavadetscher und Michael Wiederstein korrespondieren mit David Gugerli. In: *Schweizer Monat* 1063 (2019), S. 60–63, hier S. 63.

43 Schweizerische Eidgenossenschaft, Bundesamt für Statistik, Politik, https://www.bfs.admin.ch/bfs/de/home/statistiken/politik.html, abgerufen am 5. Oktober 2021.

44 Einer kulturphilosophischen Analyse bedürftig wäre übrigens der Umstand, dass die Schweizerinnen und Schweizer, die sich politisch ihrer direkten Mitentscheidungsmacht sehr bewusst sind, zugleich als Meister der indirekten Kommunikation agieren und Direktheit geradezu verabscheuen. Dritten gegenüber sagen sie selten brutal und unverblümt, was sie wirklich wollen. Im Café säuseln sie: „Wäre es vielleicht möglich, bitte, eine Tasse Kakao zu bekommen, aber nur, wenn es

keine Umstände macht?", statt wie die Deutschen zu poltern: „Ich bekomme eine Tasse Kakao!!".

45 Berset im Gespräch mit Johannes Ritter: „Die direkte Demokratie ist kein Exportprodukt".

46 Wolf Linder: *Wirklich ein gutes Vorbild? Direkte Demokratie in der Schweiz und in Hamburg*, hg. vom Stiftungsverbund der Heinrich-Böll-Stiftung, Policy Paper 3. Düsseldorf 2014, S. 4.

47 dpa: Steinmeier spricht sich gegen Volksabstimmungen auf Bundesebene aus. In: *Frankfurter Allgemeine Zeitung*, 26. April 2018, http://www.faz.net/aktuell/politik/inland/steinmeier-gegen-volksabstimmungen-auf-bundesebene-15561953.html, abgerufen am 5. Oktober 2021. Die auf der Seite des Bundespräsidialamts verfügbare Fribourger Rede Steinmeiers enthält die von diversen Medien kolportierte Passage freilich nicht (https://www.bundespraesident.de/SharedDocs/Reden/DE/Frank-Walter-Steinmeier/Reden/2018/04/180426-Schweiz-Podiumsdiskussion.html, abgerufen am 5. Oktober 2021); Steinmeier wird sich wohl in der Diskussion entsprechend geäußert haben.

48 dpa: Steinmeier spricht sich gegen Volksabstimmungen auf Bundesebene aus.

49 Heinrich August Winkler: Demokratie jetzt. In: *Frankfurter Allgemeine Zeitung*, 11. November 2019, S. 7.

50 Eine erhellend-nüchterne Sicht auf das Thema entfaltet Jens Hacke: *Liberale Demokratie in schwierigen Zeiten. Weimar und die Gegenwart*. Hamburg 2021.

51 Winkler: Demokratie jetzt, S. 7.

52 Michael Kretschmer: „Dem Volk das letzte Wort!" In: *Die Zeit*, 27. Juni 2019, auch unter https://www.zeit.de/2019/27/michael-kretschmer-cdu-sachsen-volkseinwand-wahlkampf/komplettansicht, abgerufen am 5. Oktober 2021.

53 *Grundgesetz für die Bundesrepublik Deutschland*, Artikel 20 (2).

54 Horst Dreier: Vom Schwinden der Demokratie. In: Friedrich Wilhelm Graf/Heinrich Meier (Hg.): *Die Zukunft der Demokratie*. München 2018, S. 29–81, S. 35.

55 Schweizerische Eidgenossenschaft, Bundesamt für Statistik, Stimmbeteiligung, https://www.bfs.admin.ch/bfs/de/home/statistiken/politik/abstimmungen/stimmbeteiligung.html, abgerufen am 5. Oktober 2021.

56 Siehe Clau Dermont: Taking Turns at the Ballot Box. Selective Participation as a New Perspective on Low Turnout. In: *Swiss Political Science Review* 22/2 (2016), S. 213–231, auch unter https://onlinelibrary.wiley.com/doi/full/10.1111/spsr.12194?_sm_au_=iVVSj1nZ5HDqf7TF.

57 Vgl. den Abschnitt „Vielmütigkeit und Möglichkeitssinn" im Kapitel „Warum soll man partizipieren?" zum Digitalen als Repressionsinstrument.

58 „Untergangsszenarien sind verfehlt". BZ-Interview [von Frank Zimmermann] mit Andreas Voßkuhle. In: *Badische Zeitung*, 24. Dezember 2020, S. 6.

59 Thomas Fricker: Kann Öffentlichkeit verschwinden? In: *Badische Zeitung*, 31. Dezember 2019, S. 4.

60 Siehe oben das Kapitel „Wer spricht? Wer darf sprechen? Und wie?".

61 Wolfram Eilenberger: Der Fake der Netzgemeinde. In: *Liberal. Das Magazin für die Freiheit* 2 (2020), S. 22–23, hier S. 23.

62 N. N.: Google fördert Meinungsvielfalt. In: *Frankfurter Allgemeine Zeitung*, 3. Februar 2020, https://www.faz.net/aktuell/rhein-main/google-foerdert-meinungsvielfalt-16615564.html, abgerufen am 5. Oktober 2021.

63 Herfried Münkler: Verkleinern und Entschleunigen oder die Partizipationsformen neu arrangieren? In: Friedrich Wilhelm Graf/Heinrich Meier (Hg.): *Die Zukunft der Demokratie*. München 2018, S. 83–119, hier S. 118.

64 Audrey Tang im Gespräch mit Lukas Leuzinger und Jannik Besler: „Die Bürger müssen selber zu Journalisten werden". In: *Schweizer Monat* 1084 (2021), S. 16–19, hier S. 16.

65 Andreas Voßkuhle: Organisierter Widerstand. Ein Gespräch mit dem Präsidenten des Bundesverfassungsgerichts über Geld und Geduld, Streit mit Berlin und Anrufe von Angela Merkel. Von Marc Brost und Heinrich Wefing. In: *Die Zeit*, 16. Mai 2012, https://www.zeit.de/2012/21/Interview-Vosskuhle/komplettansicht, abgerufen am 5. Oktober 2021.

66 Dazu oben der Abschnitt „Mangel an Wissen statt Expertokratie" im Kapitel „Warum soll man politisch teilhaben?".

67 Hannah Arendt: *Vita activa oder Vom tätigen Leben*. Stuttgart 1960, S. 15f.

68 Vgl. schon oben Abschnitt „Vertrauenspolitiken" im Kapitel „Warum soll man politisch teilhaben?".

69 Siehe z. B. den Abschnitt „Das listigste aller Tiere" im Kapitel „Warum soll man politisch teilhaben?".

70 Die folgenden Ausführungen lagen meinem Vortrag *Politischer Fiktionalismus. Zur direkten Zukunft der Demokratie* zugrunde, den ich am 25. September 2021 am 24. Philosophicum Lech gehalten habe. Er erscheint separat im von Konrad Paul Liessmann herausgegebenen Band *Als ob! Die Kraft der Fiktion* (Wien 2022).

71 Hans Kelsen: *Was ist Gerechtigkeit?* Wien 1953, S. 40f. Zu den Aporien eines weiterreichenden Toleranzbegriffs siehe Andreas Urs Sommer: Toleranz und Relativismus. Prolegomena zur Kritik einer Verlegenheitstugend. In: Martin Wallraff (Hg.): *Religiöse Toleranz. 1700 Jahre nach dem Edikt von Mailand* (= *Colloquia Raurica*, Bd. 14). Berlin/Boston 2016, S. 3–25.

72 Entsprechend argumentiert Hans Kelsen: *Vom Wesen und Wert der Demokratie*. Mit einem Nachwort von Klaus Zeleny. Stuttgart 2019, S. 130: „Der metaphysisch-absolutistischen Weltanschauung ist eine autokratische, der kritisch-relativistischen die demokratische Haltung zugeordnet."

73 Diese Suggestion ist Raphaël Glucksmann: *Die Politik sind wir! Gegen den Egoismus, für einen neuen Gesellschaftsvertrag*. München 2019 zu erzeugen geneigt.

74 Hannah Arendt: *Vita activa oder Vom tätigen Leben*, S. 57.

75 Felix Somary: *Krise und Zukunft der Demokratie.* Mit Vorworten von Otto von Habsburg und Nachworten von Carl J. Burckhardt und Wilhelm Röpke. Jena 2010, S. 131.

76 Tingyang Zhao: *Alles unter dem Himmel. Vergangenheit und Zukunft der Weltordnung*. Berlin 2020, S. 230f.

77 Julian Nida-Rümelin: *Demokratie als Kooperation*. Frankfurt am Main 1999, S. 167.

78 Den Begriff der Dissensdemokratie benutzt Oliver Flügel-Martinsen: Konsenskritik und Dissensdemokratie. In: Werner Friedrichs/Dirk Lange (Hg.): *Demokratiepolitik. Vermessungen – Anwendungen – Probleme – Perspektiven*. Wiesbaden 2016, S. 11–24.

79 Wilhelm Traugott Krug: *System der praktischen Philosophie. Dritter und letzter Theil: Religionslehre*. Königsberg 1819, S. 273.

80 Matthias Heine: Modewort: Hinz und Kunz schwafeln heutzutage vom „Narrativ". In: *Die Welt*, 13. November 2016, https://www.welt.de/debatte/kommentare/article159450529/Hinz-und-Kunz-schwafeln-heutzutage-vom-Narrativ.html, abgerufen am 21. Mai 2021.

81 Jean-François Lyotard: *La condition postmoderne. Rapport sur le savoir*. Paris 1979, S. 7.

82 Vgl. Christof Hardmeier: *Textwelten der Bibel entdecken. Grundlagen und Verfahren einer textpragmatischen Literaturwissenschaft der Bibel*. Bd. 1/1, Gütersloh 2003, S. 64f. in Modifikation von Gerard Genette: *Die Erzählung*. München [2]1988.

83 Die beiden Beispiele Lyotards, die aufklärerische Emanzipationserzählung und die spekulativ-universalistische Geschichtsphilosophie, hatten allerdings eine solche Struktur. Lyotard wusste, was *récits* sind – im Unterschied zu manchen seiner Nachbeter.

84 Entsprechend hat auch eine selbstkritische Wissenschaftsphilosophie erkannt, dass wissenschaftliche Theorien und Modelle sehr stark literarischen Fiktionen ähneln, siehe Roman Frigg: Models and Fiction. In *Synthese* 172 (2010), S. 251–268 (DOI 10.1007/s11229-009-9505-0).

85 Dazu oben der Abschnitt „Die Fiktion der Repräsentation und die Fiktion des Gemeinwillens" im Kapitel „Was heißt Repräsentation?".

86 Torquato Accetto: *Della dissimulazione onesta,* hg. von Salvatore Silvano Nigro. Turin 1997, S. 15.

87 *Proverbia italica et latina per Io. Petrum Rodulphum Fanensem collecta & in ordinem alphabeticum ad discipulorum usum digesta. His accesserunt nonnullae sententiae & in calce cuiusq. litterae phrases prouerbiales*. Pesaro 1615, S. 72.

88 Vgl. Andreas Urs Sommer: Fiktion und politisches Denken. In: *Politisches Denken. Jahrbuch 2014*. Berlin 2014, S. 107–114, hier S. 110.

89 Man könnte das eine Pyrrhonisierung der Politik nennen, siehe Andreas Urs Sommer: Rekonstruktion. Politischer Pyrrhonismus. In: Dirk Lüddecke/Felicia Englmann (Hg.): *Zur Geschichte des politischen Denkens. Denkweisen von der Antike bis zur Gegenwart*. Stuttgart/Weimar 2014, S. 31–49.

90 „I HEARD that you ask'd for something to prove this puzzle the New World, /And to define America, her athletic Democracy, / Therefore I send you my poems that you behold in them what you wanted." Walt Whitman: To Foreign Lands. In: ders.: *Poetry and Prose*, hg. von Abe Čapek. Berlin 1958, S. 40.

91 Andreas Gross: *Die unvollendete Direkte Demokratie. 1984–2015: Texte zur Schweiz und darüber hinaus*. Mit einem Vorwort von Roger Blum. Thun/Gwatt 2016, hintere Umschlagseite.

92 Ronnie Grob: Editorial. In: *Schweizer Monat* 1082 (2020), S. 7, auch unter https://schweizermonat.ch/editorial-124/#, abgerufen am 5. Oktober 2021.

93 Sebastian Heilmann: *Die Seidenstrassen-Illusion. Mythen und Realitäten eines eurasischen Superkontinents unter chinesischer Vorherrschaft* (= Vontobel-Schriftenreihe 2370). Zürich 2020, S. 58.

94 Siehe oben den Abschnitt „Die Verfassung als Rahmenweltanschauung" im Kapitel „Warum soll man politisch teilhaben?".

Die Rechten und die direkte Demokratie. Ein Rückblick

1 *Deutschland. Aber normal.* Programm der Alternative für Deutschland für die Wahl zum 20. Deutschen Bundestag. Ohne Ort 2021, S. 12.

2 Siehe oben den Abschnitt „Die Fiktion der Repräsentation und die Fiktion des Gemeinwillens" im Kapitel „Was heißt Repräsentation?"

3 Herbert Lüthy: Die Schweiz als Antithese [1961]. In: ders.: *Essays I. 1940–1963*, hg. von Irene Riesen und Urs Bitterli. Zürich 2003, S. 410–430, hier S. 414.

4 Torben Lütjen: Querfront der Querdenker. In: *Rotary Magazin* 11 (2020), S. 48–51, hier S. 48.

5 Ebd., S. 51.

6 Vgl. Dieter Thomä: *Puer robustus. Eine Philosophie des Störenfrieds.* Berlin 2016.

7 *Deutschland. Aber normal.* Programm der Alternative für Deutschland, S. 14.

8 Vgl. z. B. die Kolumne von Lenz Jacobsen: Fünf vor acht/Die Grünen: Bloß nichts riskieren. In: *Zeit Online,* 25. November 2020, https://www.zeit.de/politik/deutschland/2020-11/die-gruenen-parteitag-grundsatzprogramm-volksentscheide-demokratie-partei-5vor8/komplettansicht, abgerufen am 5. Oktober 2021.

Nachwort

1 Andreas Urs Sommer: Partizipation. In: Gerhard Kempter (Hg.): *Zeitlupe. Eine Sammlung, Bd. XVI – 2018: P.* Freiburg im Breisgau 2019, S. 40–41.

2 Matthias Politycki/Andreas Urs Sommer: *Haltung finden. Weshalb wir sie brauchen und trotzdem nie haben werden.* Stuttgart 2019.

Namensregister